绿色铁路工程
系统解构与建造能力研究

王孟钧　王青娥　郭　峰　唐娟娟◎编著

中国铁道出版社有限公司

2025年·北　京

内 容 简 介

本书基于本质认知建构绿色铁路工程系统模型，分析绿色铁路工程发展的关键问题，明确绿色铁路建造能力的核心带动作用；在分析绿色铁路建造能力构成和维度的基础上，探析绿色建造能力的影响因素及其作用路径，揭示绿色铁路建造能力的形成机理；构建能力成熟度模型，建立绿色铁路建造能力评价指标体系，进行绿色铁路建造能力评价与现状分析，提出铁路工程企业绿色建造能力提升方案。

本书旨在深入解构绿色铁路工程系统，探寻铁路工程企业绿色建造能力的形成机理与提升路径，为铁路工程领域的绿色转型和高质量发展提供依据与支撑。本书可供铁路行业科研人员、管理人员、技术人员参考使用，亦可作为高等院校研究生、本科生的学习参考书。

图书在版编目(CIP)数据

绿色铁路工程系统解构与建造能力研究 / 王孟钧等编著. -- 北京 : 中国铁道出版社有限公司, 2025. 3

ISBN 978-7-113-31754-6

Ⅰ. U2

中国国家版本馆 CIP 数据核字第 2024BA6269 号

书　　名：绿色铁路工程系统解构与建造能力研究
作　　者：王孟钧　王青娥　郭　峰　唐娟娟

责任编辑：黄　璐　　**编辑部电话：**(010) 51873138　　**电子邮箱：**jiliang@tdpress.com
封面设计：郑春鹏
责任校对：安海燕
责任印制：高春晓

出版发行：中国铁道出版社有限公司（100054，北京市西城区右安门西街 8 号）
网　　址：https://www.tdpress.com
印　　刷：北京盛通印刷股份有限公司
版　　次：2025 年 3 月第 1 版　2025 年 3 月第 1 次印刷
开　　本：787 mm×1 092 mm 1/16　**印张：**14.5　**字数：**273 千
书　　号：ISBN 978-7-113-31754-6
定　　价：90.00 元

前言

随着全球环境问题日益突出，绿色、低碳、可持续发展已成为时代强音。铁路作为绿色、高效、安全的交通方式，对交通运输减碳、国土空间开发、路网结构调整、经济社会发展等具有重大意义。为深入贯彻建设交通强国的重大战略部署，落实中共中央、国务院印发的《交通强国建设纲要》，推动新时代铁路事业高质量发展，中国国家铁路集团有限公司于2020年发布《新时代交通强国铁路先行规划纲要》，将“发挥节能环保的绿色铁路优势”作为主要任务之一，在工程建设方面聚焦解决线路枢纽布局、“四新”技术推广、资源循环利用、水土保持、灾害治理、生态修复、污染防治等，为绿色铁路工程发展指明了方向。

绿色铁路工程是与自然和谐共生的铁路固定基础设施，是绿色铁路的重要组成部分。当前，我国绿色铁路工程建设取得了丰硕成果，铁路工程企业在绿色铁路规划、设计、施工、运维等过程中发挥了重要作用。但从总体上来看，仍存在一些不足，例如本质认识模糊、动力不足、能力有待提升等问题，阻碍了绿色铁路工程的高质量发展。

在此背景下，由高速铁路建造技术国家工程研究中心、中南大学、中铁工程设计咨询集团有限公司、中铁三局集团有限公司、中铁建工集团有限公司、中铁高新工业股份有限公司等单位组成的课题组，对绿色铁路工程发展与绿色建造能力提升工程进行专题研究，取得了一系列研究成果。本书主要集合了绿色铁路工程系统解构、绿色铁路建造能力形成机理、铁路工程企业绿色铁路建造能力提升等方面的内容，回答了“绿色铁路工程是什么”“绿色铁路建造能力如何形成”“绿色铁路建造能力提升路径”等问题，可为形成共识、强基聚力提供有益参考。

在绿色铁路工程系统解构方面，运用归纳演绎方法对“绿色铁路工程”进行概念梳理与内涵解读，构建了全过程绿色、全专业绿色、全方位绿色的“三全”模型；以价值分析为基础，构建了绿色铁路工程目标体系；通过绿色铁路工程发展历程回顾与现状访谈，提出了铁路工程发展关键问题，明确了“绿色铁路建造能力”的核心带动作用。

在绿色铁路建造能力形成机理方面，对绿色铁路建造能力进行界定，识别出4个能力构成维度和13个能力构成要素；分析绿色建造能力影响因素，并揭示影响因素相互作用关系；明确不同类别影响因素对不同维度绿色铁路建造能力的影响大小及作用路径，揭示绿色铁路建造能力形成机理。

在铁路工程企业绿色铁路建造能力提升方面，构建能力成熟度模型，建立绿色铁路建造能力评价指标体系，进行绿色铁路建造能力评价；分析铁路工程企业绿色建造能力的特点，制定了绿色铁路建造能力提升目标，提出了绿色铁路建造能力提升方案；结合中国中铁股份有限公司的能力建设实践，总结出相关经验与启示。

本书由王孟钧、王青娥、郭峰、唐娟娟共同撰写，其中，第1章由王孟钧、唐娟娟撰写，第2~4章由唐娟娟、王孟钧撰写，第5~7章由王青娥撰写，第8、9章由郭峰撰写。中南大学陈辉华、张彦春、古江林、潘万平、成雅婷、潘丽鹦、罗丽、吴彦林、潘阿敏、唐润西、吕新凝、李宣岑、李乐敏等参与书稿研讨、资料搜集、数据加工等工作，高速铁路建造技术国家工程研究中心、中铁工程设计咨询集团有限公司、中铁三局集团有限公司、中铁建工集团有限公司、中铁高新工业股份有限公司的研究团队参与调研访谈、素材提供、案例研讨等工作。

本书旨在通过深入解构绿色铁路工程系统，探索铁路工程企业绿色铁路建造能力的形成机理与提升路径，为铁路工程领域的绿色转型和高质量发展提供依据与支撑，更好地推动我国绿色铁路工程的发展。在课题研究和书稿撰写过程中，得到孙永福院士的大力支持和悉心指导，在此表示衷心的感谢！感谢中国中铁股份有限公司领导及各业务部门提供的丰富素材和基础数据。感谢行业专家在课题研究中提供的宝贵意见和建议。在本书撰写过程中，还参考了大量文献资料，谨向所有作者表示感谢！

由于时间和水平有限，不足之处在所难免，望广大同行和读者批评指正。

作者

2024年12月

目　录

1　绪　论 ………………………………………………………… 1

1.1　研究背景与意义 ………………………………………………… 1

1.1.1　研究背景 …………………………………………………… 1

1.1.2　研究意义 …………………………………………………… 3

1.2　关键概念界定 …………………………………………………… 4

1.2.1　绿色铁路 …………………………………………………… 4

1.2.2　绿色铁路工程 ……………………………………………… 4

1.2.3　铁路工程企业 ……………………………………………… 4

1.2.4　绿色铁路建造能力 ………………………………………… 5

1.3　国内外研究现状 ………………………………………………… 5

1.3.1　绿色铁路工程相关研究 …………………………………… 5

1.3.2　绿色建造能力相关研究 …………………………………… 8

1.3.3　研究评述 …………………………………………………… 10

1.4　逻辑框架及主要内容 …………………………………………… 10

1.4.1　逻辑框架 …………………………………………………… 10

1.4.2　研究内容 …………………………………………………… 11

1.4.3　章节安排 …………………………………………………… 12

2　绿色铁路工程系统模型 ………………………………………… 14

2.1　绿色铁路工程概念梳理 ………………………………………… 14

2.1.1　建造过程 …………………………………………………… 14

2.1.2　方法措施 …………………………………………………… 17

2.1.3　专业结构 …………………………………………………… 18

2.2　绿色铁路工程内涵认知 ………………………………………… 20

2.2.1　绿色环境 …………………………………………………… 21

2.2.2 绿色技术 …… 22
2.2.3 绿色文化 …… 24
2.3 绿色铁路工程概念模型 …… 26
2.3.1 “三全”模型提出 …… 26
2.3.2 “三全”模型关系阐述 …… 29
2.3.3 “三全”模型小结 …… 33

3 绿色铁路工程价值分析与目标体系 …… 34

3.1 绿色铁路工程价值分析 …… 34
3.1.1 期望价值 …… 34
3.1.2 个性化价值 …… 37
3.1.3 期望价值与个性化价值的外部性内部化 …… 41
3.2 绿色铁路工程目标体系 …… 44
3.2.1 基本目标与个性化目标 …… 44
3.2.2 目标体系构建 …… 46

4 绿色铁路工程发展现状与关键问题 …… 49

4.1 绿色铁路工程发展现状 …… 49
4.1.1 绿色铁路工程发展历程 …… 49
4.1.2 绿色铁路工程发展所面临的问题 …… 54
4.1.3 绿色铁路工程发展的SWOT分析 …… 56
4.2 绿色铁路工程发展问题访谈 …… 58
4.2.1 访谈设计 …… 58
4.2.2 问卷统计 …… 60
4.2.3 调查结果分析 …… 73
4.3 绿色铁路工程发展关键问题 …… 74
4.3.1 绿色铁路工程发展的关键问题梳理 …… 74
4.3.2 绿色铁路建造能力具有核心带动作用 …… 76

5 绿色铁路建造能力内涵与构成 …… 78

5.1 绿色铁路建造能力内涵 …… 78
5.2 绿色铁路建造能力构成要素识别 …… 79

5.2.1 绿色铁路建造能力相关理论 …… 79
5.2.2 基于文献研究方法的绿色铁路建造能力构成要素初步识别 …… 81
5.2.3 基于专家访谈法的构成要素修正 …… 83
5.3 绿色铁路建造能力构成要素维度划分 …… 84
5.3.1 系统聚类分析方法 …… 84
5.3.2 问卷设计与数据收集 …… 84
5.3.3 数据处理与计算 …… 86
5.4 绿色铁路建造能力构成要素维度确定 …… 88
5.4.1 绿色技术研发与应用能力 …… 88
5.4.2 绿色制度设计与执行能力 …… 89
5.4.3 绿色资源配置与整合能力 …… 90
5.4.4 绿色文化塑造与传播能力 …… 90

6 绿色铁路建造能力影响因素及其作用关系 …… 92

6.1 绿色铁路建造能力影响因素识别 …… 92
6.1.1 影响因素识别原则 …… 92
6.1.2 基于文献研究方法的影响因素初步识别 …… 93
6.1.3 基于专家访谈法的影响因素修正 …… 95
6.2 绿色铁路建造能力影响因素聚类分析 …… 97
6.2.1 问卷设计与数据收集 …… 97
6.2.2 数据处理与计算 …… 97
6.2.3 绿色铁路建造能力影响因素类别确定 …… 99
6.3 基于ISM-MICMAC的影响因素作用关系分析 …… 102
6.3.1 基于ISM的影响因素层次关系分析 …… 102
6.3.2 基于MICMAC的影响因素依赖度和驱动力分析 … 110
6.3.3 绿色铁路建造能力影响因素作用关系分析 …… 114

7 绿色铁路建造能力形成机理 …… 115

7.1 绿色铁路建造能力形成机理结构方程模型 …… 115
7.1.1 结构方程模型 …… 115
7.1.2 结构方程模型适用性分析 …… 116

7.1.3 研究假设及概念模型 …… 117
7.2 绿色铁路建造能力形成机理实证分析 …… 123
7.2.1 绿色建造能力构成要素和影响因素量表的信效度分析 …… 123
7.2.2 结构方程模型的检验 …… 130
7.3 绿色铁路建造能力形成机理 …… 134
7.3.1 结构方程模型变量间作用关系 …… 134
7.3.2 绿色铁路建造能力影响因素作用路径 …… 137
7.3.3 绿色铁路建造能力形成机理小结 …… 138

8 绿色铁路建造能力成熟度评价 …… 142

8.1 绿色铁路建造能力成熟度模型 …… 142
8.1.1 绿色铁路建造能力成熟度内涵 …… 142
8.1.2 绿色铁路建造能力成熟度模型 …… 143
8.2 绿色铁路建造能力成熟度模型等级与结构 …… 145
8.2.1 绿色铁路建造能力成熟度模型等级划分 …… 145
8.2.2 绿色铁路建造能力成熟度等级特征 …… 146
8.2.3 绿色铁路建造能力成熟度模型结构 …… 147
8.3 绿色铁路建造能力成熟度评价指标与方法 …… 149
8.3.1 绿色铁路建造能力成熟度评价指标 …… 149
8.3.2 绿色铁路建造能力成熟度评价指标权重 …… 154
8.3.3 绿色铁路建造能力成熟度评价方法 …… 160

9 绿色铁路建造能力提升 …… 163

9.1 绿色铁路建造能力提升目标 …… 163
9.1.1 绿色铁路建造能力提升的总体目标 …… 163
9.1.2 绿色铁路建造能力提升的分阶段目标 …… 164
9.2 绿色铁路建造能力特点与优劣势 …… 166
9.2.1 绿色铁路建造能力特点 …… 166
9.2.2 企业绿色铁路建造能力优劣势 …… 167
9.3 绿色铁路建造能力提升重难点 …… 168
9.3.1 技术维度重难点 …… 168

9.3.2　制度维度重难点 …… 173
9.3.3　资源维度重难点 …… 174
9.3.4　文化维度重难点 …… 177
9.4　绿色铁路建造能力提升途径 …… 178
9.4.1　开展绿色技术创新以实现绿色技术应用 …… 179
9.4.2　完善绿色制度设计以落实绿色制度执行 …… 180
9.4.3　优化绿色资源配置以提高资源整合能力 …… 181
9.4.4　加强绿色文化塑造以推动绿色文化传播 …… 181
9.5　绿色铁路建造能力提升保障 …… 182
9.5.1　加强组织统筹 …… 182
9.5.2　强化资源保障 …… 182
9.5.3　完善评价机制 …… 183
9.5.4　统一绿色认识 …… 183
9.6　实证研究 …… 183
9.6.1　企业概况 …… 184
9.6.2　绿色铁路建造能力现状 …… 186
9.6.3　绿色铁路建造能力评价 …… 189
9.6.4　绿色铁路建造能力提升目标与措施 …… 194

参考文献 …… 199

附录一　绿色铁路工程发展问题访谈问卷 …… 203
附录二　绿色铁路建造能力构成要素和影响因素调查问卷 …… 211
附录三　绿色铁路建造能力影响因素关系调查问卷 …… 215
附录四　铁路工程企业绿色铁路建造能力成熟度评价专家调查问卷 …… 217

1 绪　论

铁路工程作为重要交通基础设施，既与自然环境共存、共演，又与民众生活息息相关，自然与社会的双重属性决定其在国家绿色发展战略中的重要地位。国家发展战略、行业发展定位、企业发展机遇等是绿色铁路工程研究的现实意义，本书在充分调研和分析绿色铁路工程研究现状的基础上，提出绿色铁路工程系统解构与绿色铁路建造能力的研究命题与逻辑框架。

1.1　研究背景与意义

1.1.1　研究背景

2019 年，中共中央、国务院印发《交通强国建设纲要》指出，“建设交通强国是以习近平同志为核心的党中央立足国情、着眼全局、面向未来作出的重大战略决策，是建设现代化经济体系的先行领域，是全面建成社会主义现代化强国的重要支撑，是新时代做好交通工作的总抓手”。为加快建设交通强国，构建现代化高质量国家综合立体交通网，支撑现代化经济体系和社会主义现代化强国建设，2021 年，中共中央、国务院印发《国家综合立体交通网规划纲要》指出，“到 2035 年，基本建成便捷顺畅、经济高效、绿色集约、智能先进、安全可靠的现代化高质量国家综合立体交通网”“交通基础设施质量、智能化与绿色化水平居世界前列”。为深入贯彻落实《交通强国建设纲要》，在交通强国建设中当好先行，推动新时代铁路事业高质量发展，2020 年中国国家铁路集团有限公司出台《新时代交通强国铁路先行规划纲要》。

《新时代交通强国铁路先行规划纲要》指出，铁路事业发展目标分为两个阶段，“到 2035 年，率先建成服务安全优质、保障坚强有力、实力国际领先的现代化铁路强国”“到 2050 年，全面建成更高水平的现代化铁路强国，全面服务和保障社会主义现代化强国建设”。其中，铁路基础设施部分着重于现代化铁路网建设、技术自主创新、绿色骨干优势发挥、国际竞争影响力跃升等要求，绿色铁路工程是上述要求的重要支撑，也是服务铁路运输的前提条件。

1.“路网均衡发展”面临新的机遇和挑战

当前，我国铁路基础设施网络的规模与质量位于世界领先水平，《2023 年铁道统计公报》显示,“全国铁路营业里程达到 15. 9 万公里,其中,高速铁路营业里程达到 4. 5 万公里;复线率 60. 3%;电化率 75. 2%;西部地区铁路营业里程 6. 4 万公里。全国铁路路网密度 165. 2 公里/万平方公里”。对比国际数据,我国铁路营业里程居世界第二位,高速铁路营业里程居世界第一位,但仍需进一步完善中西部和沿海地区路网布局。

从铁路建设条件来看,中西部地区地形地质条件复杂多样,生态、气候等自然条件更加恶劣、脆弱,环境保护矛盾突出;东部沿海地区铁路跨海通道则面临近海水域条件的探索性环境问题,在结构耐久性、维护经济性、施工绿色性等方面仍需提高认识与积累经验。因此,在建设交通强国、转变经济发展方式的情境下,铁路规划与设计、建设实施、工程装备需要更新理念、深化变革、持续创新,以应对形势发展的要求。

2.“建筑业现代化”衍生新要求

《关于促进建筑业持续健康发展的意见》指出,“改革开放以来,我国建筑业快速发展、建造能力不断增强”,但“仍然大而不强,监管体制机制不健全、工程建设组织方式落后、建筑设计水平有待提高、质量安全事故时有发生、市场违法违规行为较多、企业核心竞争力不强、工人技能素质偏低等问题较为突出”,需要进一步深化改革,加快产业升级,促进建筑业健康发展。在“推进建筑产业现代化”方面,铁路工程对于推广智能和装配式技术、加强技术研发应用、完善工程建设标准等方面具有领先优势。

铁路工程包含桥梁、隧道、路基等典型工程专业,面临丰富的工况环境,具有较高的预制化、机械化、智能化水平。以高速铁路为代表的高标准、高技术的铁路基础设施建造,引领了建筑业的技术变革、装备升级,为我国工程建设领域注入了新的理念与方法,培养了大批高素质的建筑工人队伍,是建筑业建造水平的典型代表。在提升建造质量、提高科技水平、实现可持续发展的新形势下,规划咨询、设计施工、工程装备、工程材料等铁路工程产业链上的各个企业均需要实现建造方式转型升级、推进建筑产业现代化。

3.“走出去”激发新思考

在深度全球化的时代背景下,推进“一带一路”建设既是我国扩大和深化对外开放的需要,也是加强和亚欧非及世界各国互利合作的需要,以基础设施的互联互通为现实基础,为中国高速铁路实现全方位“走出去”提供了机遇,擦亮了“中国高铁”的国家名片。

在国际化竞争格局中,我国铁路行业在不断增强全球竞争力,在技术和标准等国际铁路规则制定方面也在逐年提升话语权。我国大规模的工程实践支撑了新技术、新标准的研制及应用,在建立增强国际话语权方面大有可为。激变的国际竞争形势促使铁路行业重新思考铁路工程建造在可持续性、盈利能力、社会影响等方面的未来发展,绿色铁路具有填补领域空白的先机。

1.1.2 研究意义

高质量发展是全面建设社会主义现代化国家的首要任务。高质量发展必须坚持质量第一、效益优先,以供给侧结构性改革为主线,推动经济发展质量变革、效率变革、动力变革,提高全要素生产率。2024 年 6 月,习近平总书记在全国科技大会、国家科学技术奖励大会、两院院士大会上的讲话指出,“强化企业科技创新主体地位”“扎实推动科技创新和产业创新深度融合,助力发展新质生产力”“推动企业主导的产学研融通创新”。

铁路工程企业是铁路工程的建设和实施主体,作为供给侧主体,在市场竞争激烈、企业转型发展的现实背景下,需要探寻和增强企业核心竞争力,积极推进绿色转型;作为产学研融通创新主体,在发展新质生产力的背景下,需要积极运用新技术改造提升传统产业,推动产业高端化、智能化、绿色化。

1. 绿色铁路工程是形势发展的必然要求

绿色是高质量发展的底色,人与自然和谐共生是生态文明建设的核心,资源节约与集约利用是可持续发展的根基。铁路工程与民众生活息息相关,存在于自然环境之中,链接沿线地理空间和社会系统,是最为显著的产品名片,全面反映了铁路工程企业的质量理念与实现能力。同时,铁路工程还是产业链质量水平的集中展现,体现了工程领域设计、施工水平,工程材料、工程装备等研发应用水平,以及工程人员的技能与认知水平。因此,塑造绿色铁路工程是形势发展的必然要求,对于促进生态可持续、社会可持续及经济可持续具有重要价值。

2. 绿色生产方式是企业的必然选择

传统粗放型工程建造方式造成较高能源消耗、大量建筑垃圾,难以实现可持续发展。当前,铁路工程建造聚焦于“完善路网”的攻坚克难任务,建设过程中面临物资运输、能源配套、环境保护等生产难题,铁路工程企业需要秉持开源节流的原则,选择绿色生产方式,一方面进行生产工具的升级换代,优化资源配置,合理利用再生资源,实现企业的降本增效;另一方面,需要对生产要素进行赋能改造,以新质生产力为依托,打造新的生产方式和盈利模式。

3. 绿色建造能力是企业的核心竞争力

顺应时代发展、保持竞争活力是企业发展的必然要求。在新时代背景下,铁路工程企业从细分行业内部竞争转化为全行业开放竞争,铁路工程企业对塑造竞争优势的需求更为强烈,应准确把握时代特征,激发管理模式革新,提升绿色、智能技术创新的积极性和主动性,加强绿色铁路建造能力建设与提升,重塑企业的核心竞争力。

1.2 关键概念界定

1.2.1 绿色铁路

绿色铁路(green railway)相关研究兴起于21世纪初,较多使用的定义为"绿色铁路是以环境价值为尺度,运用各种绿色技术,在确保铁路运输安全、快捷、高效的条件下,不断减小铁路及配套设施对生态环境的负面影响,具有良好的经济效果,促进社会进步,减少资源消耗,具备可持续发展能力的铁路"。其研究范围包括铁路建设中的生态环境保护、水土保持、地质灾害防治以及铁路运营、维护中的污染控制治理,安全性、舒适性、清洁性、美观性等诸多方面。也有学者从绿色技术应用于铁路工程的角度阐述绿色铁路的内涵,如"绿色铁路是一种新型的可持续发展的交通运输理念,就是在规划、设计、施工、运维等阶段要考虑绿色技术,在环境保护、节能降耗、生态平衡、人文景观、安全舒适等问题上达到人与自然相互和谐,人与社会的和谐,具有良好的可持续发展的铁路"。

简而言之,绿色铁路是符合可持续发展理念、以绿色技术为突出特点的铁路。完整的铁路系统包括固定基础设施、移动装备、铁路运营等部分。铁路的全寿命期一般包括规划期、建设期、运营期和退役期等多个阶段,因此"绿色铁路"的指代有不确定性。基于现有文献资料,"绿色铁路"是一个绿色产品复合体,包括绿色铁路工程、绿色铁路装备(机车车辆)、绿色铁路运营等,三者分别属于建筑业、制造业和运输服务业。

1.2.2 绿色铁路工程

绿色铁路工程(green railway engineering)是"绿色铁路固定基础设施工程"的简称,既是"绿色铁路"的重要组成部分之一,也是一项建筑业绿色产品。其定义为:在铁路的全寿命周期内,以可持续发展思想为指导,最大限度地有效利用资源、降低能源消耗、减少污染排放、保护生态环境,为铁路运营提供安全、舒适、高效、美观的运行环境,与自然和谐共生的高质量铁路基础设施。

从功能角度看,绿色铁路工程是绿色铁路的运营基础;从产品角度看,绿色铁路工程是绿色线路、绿色站房、绿色桥隧等绿色工程产品的组合;从内核角度看,绿色铁路工程是绿色理念、绿色技术、绿色措施、绿色工程装备等工程知识及其产品的化合物。对绿色铁路工程内涵的认识及辨析详见第2章内容。

1.2.3 铁路工程企业

铁路工程企业(railway engineering enterprise)是指以铁路工程为经营对象的企

业,在铁路工程不同生命阶段有不同的表现形式和经营重点。本书研究内容主要关注前期论证与建设实施阶段,因此“铁路工程企业”指以铁路工程勘察、设计、施工、工程装备制造等一种或多种为主营业务的企业。

1.2.4 绿色铁路建造能力

绿色铁路建造能力(green railway construction capacity)是铁路工程企业核心能力之一,是实现企业绿色发展的重要保障。基于绿色建造理念,绿色铁路建造能力是指铁路工程企业在工程建造实施过程中,通过技术创新与管理创新,对绿色策划、绿色设计、绿色施工、绿色工程装备(以下简称绿色装备)的全过程进行全面绿色统筹,实现建设资源和能源的节约和循环利用,尽可能减少建造活动对环境的负面影响,从而保证企业的市场竞争和可持续发展的能力。对绿色铁路建造能力的本质认知与界定详见第4章内容。

1.3 国内外研究现状

1.3.1 绿色铁路工程相关研究

由于铁路发展阶段的差异性,美、日、英、法、德等国家在21世纪前已基本建成国家铁路网,在铁路建设环境保护方面取得了大量的成果与经验,进入21世纪后主要关注铁路运营维护中的振动、噪声及发展可持续性问题,常用“可持续性”作为关键词。在国内已公开发表的文献中,与绿色铁路工程相关的概念很多,部分存在共用或概念混淆。在专家、学者、工程师等的长期努力下,绿色铁路工程相关研究呈现数量增加、范围拓宽、主题深入等趋势,各方也达成了一定程度的共性认知,但仍缺乏统一的表述。总体来说,从21世纪初至今,我国学术界、工程界对绿色铁路工程的认知与发展经历了建立概念、概念分化、领域融合等过程,既遵循了工程认识规律,也受到了行业政策的引导。随着高速铁路大规模发展,铁路的绿色属性更加显著,国内外学者均开始重新研究和讨论绿色铁路工程的新时代价值。

1. 从“环保”到“绿色”

在吸收发达国家铁路发展经验的基础上,我国铁路环境保护规范化的进程起步于1980年,初期以污染防治为中心,随着认识的深入,铁路环保工作从末端治理向全过程管理转移,生态保护与水土保持、环境影响评价等工作被纳入铁路环境保护的基本内涵。进入21世纪,铁路建设环境保护工作已基本实现制度化,污水、废气防治技术也基本成熟。

我国在“八五”期间将大幅度增加运输能力作为交通领域基本目标之一,对铁路发展采取了适度的倾斜政策，铁路建设资金投入增加、建设步伐加快。在这一背景下，解决资金来源成为实现“八五”战略目标的首要前提。利用外资是扩大建设资金来源的重要途径，中华人民共和国铁道部（以下简称铁道部）当时计划申请世界银行贷款项目，而铁路基础设施建设项目隶属于环境敏感性程度最高的A类项目，向世界银行申请贷款时必须进行环境评价，增加贷款申请难度，但同时也促进了我国铁路环保制度日趋完善。

2002年10月，国家环境保护总局、铁道部等六部委联合发出《关于在重点建设项目中开展工程环境监理试点的通知》（环发〔2002〕141号），要求青藏铁路格尔木至拉萨段工程（以下简称青藏铁路工程）、西气东输管道工程等13个生态敏感区、生态环境影响突出的国家重点工程进行环境保护监理试点，这标志着我国环境管理制度逐渐从首端和尾端管理转变为全过程管理。青藏铁路工程作为“绿色示范工程”，创建了适合大型工程建设环境保护的“四位一体”管理模式，自觉环保理念深入人心，取得了丰硕的生态保护成就，有效保护了青藏高原环境，在国家重大工程项目建设中树立了生态文明建设的样板和典范。青藏铁路工程是“主动环保”思想转型的重要标志，同时彰显了铁路工程与自然环境和谐共生的显著价值，从实践上拓宽了铁路建设环境保护的内容。因此，“环保”的概念难以包含全部内涵，“生态”“绿色”等概念被提出并得到应用。

2.“绿色铁路”的提出

在2006年中国环境科学学会上，熊风等学者正式提出“绿色铁路”的概念，界定“绿色铁路是以环境价值为尺度，运用各种绿色技术，在确保铁路运输安全、快捷、高效的条件下，不断减小铁路及配套设施对生态环境的负面影响，具有良好的经济效果，促进社会进步，减少资源消耗，具备可持续发展能力的铁路”。这一定义被大部分学者引用，其研究范围包括铁路建设中的生态环境保护、水土保持、地质灾害防治以及铁路运营、维护中的污染控制治理，以及安全性、舒适性、清洁性、美观性等诸多方面。由于理论与实践的异步性，此概念中所运用的“环境价值”“绿色技术”“负面影响”“可持续发展能力”等核心词汇具有超前的理论意义，具有发展动态性，需要通过理论研究与实践检验加以丰富。随着实践而增加的新知识对“绿色铁路”这一概念进行补充与细化，从而产生更具指向性的新概念。在“绿色铁路”概念被提出后，西南交通大学研究团队依托铁道部科技研究开发计划课题和国家自然科学基金研究项目展开持续研究，并出版了专著《绿色铁路理论及评价》（2014）和《绿色铁路理论与工程技术》（2015），系统总结了相关研究成果。西南交通大学研究团队从建设与运输两个角度系统分析了铁路对生态环境和社会环境的影响，其研究内容上主要侧重于规划设计与工程技术，这为基于阶段的概念分化提供了基础。

3. 绿色铁路选线、绿色铁路施工

铁路工程全寿命期可划分为前期论证、建设、运营、退役等主要阶段。前期论证阶段以铁路的社会经济价值为判别准则进行可行性分析和方案优选;建设阶段是设计、施工等工程活动,以交付高质量工程实体为目标。两个阶段均需要工程企业与工程师的参与,但工程企业与工程师在其中的角色、功能、职责均有差异,这成为阶段概念分化的直接原因。

"绿色铁路选线"是指将环境保护理念体现在铁路选线中,选择线路方案时综合考虑地质、地形、水文等自然条件,并着重考虑风景名胜区、自然保护区及生态环境对线路走向的约束。绿色选线所倡导的"从环境保护和可持续发展的角度进行选线设计"改变了传统选线偏重经济效益的选线模式,使环境影响成为线路方案比选的重要因子,进入铁路建设与环境相协调发展的全新模式。在绿色选线这一主题上,以中南大学的研究团队为主导,在2003年—2013年期间发表了一系列研究成果,系统分析研究了铁路绿色选线的基本理论、铁路选线形成的各类影响因素及目标要求,建立规范合理的铁路选线内涵结构体系,将环境价值纳入选线决策体系,并开发了铁路绿色选线决策支持系统(GRASDSS)辅助铁路选线。其他有代表性的研究成果体现为自然环境的差异性,如西南山区、西北寒旱地区、西部山区等,均表现为生态脆弱的特点。在多年的理论与实践研究基础上,2016年修订的《铁路工程环境保护设计规范》(TB 10501—2016)新增了"环保选线与选址"章,提出了铁路工程选线、选址的基本原则,其内核在于"绕避"与"防护"相结合。

《绿色施工导则》(建质〔2007〕223号)定义"绿色施工是指工程建设中,在保证质量、安全等基本要求的前提下,通过科学管理和技术进步,最大限度地节约资源与减少对环境负面影响的施工活动,实现'四节一环保'(节能、节地、节水、节材和环境保护)"。也有学者在绿色施工内涵界定时突出全寿命期统筹、环保技术应用等方面。铁路工程在施工和运营过程中会以不同的形式对沿线植被、土地、自然景观、空气环境、水资源等生态环境要素产生影响和污染,加剧区域生态环境压力,其中施工阶段对环境的直接破坏作用显著。我国铁路工程建设一直较为关注环保技术的研究与应用。基础研究方面,主要内容包括:铁路在建设阶段的环境污染程度、污染范围和污染源头,铁路建设过程中的生态环境影响、生物环境与非生物环境的影响,施工期的环境保护与水土保持问题等。特定环境的研究包括高原冻土环境影响、水力侵蚀影响等。相较于建筑业其他领域,铁路绿色施工更突出以"机械化、工厂化、专业化、信息化"综合配套的绿色施工技术。

4. 绿色铁路车站、绿色铁路通道

当前对绿色铁路车站的理解,以"应用绿色建筑技术实现环境友好、便捷高效的铁路车站"为主流,研究集中于建筑生态设计方面。铁路车站与一般建筑有功能和形态上的根本性差异,且与城市发展存在密切的关系,因此,绿色铁路车站不仅要体现建筑节能,而且要坚持功能导向。绿色铁路车站研究与绿色建筑研究具有紧密联系。我国学者对绿色建筑的研究相对较早,2006 年已形成第一版《绿色建筑评价标准》(GB/T 50378—2006),铁路车站建设也以其为参照。然而,已有绿色建筑标准的侧重点在"四节一环保",较少涉及铁路车站的安全、快捷、高效等因素,部分条款对我国铁路车站建设缺乏指导性,有必要建立中国绿色铁路车站标准。与此同时,交通建筑和城市形态之间存在密切的联系,包括交通和土地开发的一体化、交通建筑综合枢纽化,交通建筑和商业开发的关系愈加亲密,交通建筑由等候空间模式向通过空间模式转变,绿色铁路车站的研究也应当与城市可持续发展需要相结合。一方面,铁路车站作为城市综合体建设是一种主要发展趋势,其意义体现在客运站本身聚集、疏导人流,城市多功能整合,创造积极公共空间以及促进协调开发等方面,车站综合体建设对城市发展产生催化作用;另一方面,大型车站建筑能耗大,需要根据铁路车站大空间、大集合的建筑特点,结合绿色建筑的设计原则提出绿色铁路车站的设计原则,包括可持续性、健康性、整合性、适宜性等方面,这对城市大型公共建筑的绿色设计具有借鉴意义。

绿色铁路通道建设是我国开展绿色铁路工程实践的起点,是我国国土绿化的重要组成部分。根据 1998 年已下发文件《关于在全国范围内大力开展绿色通道工程建设的通知》(全绿字〔1998〕1 号)的指示精神,绿色通道建设的主要任务是对公路、铁路、河渠、堤坝沿线进行绿化美化,铁路沿线绿化是主要工作内容之一。2013 年,中国铁路总公司发布了《铁路工程绿色通道建设指南》(铁总建设〔2013〕94 号),吸纳既往工程中绿色通道的建设经验,在梳理、总结相关技术标准的基础上推陈出新,遵循因地制宜、安全可靠、经济适用、易于管护和兼顾景观的原则,首次全面、明晰界定设计、施工、验收、监理等建设各方及运营管理部门主要工作内容,着重在整体设计和检验验收两大方面进行创新和优化,为健康有序推进我国铁路绿色通道建设提供技术保障。各铁路局也结合各自区域自然环境的特点制定了有针对性的技术标准。然而,绿色通道建设涉及气象、土壤、植物、物理、化学等多方面的科学技术,为进一步提高建设水平和保证建设质量,仍需强化管理意识及措施、配套完善造价标准、夯实相关基础研究。

1.3.2 绿色建造能力相关研究

1. 绿色建造能力形成机理

对绿色铁路建造能力形成机理进行深入研究,不仅有助于铁路工程企业提高对绿色建造能力的认知水平和实际应用水平,还能为行业的可持续发展提供有力支撑。从国内外的研究情况来看,针对绿色建造能力形成机理的相关研究不多,主要围绕绿色建造影响因素展开。

国内学者侧重对绿色建造驱动主体及其驱动因素的梳理，将绿色建造的驱动主体大致分为四类：政府、企业、消费者和其他主体。其中，政府的驱动因素包括激励和强制性政策、绿色建筑的可测量标准等；企业的驱动因素包括企业社会责任感、可持续发展战略和绿色价值取向、绿色建筑成本、融资能力、绿色施工技术和建造人才、企业对市场的正确预期等；消费者的驱动因素包括绿色建造效益认识、绿色建筑需求等；其他主体的驱动因素包括绿色技术研发机构的成就感、供应商的供给能力等。针对绿色建造存在的问题，研究提出了相应对策，包括加强责任意识、完善标准体系、推动技术创新、加强政策激励和产学研合作等，以协同推进绿色建造的发展等。

国外研究侧重于不同利益相关者实现绿色建造的障碍或影响因素。研究指出，企业的绿色价值理念、认知意识和社会责任感等因素对绿色建筑的发展具有重要影响。同时，政府激励政策、承包管理模式选择等也是绿色建造可持续发展水平的关键因素。此外，国外研究还关注了绿色建筑推广的经济、社会和心理因素，以及采用绿色建筑产品的战略分析。这些研究揭示了绿色建筑发展的多方面影响因素，为绿色铁路建造能力的研究提供了重要参考。

2. 绿色铁路建造能力研究

通过梳理国内外相关研究，发现与绿色铁路建造能力相关研究成果相关的有限，主要体现在企业竞争力、企业可持续发展能力和企业技术创新能力等方面。

20 世纪 90 年代中期我国学者开始了对建筑企业竞争力的研究。对铁路工程企业所处的特定环境进行分析，建立了适合于我国国情的建筑企业竞争力模型。在企业可持续发展能力研究方面，“双碳”背景下我国可持续发展理念更加重要，各企业的可持续发展能力关乎企业未来的生存与发展。在企业技术创新能力研究方面，已将创新摆在了国家全局发展的核心地位，坚持实施创新驱动发展战略，各铁路工程企业逐步意识到创新能力将会直接决定一个企业能否实现可持续发展。

国外学者认为，绿色技术创新能力是减少环境污染，减少原材料和能源消耗所使用的技术和工艺，以及生产出绿色产品的能力。有的学者从创新资本的角度对技术创新能力进行评价，同时结合企业的技术创新成果进行实证验证和分析。有的学者基于可持续的三重底线标准和投入与产出模型建立了生产—服务两阶段的投入模型，评价企业的可持续性。

3. 绿色铁路建造能力提升研究

在能力的提升路径方面。国内学者结合国际服务外包中不同接包企业的吸收能力，有针对性地提出了 4 种接包企业技术创新能力提升路径。在绿色创新能力研究方面，提出绿色创新能力以可持续发展为导向，投入绿色创新发展资源，绿色创新主体利用这些资源开展更关注绿色的创新活动，以推动产业优化、技术创新和绿色环保，进一步推动实现经济社会可持续发展。国内对战略性新兴产业的产业创新能力的研究主要以区域性实证研究的方式进行，通过不同计量方法探讨促进区域绿色创新能力提升的因素。有的学者指出在绿色创新环境对绿色创新能力提升的支撑作用方面，地区经济发展规模的扩大对提高绿色技术创新水平有显著的促进效果，经济发展水平较高的地区，绿色技术创新水平也较高。

国外有学者研究可持续发展绩效与建筑企业竞争力的关系，发现可持续发展绩效对企业竞争力的提升有很大作用，并基于计划—执行—检查—处理（PDCA）循环管理模式制定了实施可持续建造以提升竞争力的框架。

1.3.3 研究评述

综上所述，对绿色铁路工程的外在表现已基本达成一致认知，如路域空间国土绿化、景观设计，注重生态和谐的选线方案，控制负面影响的施工方案等。同时，对绿色铁路工程的技术内核也有了清晰的认识，如“五节一环保”（水、能、材、地、人、环保）、低碳降碳、提升效率等，且大部分已反映在各类绿色评价标准中。这些均反映出绿色铁路工程实践已取得实效，并在典型项目、重点项目中体现了实践成效。但绿色铁路工程的概念内涵在理论上仍未取得清晰共识，且全面推行仍面临重重阻碍。为解决这一问题，绿色建筑领域进行了绿色建造影响因素、绿色建造能力的研究，试图从外部和内部两个视角破解驱动力不足的困境，其所取得的成果对绿色铁路建造能力研究具有一定借鉴意义。但由于工程专业特性、建设管理模式等存在差异，仍需针对铁路工程特点进行系统深入的研究。

铁路工程企业作为全面践行绿色发展理念的实施主体，只有不断提高绿色建造能力，才能保持自身高质量发展，并朝着可持续的方向转型升级。尽管目前国内外学者们针对绿色建造能力在绿色建造技术、绿色施工、绿色建造影响因素、绿色建造能力建设等方面做了不少研究，但大多面向房屋建筑、公路领域，虽在长期实践中趋于完善，但鲜有以铁路工程企业为研究对象的。此外，大部分学者主要研究的是绿色施工能力和企业绿色转型能力，直接针对绿色建造能力的研究仍有待开展。

在绿色建造能力提升研究方面，国内研究主要是以能力提升的内外部动力为切入点，从而应对“双碳”背景下的新挑战，研究主要聚焦于提高协同创新能力、构建创新生态系统等方面。

1.4 逻辑框架及主要内容

1.4.1 逻辑框架

在绿色铁路工程发展背景分析、关键概念界定和国内外研究现状分析的基础上，构建本书的逻辑框架,如图 1-1 所示。

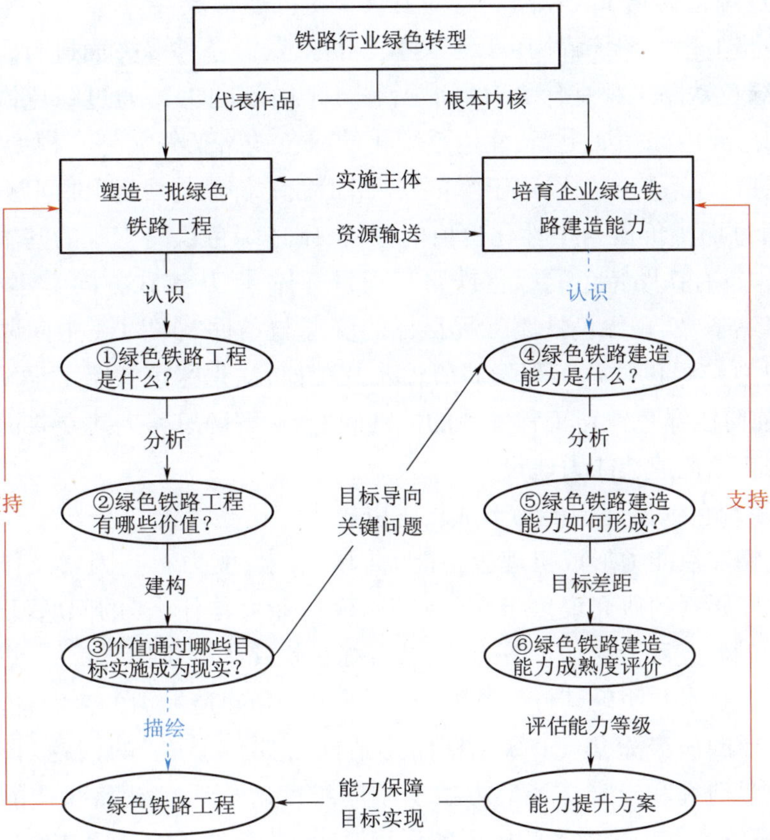

图 1-1 绿色铁路工程发展研究逻辑框架示意

发展绿色铁路工程需要从标杆工程塑造、绿色铁路建造能力培育两方面着手,两者相辅相成。塑造一批绿色铁路工程,旨在以工程实景展示绿色铁路工程发展方向及其成效,用事实坚定发展信心、传播绿色理念、增强绿色体验。需要厘清三个问题:①绿色铁路工程是什么?②绿色铁路工程有哪些价值?③价值通过哪些目标实施成为现实?

培育铁路工程企业的绿色铁路建造能力,旨在从内生动力上促进企业的绿色转型,促进绿色铁路工程的可持续发展。铁路工程企业是绿色铁路工程的实施主体,培育绿色铁路建造能力还需要厘清另外三个问题:④绿色铁路建造能力是什么?⑤绿色铁路建造能力如何形成?⑥绿色铁路建造能力成熟度评价。在这些问题中,“绿色铁路建造能力是什么”的首要问题,需要以“绿色铁路工程价值目标”为导向进行研判,需要以“绿色铁路工程实践”为前提。

1.4.2 研究内容

研究内容是具有递进关系的三大部分,即形成共识、揭示机理、探寻途径,旨在形成一个系统化的绿色铁路建造能力提升方案，为铁路工程企业的发展提供指导或借鉴。

(1)通过绿色铁路工程系统解构对发展关键问题形成共识

绿色铁路工程的系统解构可以从对象、目标、资源条件等方面进行。对象系统解构聚焦于“绿色铁路工程是什么”的问题(图 1-1 中问题①)，通过绿色铁路工程相关概念梳理和主要内涵拓展更新，建构系统化的绿色铁路工程“三全”模型，从概念模型上建立共识；目标系统解构聚焦于“绿色铁路工程的价值与目标”的问题(图 1-1 中问题②③)，通过期望价值与个性化价值的分析，阐述绿色铁路工程的基本目标与个性化目标，建构具有铁路特色的绿色铁路工程目标体系，从实践方向上建立共识；约束系统解构聚焦于“实现绿色铁路工程目标的资源与条件”(图 1-1 中问题③④的联系路径)，通过总结绿色铁路工程发展历程及其规律，认识绿色铁路工程发展的约束条件，辨析当前阶段绿色铁路工程发展的关键问题，从解题思路上建立共识，即“聚焦于铁路工程企业绿色建造能力建设”。

(2)揭示绿色铁路建造能力形成机理以提供理论支撑

绿色铁路建造能力形成机理包括能力构成要素、能力影响因素及作用路径等方面。能力构成要素的研究聚焦于“绿色铁路建造能力是什么”的问题(图 1-1 中问题④)，通过文献研究和专家访谈等方法，结合绿色铁路工程价值与目标，识别绿色铁路建造能力构成要素并明确其分类维度，阐述绿色铁路建造能力的来源；能力影响因素及其作用路径的研究聚焦于“绿色铁路建造能力如何形成”的问题(图 1-1 中问题⑤)，通过文献研究和专家访谈等方法从不同维度解析绿色铁路建造能力的影响因素，运用建模仿真方法探索影响因素的作用路径，基于验证的合理结果建立绿色铁路建造能力形成机理模型，阐述绿色铁路建造能力的成长及变化过程，为能力提升方案的制定提供依据。

(3)聚焦铁路工程企业主体责任探寻绿色铁路建造能力提升途径

绿色铁路建造能力提升途径的基点在于“绿色铁路建造能力成熟度评价”(图 1-1 中问题⑥)，选择合适的标准模型进行整合优化，建立绿色铁路建造能力成熟度评价模型，解读能力成熟度级别标准，并提出一般化的能力提升方案。用建立的量化工具判断模型铁路工程企业在当下的能力成熟程度，在企业现状分析的基础上，结合能力形成机理模型，定制个性化的绿色建造能力提升方案。

提升铁路工程企业的绿色铁路建造能力，既是实现绿色铁路工程可持续发展的必要条件，也是促进铁路工程企业可持续发展的根本落脚点，绿色铁路工程建造与绿色铁路建造能力提升的良性循环，在提供高质量铁路基础设施的同时，提升铁路工程企业在国内外的市场竞争力。

1.4.3 章节安排

本书共 9 章，各章节包括：

第1章　绪论。阐述绿色铁路工程的研究背景及意义，界定关键概念，分析国内外研究现状，提出本书的逻辑框架及研究内容。

第2章　绿色铁路工程系统模型。梳理绿色铁路工程相关概念，阐述绿色铁路工程主要内涵，提出绿色铁路工程概念模型（“三全”模型）。

第3章　绿色铁路工程价值分析与目标体系。分析绿色铁路工程的期望价值与个性化价值，阐述绿色铁路工程基本目标与个性化目标，建构绿色铁路工程目标体系。

第4章　绿色铁路工程发展现状与关键问题。梳理绿色铁路工程发展历程，调研分析绿色铁路工程发展问题，明确“绿色铁路建造能力识别与建设”是具有核心带动作用的绿色铁路工程发展关键问题。

第5章　绿色铁路建造能力内涵与构成。解读绿色铁路建造能力内涵，识别绿色铁路建造能力构成要素，确定绿色铁路建造能力的四个维度。

第6章　绿色铁路建造能力影响因素及其作用关系。识别绿色铁路建造能力影响因素，分析其层次关系、依赖关系及驱动关系，确定绿色铁路建造能力影响因素的类别。

第7章　绿色铁路建造能力形成机理。建立绿色铁路建造能力形成机理的结构方程模型，通过实证分析检验，揭示绿色铁路建造能力形成机理。

第8章　绿色铁路建造能力成熟度评价。建立绿色铁路建造能力成熟度模型，并划分等级、明确特征、形成结构，提出绿色铁路建造能力成熟度评价指标与评价方法。

第9章　绿色铁路建造能力提升。提出绿色铁路建造能力提升的总体目标与阶段目标，阐述绿色铁路建造能力特点与优劣势，分析绿色铁路建造能力提升的重难点，明确绿色铁路建造能力提升路径及保障措施，并进行案例分析。

2 绿色铁路工程系统模型

绿色铁路工程是一个复杂系统,为厘清其要素关系,运用霍尔三维结构和“物理—事理—人理”系统分析方法,对绿色铁路工程进行相关概念辨析和本质内涵认知;基于因果联结关系,对系统还原形成的基本维度进行综合,建立系统化的绿色铁路工程概念模型(“三全”模型),实现绿色铁路工程系统从混沌到清晰的模型化转变,建立发展绿色铁路工程的基本共识,同时也为绿色铁路工程价值和目标分析提供依据。

2.1 绿色铁路工程概念梳理

霍尔三维结构为解决具有良性结构的大型复杂系统的规划、组织、管理等问题提供了一种科学方法,其将全部任务分解成由时间、逻辑和知识构成的三维结构模型。借鉴霍尔三维结构,从建造过程维(时间)、方法措施维(逻辑)、专业结构维(知识)三个维度分别对绿色铁路工程进行相关概念与词汇的梳理,如图 2-1 所示。

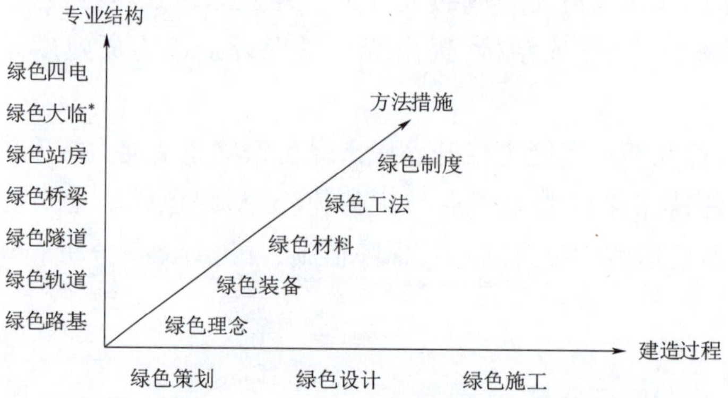

图 2-1 基于霍尔三维结构的绿色铁路工程概念梳理

2.1.1 建造过程

铁路工程建设必须遵循全寿命期原则和建设程序原则。铁路工程全寿命期可分为规划决策、建设实施、运营维护、工程退役等阶段,建设程序是对建设实施阶段的进一步细分,包括立项决策、勘察设计、工程实施和竣工验收等阶段,各阶段工作之间存

---

*:绿色铁路工程大型临时工程简称“绿色大临”。

在严格的先后次序,是不能违背的工程建设客观规律。建设实施阶段将工程由蓝图变为实体,是决定工程全寿命期效益的核心环节。绿色铁路工程研究聚焦于铁路工程建设实施阶段,将过程维划分为绿色策划(与规划决策阶段的绿色规划加以区分)、绿色设计、绿色施工,绿色铁路工程过程要素分析如图 2-2 所示。

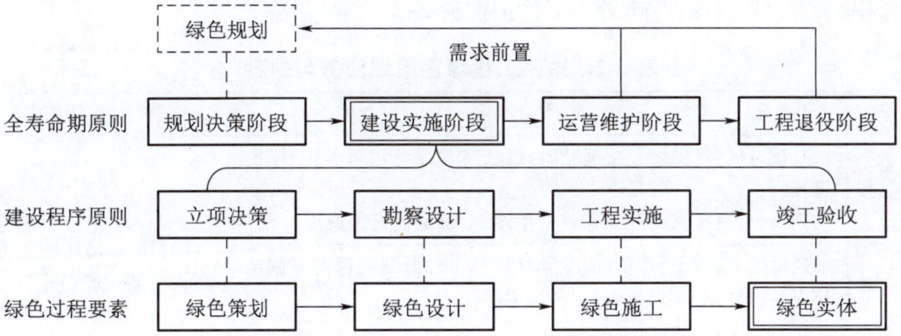

图 2-2 绿色铁路工程过程要素分析

绿色铁路工程研究虽不涉及运营阶段与业务,但应包含绿色运维工作的思考,同时考虑绿色退役问题,需要在规划决策阶段的绿色规划中统筹考虑,并在绿色设计中细化、在绿色施工中落实。在促进铁路工程与自然环境和谐共存的总目标下,绿色铁路工程过程要素由不同的责任主体承担着不同的任务,跨阶段任务之间存在关联性,绿色铁路工程过程要素及其内涵见表 2-1。

表 2-1 绿色铁路工程过程要素及其内涵

过程要素	对应工作	责任主体	绿色内涵	
			具体描述	概　括
绿色策划	环境影响评价 绿色需求明确 重大科研立项	建设单位	合理制定目标,确定项目价值,并规划科研任务	整体绿色性 使用绿色性 管理绿色性
绿色设计	初步设计 技术设计 施工图设计	设计单位	通过系统设计,使主体结构、临时工程、环保设施等具有环境友好、资源节约、节能降耗、低碳等特征	结构绿色性 资源绿色性 功能绿色性
绿色施工	施工组织设计 施工	施工单位	采用绿色措施降低施工对环境的影响(破坏、污染、损耗),同时通过工程建造过程修复(或重构)人工生态环境	实施绿色性 资源绿色性

1. 绿色策划

工程策划是立项后为明确需求、制定依据、确定目标、建立制度而开展的一系列活动,有别于规划决策阶段的工程规划,是从工程特点出发进行的项目任务统筹,具有前瞻性、奠基性。绿色策划是为明确绿色需求及科研项目而进行的综合工作,由建设单位作为责任主体,以推进绿色发展为目标,综合考虑工程社会责任、经济性和技术使命,在环境影响评价基础上进行工程目标优化及科研任务规划,同时在推动行业绿色转型、支持生态文明建设等方面提供附加价值，是全方位奠定铁路工程环境正外部性的基础。因此，绿色策划是打造绿色铁路工程的龙头，既从区域宏观视角凸显工程整体的绿色程度，又从运营投产视角提出工程使用的绿色需求，基于绿色需求建构工程建设实施的环保行动框架，从需求、依据、目标、制度等方面为工程实施提供指导与保障，铁路工程绿色策划任务与内容见表 2-2。

表 2-2 铁路工程绿色策划任务与内容

任　务	具体内容	文件依据
明确绿色需求	直接目的：提供绿色交通基础设施，奠基绿色运营养护、绿色退役。 附加价值：丰富行业绿色建造手段，引领绿色行为意识	项目的环境影响评价报告；铁路科技创新规划等
制定工作依据	通过勘察、调研、评估细化环境保护措施，根据项目需要制定环保科研计划、环保手册、文件汇编等	
确定绿色目标	根据标准规范，综合考虑当前经济、技术条件，合理确定可实现的环保目标，合理配置资源	
建立绿色制度	从控制(内)和监督(外)两个方面建立环保制度，落实责任主体，明确管理流程	铁路行业基本环保制度；既往项目环保制度等

2. 绿色设计

工程设计任务是完善工程构想，确定工程物理形态与功能参数等，具有创造性。绿色设计是基于地质勘察结果和环境影响报告结论进行的有利于绿色工程实体形成的工程设计工作，由设计单位作为责任主体。绿色设计以实现绿色生产为目标，以工程与环境的系统设计为契机，从主体工程、临时工程、环保设施等方面介入生态环境的综合治理，使工程与人类活动协调共存。因此，绿色设计是绿色铁路工程的灵魂，是在绿色选线、选址基础上的深化创造，从工程本体视角决定工程使用功能的绿色程度，兼顾工程本体占用资源的集约利用与二次开发。铁路工程绿色设计任务与内容见表 2-3。

表 2-3 铁路工程绿色设计任务与内容

任　务	具体内容
主体工程绿色设计(选线、路基、桥梁、隧道、站房、景观等)	减少耕地占用，强化防灾减灾设计，提高工程的健康耐久性，落实节能减排功能；通过工程与环境的交互作用展开生态修复，促进工程与人类活动协调共存
临时工程绿色设计	从场地可持续利用、永临结合、运输便利减排等角度设计临时工程
环保设施绿色设计	保证铁路运营中实现绿色生产，解决废弃物排放管理、振动噪声消解、电磁辐射阻隔等环保问题

3. 绿色施工

工程施工任务是将工程构想转变为工程实体，对生态环境产生扰动和影响。绿色施工是应用绿色技术实现绿色设计方案的实施工作，由施工单位作为责任主体。

绿色施工以降低环境负外部性影响、提高资源利用效率为目标，承担绿色技术应用与创新的责任，实现施工中的"五节一环保"要求。因此，绿色施工是绿色铁路工程质量的关键，从微观的实施方式上决定工程建设过程的绿色程度，主要包括干扰控制、污染防治、生态修复、资源节约、职业健康安全等。铁路工程绿色施工任务与内容见表 2-4。

表 2-4 铁路工程绿色施工任务及内容

任 务	具体内容
干扰控制	减少施工作业对自然环境的扰动或破坏
污染防治	降低施工作业中污染物的排放量，对产出的污染物进行治理、达标排放
生态修复	场地恢复、植草种树等
资源节约	提高施工作业中资源利用效率，强化资源管理
职业健康安全	环保教育、环保技能培训、环保主题活动、绿色作业环境建设等

绿色策划、绿色设计、绿色施工三项工作，在时间上先后衔接、内容上关联反馈，是形成绿色铁路工程的重要环节。

2.1.2 方法措施

绿色铁路工程受到人、物和环境等因素影响，各因素之间存在相辅相成关系。基于全面质量管理理论中"人、机、料、法、环"(4M1E)分析框架，将绿色铁路工程的方法措施对应解构为绿色理念、绿色装备、绿色材料、绿色工法、绿色制度等内容，铁路工程绿色铁路工程方法措施及内涵见表 2-5。

表 2-5 绿色铁路工程方法措施及内涵

管理因素	管理措施	绿色内涵	性 质
人	绿色理念	先进适用、绿色集约、生态友好的指导思想	行动纲领
机	绿色装备	具有节能、降噪、减排等特点	实现工具
料	绿色材料	具有生态、节能、环保、耐久等特点	前提需求
法	绿色工法	防治污染、降低破坏、循环利用、提高功效等优势	硬技术
环	绿色制度	界定并明确环保责任，引导、培育、激励绿色行为	软技术

1. 绿色理念

铁路工程建设理念具有概括、统领、指导的作用。绿色理念体现"绿色发展""环境协调"，追求"人—工程—自然"的深层次和谐，强调能源资源集约、高效利用，保证自然生态环境的系统完整性和生物多样性，旨在减少建设生产中的环境破坏与污染排放，并依托工程进行生态修复的实践与探索。

2. 绿色材料

工程材料主要包括钢材、水泥、砂石等，施工所造成的直接环境影响主要体现为扬尘、噪声和水土污染,间接影响则包括钢材、水泥等生产带来的碳排放,砂石采挖造成的江河污染、山体失稳等。绿色材料主要体现为可回收性、可再生性、生物性和高性能材料的应用,具有生态、节能、环保、耐久等特点。

3. 绿色工法与绿色装备

工程技术是实现工程建造意图的必要知识,包含原理、流程、工具等内容的工艺或工法。绿色工法是指实现工程绿色要求的施工技术,其应用对象为绿色建造过程、环境保护、资源利用与治理修复等方面。绿色装备主要体现在清洁能源使用或高等级能效、减排降噪、提高工程效率等方面。绿色工法和绿色装备在一般情况下相辅相成,共同促进绿色铁路工程发展。

4. 绿色制度

工程制度是实施工程管理的基本依据,其重要性体现为管理秩序的建立。绿色制度应围绕绿色铁路工程的目标,建立从责任落实到行为规范的完整约束链条,从管理措施方面确保绿色铁路工程建设。

2.1.3 专业结构

从结构类型来看,铁路工程实体包括路基、桥梁、隧道、站房、轨道、四电等,大型临时工程(简称“大临工程”)虽然不是铁路工程实体的有机组成部分,但有较大资金投入,不可或缺。由于各专业结构具有不同的形式和特点,对自然环境的影响存在差异,因此,各专业结构绿色内涵各有侧重,主要体现在自然景观、生态功能、绿色技术等方面。绿色铁路工程专业结构要素及其内涵见表 2-6。

表 2-6 绿色铁路工程专业结构要素及其内涵

专业结构	绿色内涵		
	自然景观	生态功能	绿色技术
绿色路基	边坡绿化	消除或缓解屏障(隔离)效应	水土保持、灾害(地质)防治、以桥代路等
绿色轨道	—	—	无缝线路(耐久性、易维护性)、新材料应用(轨道板、扣件等)、废弃物无害化处理等
绿色桥梁	桥梁造型	消除或降低对生态过程的干扰	耐久性、灾害(地质)防治等
绿色隧道	洞门绿化	地貌维护、原生污染物处理	洞渣资源化、灾害(地质)防治等
绿色站房	站场绿化、建筑造型	车站枢纽促进城市布局、绿色交通结构优化;被动式建筑(零能耗、负能耗、新能源)	建筑节能降耗、新能源利用、建筑工业化
绿色大临	场地绿化	实现复垦	循环利用、永临结合等
绿色四电	—	消除或降低生物(鸟类)危害、电磁辐射等	耐久性、节能性、资源循环利用、自然灾害防治

1. 绿色路基

铁路路基是为满足铁路轨道铺设和运营条件而修筑的土工构筑物，必须保证轨顶设计高程，并与桥梁、隧道等构筑物平顺连接以形成完整贯通的铁路线路。铁路路基主要由路基本体、路基防护和加固构筑物、路基排水设备等附属部分组成。铁路路基工程的生态影响主要体现为：永久性改变沿线原有自然状态，占用土地，挖填及弃土石方影响当地生态平衡、水土保持和农田水利等方面。

绿色路基工程通过设计和施工缓解或消除负面的生态影响，如采用边坡绿化防护一体、设置生物通道等措施建构新的人工生态系统，形成草、灌、林结合后的立体景观植被系统，缓解因路基分割原生生态环境而造成的屏障效应，并实现水土保持的绿色需求。

2. 绿色轨道

轨道系统是铁路工程专有结构，是列车运行的基础，直接承受列车荷载、引导列车运行，主要由钢轨、联结零件、扣件、轨枕（轨道板）、道床、道岔、防爬器、轨距拉杆及其他附属设备组成。轨道系统主要采用预制件进行组装与铺架，其附着于桥梁、隧道、路基等线路结构之上，不单独影响景观，其负面环境影响主要产生于制造阶段（工厂生产）和维护阶段（废弃物处理）。

绿色轨道系统主要体现为无缝线路（资源节约、减少病害、延长寿命）、部件耐久性（新材料技术）与循环利用及废弃物无害化处理等方面。

3. 绿色桥梁

铁路桥梁是铁路跨越河流、湖泊、海峡、山谷或其他障碍物以及为实现铁路线路与铁路线路或道路的立体交叉而修建的构筑物，包括桥梁与涵洞，以桥梁为主。桥梁一般由上部结构、下部结构、支座和附属设施等部分组成，其中下部结构受地理、地质条件约束。相较于路基，铁路桥梁仅桥墩穿越斑块和廊道，占地面积小，对生态格局中动物生活和植物生长以及物质和能量流传递等生态过程干扰小，不会造成沿线区域景观格局的完全割裂和阻断，其生态效应更为优越。然而，桥梁构造尺寸、结构形式和桥下空间等仍然是桥梁的生态影响要素。

绿色桥梁工程通过桥梁形式选择和优化（跨度、高度、宽度、桥墩形态等），使桥梁的良好生态效应得以发挥（缓解阻隔作用、减小水阻等），并通过提高桥梁的耐久性来实现资源节约。

4. 绿色隧道

铁路隧道是铁路穿越山岭地区时克服高程或平面障碍的构筑物，有的隧道穿越江河或海峡，其作用可使线路顺直、缩短，可以减小坡度，还可躲开各种不良地质条件，从而提高牵引定数，使运营条件得以改善。隧道设计包括隧道位置设计及隧道支护结构和附属设施设计两大部分,其中前者需要根据铁路等级和运营要求,结合山岭地形、地质条件、技术经济能力来确定。隧道采用钻爆法或掘进机法(TBM)施工,对生态环境的影响主要体现为地表植被破坏、大量隧道弃渣危害等,部分隧道开挖会释放原生污染物,如放射性物质等。

绿色隧道工程主要体现为洞口植被恢复、弃渣资源化处理、爆破化学污染防治等内容,以及通过合理的支护及附属设施实现污染物的阻隔和导流。

5. 绿色站房

站房工程包括站场和站房两大部分,站场是用于铁路运输生产和各种技术作业的场所,一般包含站场路基、站场道路、站场建(构)筑物(人行地道/天桥、站台、雨棚等)等部分。站房是铁路车站(也称火车站)的主体建筑,供铁路部门办理客、货运输业务,是铁路系统与城市系统产生人流、物流交换的门户。车站系统的生态影响主要体现为占用土地资源、影响城市空间布局等。

绿色站房工程主要体现为景观视觉上的美观、协调,引领绿色城市与绿色交通建设与发展,以及实现建筑节能降耗和新能源利用。

6. 绿色大临

铁路临时工程是为工程施工提供便利的临时性建(构)筑物,在主体工程建设完成后废弃或拆除。大临工程是临时工程的主要成分,具有规模大、投资大等特点。铁路大临工程主要包括施工便道、预制梁场、取弃土场、施工营地等,主要生态影响表现为土地功能破坏,如荒置、盐碱化等。

绿色大临工程体现为土地生态功能恢复、复垦土地资源的综合利用以及通过永临结合理念实现铁路建设与地区发展的同步推进。

7. 绿色四电

铁路四电工程包括通信工程、信号工程、电力工程和电气化工程,其作用是保障列车运行的指挥、调度与安全运行,四电设施是其发挥作用的基础。在四电设施之中,接触网对自然景观及生物活动产生一定影响,电力设施的高压电流、通信基站的通信信号对周边区域产生一定的电磁辐射,其自然暴露性会引发一定的灾害防治需求及维护需求。其生态影响主要发生在运营维护阶段。

绿色四电设施系统主要体现为生物危害、电磁辐射等负面影响可以控制或消减,设施设备的耐久性与维护便利性,以及废弃物的无害化处理等方面。

2.2 绿色铁路工程内涵认知

物理—事理—人理方法论(WSR)从物理、事理、人理三个方面分析系统的逻辑、对象、着重点、原则及所需知识,并在此基础上有计划地展开研究工作,其中:物理主要是指物质运动一般规律,通常涉及客观存在;事理是做事的道理,主要解决如何去安排这些事物;人理是做人的道理,旨在掌握协调关系的原则。借鉴 WSR 的方法论,从物理(绿色环境)、事理(绿色技术)、人理(绿色文化)三个方面对绿色铁路工程的内涵进行深入探究。

基于 WSR 的绿色铁路工程内涵认知框架如图 2-3 所示。

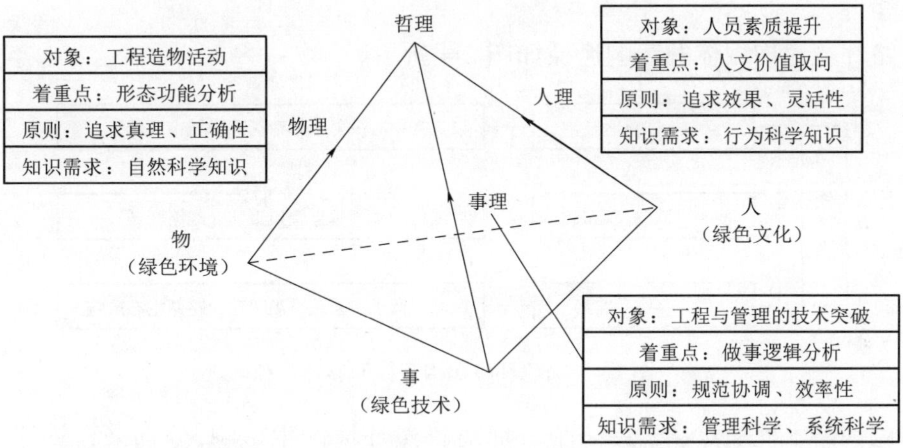

图 2-3　基于 WSR 的绿色铁路工程内涵认知框架

2.2.1　绿色环境

铁路工程存在于自然系统中,是工程造物活动的结果,与自然环境融于一体成为“人工自然系统”。因此,绿色铁路工程的造物结果应是“与自然和谐共存的高质量铁路固定基础设施”,实现“绿色环境”建构。

1. 铁路工程形态及生态角色

铁路工程本体呈线状延展,穿越多种工程地质单元,对水平景观结构造成分割,同时也连接多种生态系统类型,建设过程注重保护环境,但改变景观单元类型仍会对周边自然环境造成破坏,进而对区域自然环境产生连带影响。根据景观结构分类,铁路工程本体属于空间水平结构要素,在生态角色上表现为“廊道”,一方面对廊道两边的区域产生分割作用,另一方面对廊道串联起的“斑块”产生连接作用。建设对原生环境的“破坏”,廊道对区域斑块的“连接”,两者共同塑造了新的区域生态系统。此外,自然信息流过程也对铁路工程本体产生作用,如水流对桩基的侵蚀、生物活动对运营维护的干扰等。

2. 建构和谐人工自然系统的具体体现

绿色铁路工程通过重塑区域生态系统来影响自然生态环境。生态保护与建设、环境保护、资源节约是生态文明建设的基石,而生态修复是生态保护与建设的重点内容。党的十八大报告中提及“要实施重大生态修复工程”,党的十九大报告中再次强调“实施重要生态系统保护和修复重大工程”“构建生态廊道”“开展国土绿化行动”,从战略规划角度体现了加快推进生态文明建设的重要性和紧迫性。基于这一需求,各类土木工程建设项目在不同程度上承担生态修复媒介角色,尤以交通类工程建设项目最突出,原因在于交通工程的线状延展性和网络覆盖性。

铁路环境建构载体的影响途径如图 2-4 所示。

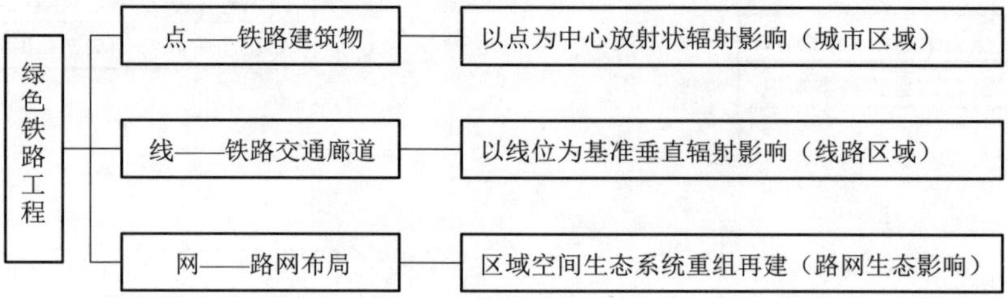

图 2-4 绿色环境建构载体的影响途径

绿色铁路工程从点、线、网三个方面对自然环境产生影响,分别来自铁路工程的建筑物、区间段构筑物、路网布局。其中,铁路车站等大型公共建筑是绿色建筑的重要实践对象,以降低建设资源消耗、采用节能设计、减少环境负面影响为目标,创造健康、舒适的通过环境,并与周围环境相融合,其对自然环境的影响呈现为点状辐射,影响力以建筑为中心从内到外递减;铁路路基边坡绿化是国土绿化工程的重要组成部分,以稳固边坡、保持水土、改善环境、防御灾害、美化路容为目标,通过恢复边坡植被促进路域生态系统再建,其对自然环境的影响呈现为线状延伸,影响力以路基为基准由近到远递减;路网布局影响社会经济的空间分布状态,其对自然环境主要产生间接影响,通过车站与线路走向的组合促进区域内生态系统重组再建,其影响力取决于路网密度。

2.2.2 绿色技术

铁路工程建造以现有工程技术知识为依托,以规范、经济的方式保障建设实施及工程质量。但在复杂多变的建设条件和超越认知的工程难题方面,现有知识基础存在局限性,尤其是技术知识。因此,需要通过多种途径突破当前知识约束,通过创新实现绿色技术体系的更新与迭代。在基于逻辑关系的“科学—技术—工程—产业”知识链上,工程处于承前启后的关键位置,“集成”科学与技术知识,“建构”相关产业,通过“集成—建构”将相关技术和要素转化为现实生产力,直接影响社会和经济的发展。因此,技术体系的检验与更新,是工程建造的应尽之责。

1. 绿色技术体系的基本内容

绿色技术为解决绿色难题服务，针对直接产生环境问题的工程活动，可从自然系统、资源系统、人类活动、气候活动等方面对绿色技术进行分解，如图 2-5 所示。在长期铁路工程实践中，各类绿色技术有不同的发展程度，从而有不同程度的创新需求。

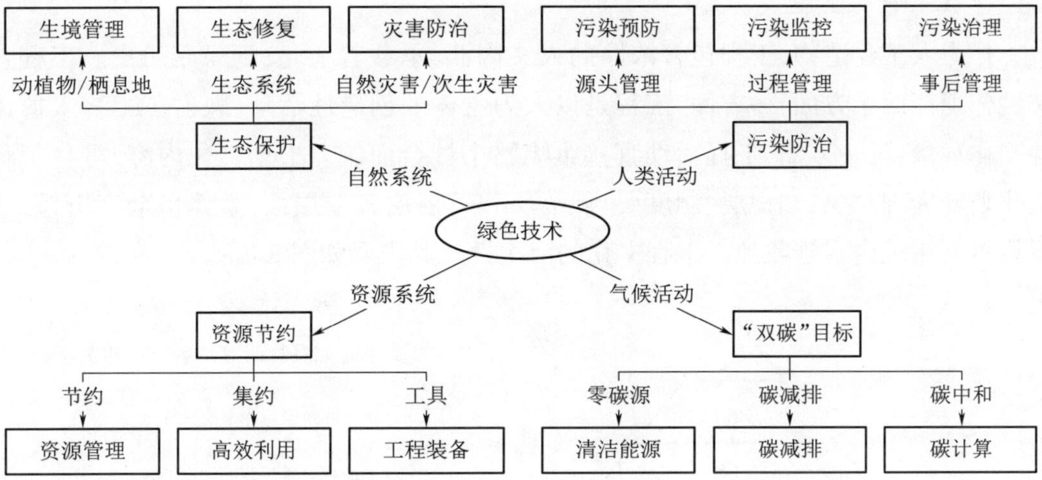

图 2-5　绿色技术体系

2. 绿色技术体系的检验与更新

自然环境多样性、交通走廊骨干性等特点决定了现代铁路工程建设是一项不断超越现状、挑战极限的创造性任务。在建设过程中，工程技术创新是核心手段，管理技术创新是保障手段。

绿色铁路建造过程，既是运用现有绿色技术解决实际问题的过程，主要聚焦于现有绿色技术的迁移运用、集成创新或改进创新；也是发现需求、更新绿色技术的科学研究过程，主要聚焦于绿色技术的原始创新。与此同时，工程实践中产生的创新成果是具有高附加值的商品，既经受实践检验，又提供应用场景，有利于同类问题的直接应用，从而丰富要素市场中的资源选择，进而通过建构孵化衍生新产业，促进成熟产业链的丰富或革新。显然，绿色铁路工程实践提供了一个绿色技术创新平台，一方面为实验室研究成果提供了实践验证场所，另一方面为经受检验的优质成果提供了产业化方向。绿色技术创新平台运行逻辑如图 2-6 所示。

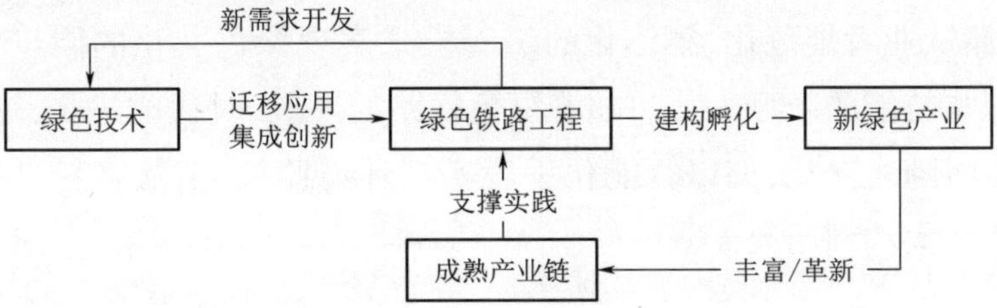

图 2-6　绿色技术创新平台运行逻辑

2.2.3 绿色文化

工程活动不仅是技术集成性活动，也是有组织的群体性活动。因此，需要在铁路工程建设过程中重视工程文化建设，聚焦人员素质提升，通过文化创造激发参建人员主观能动性、塑造组织凝聚力，从而保障工程目标实现。

1. 工程的人文性及其表现

作为人工建造物，工程包含浓厚的人文内涵，承载着文化，记录着历史。工程人文性体现在两个方面：一方面，工程是以人为主体的创造性活动，映射了工程人群体的文化背景；另一方面，工程活动直接影响整个社会面貌。根据文化内容，可将工程文化划分为理念层、知识层、制度层、规范层和习俗层五个层面，整体呈金字塔模式，层级越上相关内容越收敛。工程文化的层次性及其内涵如图 2-7 所示。

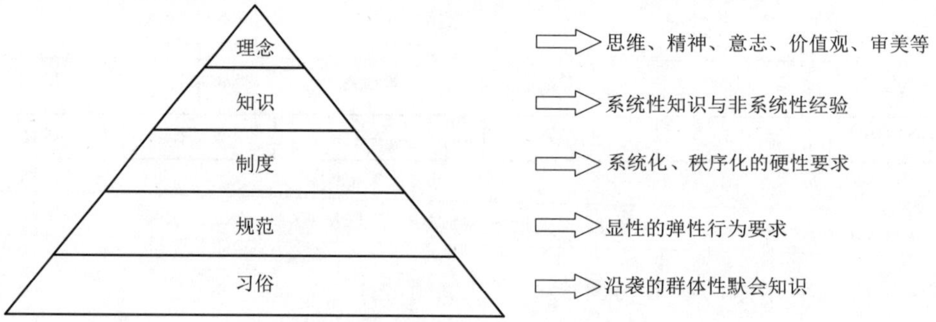

图 2-7 工程文化的层次性及其内涵

工程实践活动可以培养和造就一批具有先进思想理念和专业知识的工程人员，在工程实践中接受群体习俗影响，受行为规范和项目制度约束，这一过程塑造了一个工程人员的世界观、价值观、方法论、知识体系，并能随着自身的成长进阶而更好地展现精神风貌、发扬优良传统，进一步影响他人。

2. 培育与传播绿色文化的具体体现

铁路工程绿色文化根植于铁路建设重视环境保护的传统。从工程实体来看，体现在绿色通道建设实现国土绿化、水土保持目的，绿色车站建设实现运营节能降耗、土地集约利用、绿色交通整合等方面。从工程实践来看，体现在重视环境协调的建设理念、全员自觉环保的行为意识以及保障环保措施到位的管理机制等方面。从人才培养来看，铁路从业者规范化、集体化的培养模式实现绿色文化的同步熏陶，培育出具备绿色意识与技能的新型人才。随着绿色铁路的发展、时代的进步，绿色文化的具体表现形式也将随之变化，如以智能化手段实现环境监控、节能降耗，以工业化手段实现资源节约与集约利用等。

3. 铁路工程人文内涵及其影响路径

铁路工程人文内涵体现在两大方面：基于工程项目的项目文化、基于工程建设者群体的精神文化。

铁路工程项目文化根植于不同的铁路建设项目，虽有不同的外在形式，如“成渝精神”“成昆精神”“青藏铁路精神”等，但有共同的精神内核，主要表现为“艰苦奋斗、拼搏奉献、勇于创新、为国争光”。这是由铁路工程项目社会影响广、地域分散性强、队伍流动性大、专业队伍多、露天作业、环境艰苦等特点决定的，这是铁路工程人文内涵的核心基点。

铁路工程建设者群体是项目文化的直接熏陶者，通过文化的凝聚和协调功能实现临时性项目团队协同合作，通过文化的引领功能建立共同目标，通过文化的激励功能形成正反馈来不断强化自我，最后形成一种建设者所特有的意识形态——精神文化。精神文化内化于建设者的行为举止、价值观念，会随着团队的解散重组而实现项目文化的传播与融合。

铁路工程人文内涵及其影响路径如图 2-8 所示。

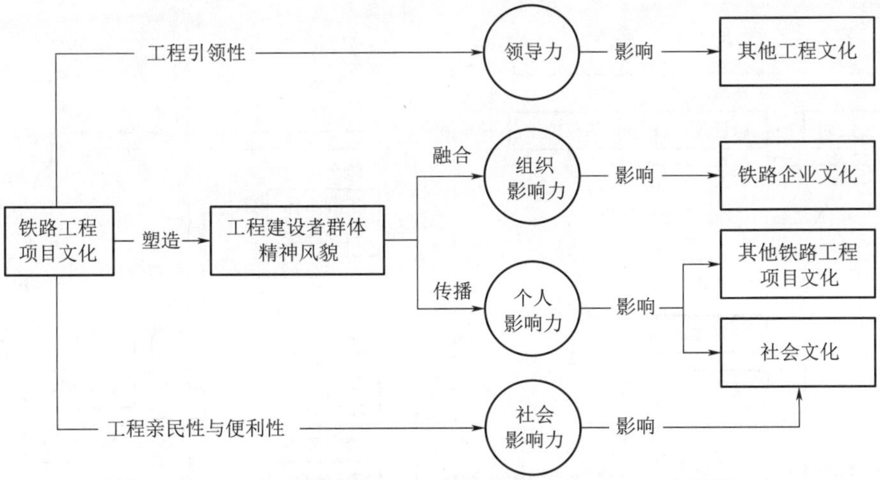

图 2-8 铁路工程的人文内涵及其影响路径

铁路工程人文影响力体现在工程和建设者两个层次。工程层面通过领导力和社会影响力产生作用，前者基于技术、管理、效益的领先确立工程领域的领导力，对其他工程文化产生影响；后者通过铁路工程的亲民性和便利性产生社会影响力，促进工程精神文化的传播，从而影响社会文化。建设者层面通过集体影响力和个人影响力产生作用，前者表现为不同项目建设者存在于同一工程企业，通过文化融合影响和丰富铁路工程企业文化；后者通过建设者的个人行为影响乃至领导其他群体，通过文化传播影响后续铁路工程项目文化和建设者周围的社会文化。

2.3 绿色铁路工程概念模型

2.3.1 “三全”模型提出

依据霍尔三维结构模型，从建造过程、方法措施、专业结构三个维度进行“绿色铁路工程”概念解构，系统梳理了当前实践或研究中出现的绿色铁路工程相关概念，使之具有不同归属与位置，解决了当前认识中的概念模糊、近义混淆等问题。在此基础上，运用物理—事理—人理系统方法论认知框架，从绿色环境、绿色技术、绿色文化三个维度对“绿色铁路工程”内涵进行深入解读与丰富，既是对绿色铁路工程实践过程产物类型的聚类分析，也是为实践与实体成果搭建的认知桥梁，深刻揭示了实践的多目标性和实体成果的多层次性。两者均是基于系统还原论所展开的从总体到部分的还原过程，是打破系统结构的过程。系统工程原理表明，整体大于部分之和，从“还原论”到“整体论”，应以因果关系为基础进行重新“综合”“化合”。

前面论述的六个维度之间存在多样化的关联，如图 2-9 所示。

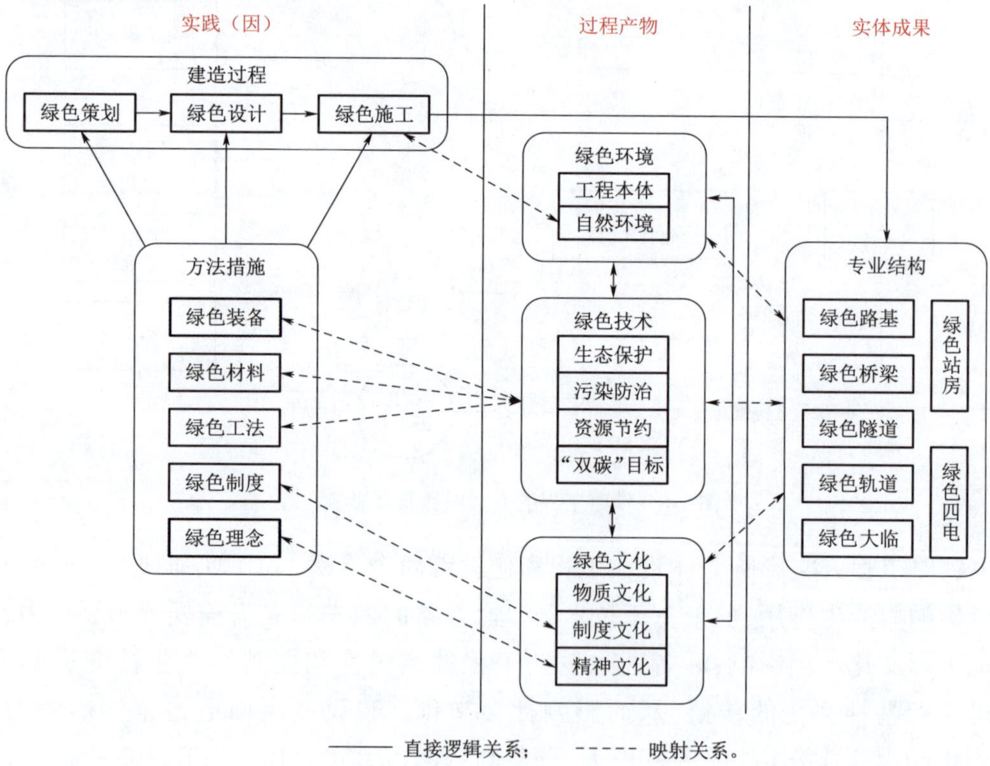

图 2-9 各维度间关系

建造过程与方法措施两个维度，均从实践方面关注绿色铁路工程的成因，且不同阶段任务都需要相应的措施方法，不同措施方法在各个阶段均有不同的作用，两者共同促成绿色铁路工程诞生，是绿色铁路工程的主线。此外，建造过程对自然环境的作用直接体现在施工阶段，绿色施工有助于自然环境保护与恢复，与绿色环境维度存在映射关系；方法措施中的绿色材料、绿色工法、绿色装备是从技术角度保障绿色目标，与绿色技术维度存在映射关系，现有绿色技术支撑工程项目实践，而这些措施也促进了绿色技术的创新；方法措施中的绿色制度、绿色理念则从人员教育与约束角度保障绿色目标，与绿色文化维度存在映射关系，现有绿色文化为项目建设理念和管理制度提供实践基础，而实践丰富了绿色文化的内容与表现形式。

专业结构维度，则关注绿色铁路工程的实体产物，经过完整的建造过程形成，因专业结构差异呈现不同的具象表现，详见表 2-6。与此同时，专业结构中的各项工程实体集合形成绿色铁路工程本体，是绿色技术集成应用的产物，同时也以物质文化的形式展现工程绿色文化，与绿色环境、绿色技术、绿色文化三个维度均存在映射关系。

因此“绿色铁路工程”不是各种要素的简单加和关系，而是一种化合关系。以有无直接逻辑关系和因果区分为界，可以从以下三个方面进行系统归纳。

1. 建设实施全过程绿色

全过程绿色反映建造过程与管理措施的化合关系，呈现任务递进关系。其中：绿色策划工作是基础，统筹设计与施工；绿色设计工作是灵魂，在绿色策划奠定的主基调上实现工程结构的具象表达，明确工程参数；绿色施工是关键，既要实现绿色设计意图，又要在绿色策划奠定的主基调上落实实施过程的管控目标。绿色铁路工程过程任务的递进与反馈关系如图 2-10 所示，且均涉及方法措施，但关注对象、详略程度、任务内容存在区别。全过程绿色基本要点见表 2-7。

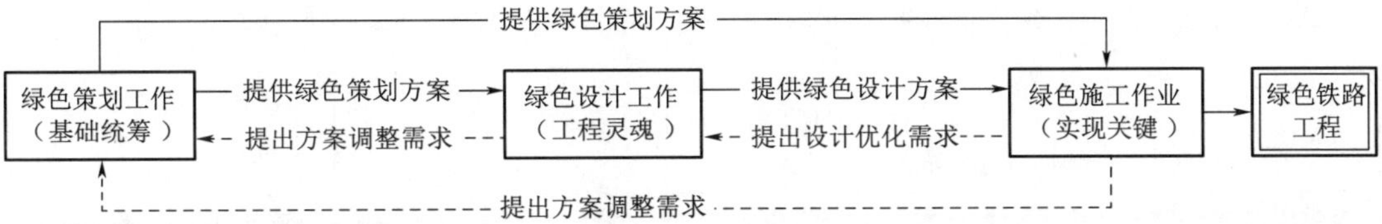

图 2-10　绿色铁路工程过程任务的递进与反馈关系

表 2-7　全过程绿色基本要点

管理措施	绿色策划	绿色设计	绿色施工
绿色理念	绿色指导思想：明确绿色目标，奠定主基调	绿色设计理念：围绕工程结构的集约、低碳、节能等特征	绿色施工理念：围绕实施过程的节约、环保等特征
绿色装备 绿色材料 绿色工法	调查与范围划定，提出科研需求	根据当前技术水平、物质条件、工程需求等进行结构设计，确定实施内容及条件，进一步明确科研任务	按图施工，优选措施，制订管控目标，参与科研任务
绿色制度	立足项目全局建章立制，补充空白	绿色方案比选	基于施工内容细化规章制度以利于工程实施

具体而言，建设单位按照行业主管部门要求，制定绿色策划，确立统筹全局的绿色理念（指导设计、施工的思想和原则），从宏观层次建构绿色铁路工程项目总体目标（环境—经济—社会）。在绿色理念指导和总体目标约束下，设计单位依据环境影响评价报告展开绿色设计，完善环保工程设施及关键技术方案，从中观层次建构绿色铁路工程项目主骨架，使绿色理念和总体目标落实于具体功能。在绿色理念指导和设计方案约束下，施工单位应用"四新"技术（新技术、新工艺、新材料、新设备）开展绿色施工，承担重大工程创新的实践任务，从微观层次丰富绿色铁路工程项目筋骨血肉，实现绿色理念和设计方案，最终形成绿色铁路工程实体，成为人与工程交互对话的场景平台。

2. 工程结构全专业绿色

工程结构全专业绿色从工程实体视角阐述绿色铁路工程的对象丰富性，既凸显了铁路工程的结构差异性，也从不同结构类型的角度分析了绿色需求的多样性。从当前研究和实践来看，绿色路基（绿色通道）和绿色站房（绿色车站）的成果较多，发布了具有指导作用的《铁路工程绿色通道建设指南》（铁总建设〔2013〕94 号）和《绿色铁路客站评价标准》（TB/T 10429—2014）等，但其他方面尚未形成正式文件，仍有较大的探索空间。根据有无官方标准、学术文献丰富性等情况，各绿色铁路工程专业结构研究需求见表 2-8。

表 2-8 绿色铁路工程专业结构研究需求

专业结构	绿色需求	官方标准	学术文献	研究深度
绿色路基	生物通道设计、边坡防护、廊道绿化等	《铁路工程绿色通道建设指南》（铁总建设〔2013〕94 号）	丰富	比较成熟
绿色轨道	无缝线路施工、部件材料创新（再生材料）、部件维护与回收等	无	较少	新关注点
绿色桥梁	桩基绿色施工、耐久性设计、景观设计等	无	较丰富	部分成熟
绿色隧道	长大隧道弃砟处理、地下水保护、化学污染防治、工业化生产、景观设计等	无	较多	新关注点
绿色站房	建筑节能、新能源利用、景观设计、建筑工业化技术等	《绿色铁路客站评价标准》（TB/T 10429—2014）	丰富	比较成熟
绿色大临	用地恢复、永临结合等	无	较少	新关注点
绿色四电	节能设计、电磁辐射、空中威胁、气象灾害等	无	较多	部分成熟

3. 概念内涵全方位绿色

概念内涵全方位绿色进一步拓展和丰富了绿色铁路工程内涵，其中，绿色环境是要实现的根本目的，是生态环境可持续的基础；绿色技术是实践过程产物，具有经济效益,是经济可持续的必要条件;绿色文化是实践中物质、行为、思想等综合产物的人文升华,通过组织文化建设影响并塑造工程利益相关者的绿色意识,从而产生积极的工程影响力。在长期的工程实践中,绿色环境与绿色技术成果丰富,绿色文化则缺乏重视,需要特别明确。绿色铁路工程全方位绿色的主要内涵见表 2-9。

表 2-9　绿色铁路工程全方位绿色的主要内涵

三个内涵	内涵主要内容
绿色环境	基本内涵:生态环境保护、生物多样性保护、资源节约、工程本体质量优良; 新内涵:和谐的人工自然系统
绿色技术	基本内涵:为实现绿色状态而采取的成套绿色技术和系统化管理手段; 新内涵:产生绿色经济效益的成套绿色技术和系统化管理手段
绿色文化	新内涵:塑造积极健康的铁路工程文化、提高参建者的绿色意识与知识、通过绿色示范工程向社会公众传递绿色文化理念,为推进生态文明建设贡献力量

绿色环境、绿色技术和绿色文化三个内涵存在关联性:绿色环境是根本目的(结果导向性),为绿色技术的竞争优势提供客观支撑,同时也是形成绿色文化的物质基础;绿色技术是价值中心,一方面能促进绿色环境的实现,另一方面则通过竞争优势主导绿色文化的发展;绿色文化是内在灵魂,为绿色环境与绿色技术提供附加值,进一步巩固两者的优势地位。绿色铁路工程三个内涵的关联性示意如图 2-11 所示。

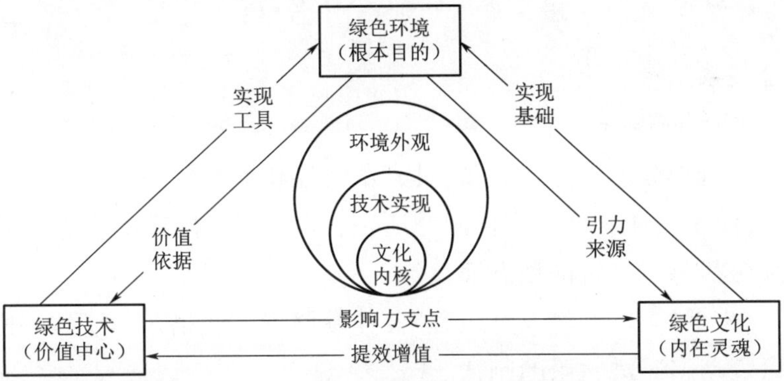

图 2-11　绿色铁路工程三个内涵的关联性示意

综上所述,建设实施全过程绿色从实践的必要条件上表征绿色铁路工程的形成过程,工程结构全专业绿色从集成性产出物方面表征绿色铁路工程结构要素,概念内涵全方位绿色从累积性产出物方面表征绿色铁路工程实践成果。在此基础上,建构绿色铁路工程概念模型,即全过程绿色、全专业绿色、全方位绿色,简称“三全”模型,如图 2-12 所示。

2.3.2 “三全”模型关系阐述

在“三全”模型中,全过程绿色具有递进关系,全专业绿色具有集成关系,全方位

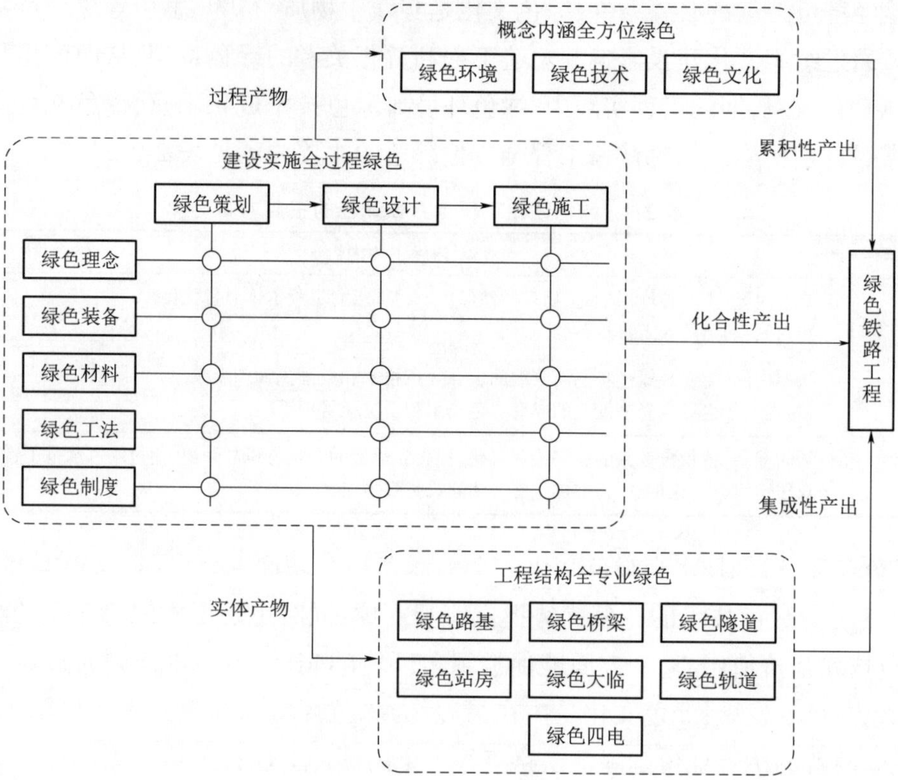

图 2-12 系统集成的"三全"模型

绿色具有集合关系。

1. 全过程绿色的递进关系

建设实施全过程绿色的递进关系,具有逻辑性和细节性,有利于主体责任认定和阶段成果评价,便于快速有效地定位问题所在,是"三全"模型的主导关系,也是绿色铁路工程以系统状态所进行的动态演化。

以荣获 2008 年"国家环境友好工程"新建铁路青藏线格尔木至拉萨段工程为例,进行全过程绿色动态递进关系的阐述。

青藏铁路工程从青藏高原腹地穿过,是世界上海拔最高、线路最长的高原冻土铁路。青藏高原环境敏感、脆弱,工程建设面临自然保护区及江河源头区环境保护、珍稀野生动物栖息环境及高原植被保护、高原冻土及高寒湿地环境保护、水土流失控制及高原景观保护等重大难题,工程建设与环境保护的矛盾突出而且青藏高原作为世界屋脊、地球第三极,对全球生态环境影响存在"牵一发而动全身"的重要性。因此,青藏铁路工程履行环境保护任务,既是尊重自然的应有之举,也是敬畏自然的必然之举,实现保护与发展的辩证统一是保障青藏铁路可持续的核心。因此,青藏铁路工程通过绿色策划(识别绿色需求,确定项目目标)、绿色设计、绿色施工,最终形成绿色工程(产品),其全过程绿色主要内容见表 2-10。

表 2-10 青藏铁路工程的建设实施全过程绿色

管理措施	绿色策划	绿色设计	绿色施工
绿色理念	依法环保	环评指导设计	具有高原特色的生态环保型铁路
绿色装备 绿色材料 绿色工法	科技环保:减轻环境干扰,降低环境负担	针对自然保护区、野生动物、植被和自然景观、江河水源环境、冻土环境、水土保持等环保重点进行专项设计	以绿色科技创新为依托的新技术运用(如高原高寒植被恢复技术、主动降温保护冻土成套技术等)
绿色制度	全员环保	绿色方案监测与比选(如野生动物通道)	“四位一体”环保管理体系

绿色策划方面,遵循“依法环保”“科技环保”“全员环保”原则。其中,“依法环保”通过贯彻环境保护法律法规、制定环境保护目标、建立环保管理新模式、编制环境保护指导文件等措施,建立了保障目标实现的基础条件;“科技环保”通过环保工程设计、环保科研攻关、环保工艺创新等措施,提供了环境保护的方法和工具;“全员环保”则通过培训教育、宣传活动、行为规范、自觉环保等措施,培养了具有绿色知识和技能的人才,形成浓厚的爱护生态环境、保护珍稀动植物的绿色文化氛围。绿色策划为绿色设计提供了认知基础和设计依据,由设计单位主导制定环保专项设计方案,并通过试验、监测等方案比选制度保障方案的适配性。绿色策划从制度、技术、文化三方面为绿色施工建立了认知基础,绿色设计则为绿色施工提供了方案指导(图纸、技术选择等),两者共同促进了绿色施工技术的创新与优化。

从工程建成效果及长期监测结果来看,青藏铁路工程实现了大规模工程建设与生态环境保护的和谐统一,具体表现:施工过程未造成明显污染和水土流失;自然保护区内部联通、物种信息交流通畅;植被恢复良好形成“绿色长廊”;野生动物生存和迁徙环境未受影响;路基基底多年冻土上限不降反升等。

2. 全专业绿色的集成关系

工程结构全专业绿色的集成关系内含绿色铁路工程具体结构类型,有利于根据工程需求突出实践重点,进而集聚资源攻坚克难,是“三全”模型的具象表达。

同样以青藏铁路工程为例,在环保管理制度、环保科研攻关、环保施工工艺上实施了一系列创新,有效保护了沿线野生动物迁徙条件、高原高寒植被、湿地生态系统、多年冻土环境、江河源水质和铁路两侧的自然景观,实现了工程结构全专业绿色,其全专业绿色的主要内容见表 2-11。

近年来,我国高速铁路迅猛发展,绿色铁路工程成效显著。如高速铁路采用无缝线路,有利于减少资源损耗,提升线路平顺度,在提高舒适性的同时也降低列车运行损耗。如京张铁路,在四电系统方面,通过设备选型、系统方案设计、智能技术应用等实现了供电系统节能技术创新。

表 2-11 青藏铁路工程的工程结构全专业绿色

专业结构	绿色需求	绿色技术及创新	典型成果
绿色路基	水土保持、植被恢复，降低对环境的“切割”影响等	以桥代路、野生动物通道、路基防护等	工程穿越可可西里国家级自然保护区实验区 100.02 km，穿越三江源国家级自然保护区实验区 328.06 km，从色林错国家级自然保护区边缘经过，均实现了自然保护区的有效保护；工程全线共设置了路基缓坡、桥梁下方和隧道上方三种形式的 33 处动物通道。监测表明，野生动物通道对工程沿线野生动物的种群交流均起到了积极的作用，尤其藏羚羊已逐步适应了新的生存环境，也熟悉了利用动物通道迁徙
绿色桥梁	水源保护、景观保护等	结合青藏高原自然风格和民族风格进行景观设计，充分应用景观生态学理论并结合了高原特色	青藏铁路标志性工程之一的拉萨河特大桥，主桥采用五跨三拱的结构体系，系杆拱宛如洁白的哈达；变截面的连续箱梁仿佛连绵起伏的雪山，托起洁白的哈达，飘舞在青山碧水间；主桥桥墩采用变截面双圆柱墩体现了牦牛骨骼的力度，引桥桥墩采用雪莲花式的变截面圆端形墩，与上部结构的曲线风格相统一，既具有浓厚的西藏风土人情，又具有流畅的现代气息，使其和谐地存在于雪山、河谷、蓝天之间
绿色隧道	弃渣处理与利用、水土保持等	土方调配、洞渣破碎	青藏铁路全线共有隧道工程七座，分别为干沟隧道、昆仑桥隧道、昆仑山隧道、风火山隧道、羊八井一号隧道、羊八井二号隧道和柳梧隧道。昆仑山隧道、风火山隧道弃渣在弃渣场集中堆放，其余隧道弃渣均用于路基填筑
绿色站房	景观保护、污水处理、节能减排等	结合青藏高原自然风格和民族风格进行景观设计	主要车站设计为一站一景，如唐古拉车站的造型像一只展翅的雄鹰，拉萨车站则兼顾了地域性与现代性的结合，与布达拉宫遥相呼应，与周围的自然环境融为一体
绿色大临	水土保持、植被恢复等	临时用地优化、高寒植被恢复与再造等	位于自然保护区敏感区段的不冻泉—五道梁、沱沱河周边、措那湖周边等人类活动相对强烈的区域，对铁路施工工程建设前(2000 年)和铁路工程建设后(2006 年)的遥感卫星影像对比分析，表明工程影响的程度和范围十分有限，不会对保护区内的主要生态系统产生很大的影响，也未造成保护区内生境的破碎化；同时，工程防护措施能进一步改善原有环境，如沱沱河周边的沙化路段进行采取了挡风墙以及沙立障等工程防护措施，对于控制沙化土地的扩张有很好的作用

工程结构各专业之间存在紧密联系，如隧道弃渣用于路基填筑，植被恢复技术广泛应用于路基、大临工程等，桥梁造型、站房造型在景观保护中秉承美观、文化内核等。因此，不仅需要从具体专业结构上明确绿色铁路工程的显性表达，还应从概念内涵上建立绿色铁路工程的价值共识，即概念内涵全方位绿色。

3. 全方位绿色的集合关系

概念内涵全方位绿色的集合关系，有利于绿色铁路工程实践成果类型的认定，进一步界定其交付价值，是“三全”模型的抽象表达。

同样以青藏铁路工程为例，在绿色环境塑造、绿色技术创新、绿色文化建设等方面取得积极成效，青藏铁路工程“概念内涵全方位绿色”内容见表 2-12。

表 2-12 青藏铁路工程“概念内涵全方位绿色”

概念	基本内涵	个性内涵	成　效
绿色环境	自然保护区保护、野生动物保护、植被与自然景观保护、江河源水环境保护、冻土环境保护、水土保持等	具有高原特色的生态环保型铁路	在国家重大工程项目建设中树立了生态文明建设的样板和典范
绿色技术	重点组织了高原高寒植被恢复与再造、野生动物通道设置与功能评价、多年冻土环境保护、高原自然景观保护、高寒缺氧条件下污水处理技术研究和固体废弃物处置技术研究等	获得了一批非常有价值的科研资料，在部分环境保护技术方面填补了空白	为工程面临的“生态脆弱”世界级难题提供技术支持，为铁路工程行业增加绿色技术储备
绿色文化	建设者正确处理建设与环境保护的关系，全体参建者没有因为高原环境恶劣而把环境保护当作包袱，而是把保护环境当成促进工程建设的一个亮点，一个必须完成好的任务来看待，做到了领导重视、参加者环保意识增强，实现了“全员环保”		创建了适合大型工程建设环境保护的崭新管理模式，工程建设环境保护理念更加深入人心，培养和造就了一批过硬的生态环保型铁路建设队伍

综合来看，不同层次的绿色概念内涵均有其侧重点和价值点，且相互之间存在互动关系，铁路工程建设者发挥主观能动性推动三者的变化，最终共同构成绿色铁路工程成果体系。

2.3.3 “三全”模型小结

绿色铁路工程“三全”模型是形成共识的首要基础，它全面地展现了绿色铁路工程的实践过程、内涵角度、专业类型等多维要素，同时还系统地呈现了多维要素之间的联动关系，表明了绿色铁路工程的复杂性、多元性与可感知性。

基于“三全”模型，对绿色铁路工程进行详细定义，即：绿色铁路工程是经由绿色策划、绿色设计、绿色施工多阶段递进形成的高质量铁路工程实体产物，工程实施过程通过多种方法措施促进自然环境系统保护并产出新的绿色技术、绿色文化产物，使得各项专业结构（路基、桥隧、站房等）均呈现出内涵一致、表现多样的绿色状态，最终形成新的人工自然系统，与自然环境系统和谐共生。简而言之，绿色铁路工程是全过程绿色、全方位绿色及全专业绿色共同满足要求的高质量铁路工程。

其中“建设实施全过程绿色”是主线，反映了绿色铁路工程的动态演进过程，有利于主体责任认定与阶段成果评价；“概念内涵全方位绿色”“工程结构全专业绿色”是结果，分别从一般和具体的两个角度反映了绿色铁路工程产品，有利于绿色铁路工程实践成果的认定，体现了绿色铁路工程项目的期望绿色价值和个性化绿色价值，这也为进一步分析绿色铁路工程价值和目标体系提供了基础。

3　绿色铁路工程价值分析与目标体系

在绿色铁路工程概念模型构建的基础上,从价值视角分析绿色铁路工程在社会经济体系中的重要作用,并建构绿色铁路工程的目标体系,为绿色铁路工程发展现状与关键问题提供依据。绿色铁路工程价值具有多样性,可从期望价值、个性化价值两方面进行分析;绿色铁路工程目标是绿色铁路工程发展方向和重点,包括基本目标和个性化目标。

3.1　绿色铁路工程价值分析

“价值”是一个经济学术语,指客体对于主体表现出来的积极意义和有用性,是物质存在的重要社会属性,通常包括经济价值、社会价值、生态价值等。依据不同的标准或依据,价值有不同的分类方式。对绿色铁路工程价值进行分析,需要同时从两方面展开,即:作为一般人工自然物的期望价值,反映绿色铁路工程之于经济社会发展的通用作用;作为特定工程类型的个性化价值,反映绿色铁路工程之于经济社会发展的独特作用。

3.1.1　期望价值

1. 生态保护价值

景观生态建设理论认为,通过景观生态规划与设计促进景观单元在空间上的合理排布,可以实现整体景观的可持续利用。绿色铁路工程可从自然景观建设、城市景观建设、区域景观建设三个方面实现生态保护价值。

就自然景观建设而言,铁路工程建设改变原生自然环境,建构新的人工自然景观,就工程本体而言,主要根据铁路工程的“廊道”角色进行规划设计实现扬长避短。廊道具有“阻隔”与“连接”双重作用,对生物多样性产生影响,见表3-1。就“阻隔”作用而言,主要体现为铁路对野生动物物种交流(生理和行为障碍)与生存(栖息地丧失或破碎)的影响,这类影响可以通过一定的工程措施予以解决。如青藏铁路不可避免地穿越了藏羚羊迁徙的必经之路,成为当时国内外及社会各界关注的焦点,但通过科学合理地设置野生动物通道(桥梁下方、隧道上方等),可满足沿线野生动物种群间交流、迁徙、觅食、繁衍生息和躲避天敌及自然灾害的要求。观测结果表明,各类野生动物逐步适应桥下通道,同样也逐步适应了青藏铁路。在藏羚羊迁徙时期,经过青藏高原的铁路旅客常常能看到藏羚羊在铁路两侧附近悠然自得地活动，形成了铁路与自然环境的和谐景观。就“连接”作用而言，主要聚焦于生物入侵危害及非本地物种在铁路沿线的自然扩散和建立，相关研究比较少。

表 3-1 铁路工程“廊道”双重作用

作　用	阻　隔	连　接
生态益处(价值)	提高异质性(可能性低)	斑块联通、促进信息交流
生态害处	屏障效应：斑块切割、阻碍信息交流	生物入侵(可能性低)

就城市景观建设而言，铁路工程能“以点带面”促进城市景观优化，其中以铁路车站最为显著。铁路车站是城市的门户，作为重要交通建筑承担着交通枢纽、标志性建筑等角色，其建设规模与行业影响力正相关，能对城市景观规划设计起引领作用，铁路车站对城市生态保护价值见表 3-2。以雄安站为例，作为新城建设的高铁车站，雄安站在规划布局阶段就结合以公共交通为导向的开发模式(transit-oriented development，TOD)辐射圈层理论，综合考虑新区定位、发展目标和现状条件，结合新区“一主、五辅、多节点”的城乡空间布局，将站房布置在外围的昝岗组团，以主站房为核心打造东西向的城市发展轴线与南北向呈放射状的城市绿廊，践行 90% 绿色出行示范区的要求。站前广场分步实施策略与津雄场近期利用，为客运枢纽提供更多弹性空间，使高铁车站更加有机地融入城市。此外，绿色建筑技术(集约开发、清水混凝土)，“光廊”“绿谷”设计，光伏发电系统应用等，既展现出“清莲滴露”的建筑形象，又贴合了雄安“水文化”，对塑造城市形象有积极意义。

表 3-2 铁路车站对城市生态保护价值

角　色	生态需求	生态保护价值
交通枢纽	出行便利、便捷换乘	改善城市交通结构
标志性建筑	展现城市风貌	提升城市魅力
大型建筑	绿色建筑	绿色生态技术的应用与推广

就区域景观建设而言，铁路作为综合交通体系主骨架，所在线位更容易形成综合交通走廊，对区域产业布局调整、主体功能区协同、高铁经济带建设具有重要意义。综合交通走廊对区域生态保护价值见表 3-3。

表 3-3 综合交通走廊对区域生态保护价值

途　径	生态需求	生态保护价值
一体规划	施工道路的永临结合	避免二次干扰
绿色产业	功能分区、集中治理	保护生态资产(绿水青山)
精准扶贫	开辟交流通道	有序开发生态资产
综合走廊	交通廊道集约利用	减碳、固碳

2. 技术经济价值

绿色铁路工程建设需要绿色技术、绿色材料、绿色装备等大量投入,在促进技术进步的同时,一定程度上会导致成本增加,影响经济价值和可持续性,尽管绿色投入的战略意义突出,有望在未来获得回报,但利益机制仍有待健全,以提升技术经济价值。

利益相关者理论认为,企业生存与发展依赖于企业对各利益相关者利益要求回应的质量。依据利益相关者理论,可按利益关联紧密度将其分为核心利益相关者和非核心利益相关者。

核心利益相关者更为关注市场品牌价值。铁路工程由蓝图到实体主要涉及建设单位、设计单位、施工单位等责任主体,是铁路工程核心利益相关者,其围绕绿色目标的责任与经济诉求见表 3-4。

表 3-4 核心利益相关者的责任与经济诉求

核心利益相关者	绿色责任	经济诉求
建设单位	进行绿色创新策划	绿色铁路工程项目目标实现
设计单位	制定绿色设计方案	绿色设计品牌
施工单位	实施绿色施工建造	绿色施工品牌与竞争优势

非核心利益相关者则更关注主体发展价值。铁路工程建设提供了一个跨专业融合应用与创新平台,与其他系统存在关联与互动,各专业以铁路工程建造为依托展开绿色理论与技术研究,既有利于铁路行业绿色发展,也有利于各专业自身绿色发展,还能基于专业关联性实现跨专业协同发展。与此同时,铁路工程建设需求来源于社会发展需要,属于重大民生工程,而工程建设所需的材料、资金、技术等,则来自建筑市场上各类供应商,他们分别与核心利益相关者存在关联,但不直接参与工程建设过程,属于非核心利益相关者,其围绕绿色目标产生的角色与经济诉求见表 3-5。

表 3-5 非核心利益相关者的角色与经济诉求

非核心利益相关者	角　色	经济诉求
投资方(政府、投资企业)	绿色方案的资金供应与决策参与	获得投资回报(绿色)
供应商	绿色建材、技术等工程要素供应	企业绿色转型与发展
用户(公众)	绿色工程产品使用者(舆论监督)	畅享绿色生活

3. 文化引领价值

文化管理理论认为,管理的本质是“以人为本”,以价值观培育为核心增强组织凝聚力,变“被动管理”为“自我约束”,从而实现个体价值与集体价值的双赢。文化传播则具备社会沟通、社会教化、文化增值、社会平衡、社会认识和完善等社会功能,能促进社会文化繁荣。工程文化以工程项目为载体,在项目临时性组织中经历多种企业文化的碰撞与融合,一方面以工程实体和工程参与者为媒介实现社会传播,另一方面以企业组织为媒介吸收项目文化丰富企业文化。绿色铁路工程文化引领价值见表3-6。

表3-6 绿色铁路工程文化引领价值

绿色工程文化形式	具体内容	绿色引领价值
物质文化	绿色工程产品(如标志性工程)	融入公众生活
行为文化	绿色行为规范(如红线管理)	引导工程人员行为
制度文化	绿色标准制度(如环保指南)	规范工程实践过程
精神文化	绿色思想意识(如自觉环保)	培养高素质人才

绿色铁路工程的产出成果被称为绿色工程产品,包括绿色健康的标志性工程实体(如铁路车站)、绿色高效的工程技术(如降尘降噪技术)、绿色智能的工程装备等。这些绿色产品投入使用能提高公众、周边居民、工程人员等的生活品质,从而实现绿色物质文化的传播,逐步融入公众生活。

绿色行为规范包括爱护环境、保护环境、维护环境的一系列行为准则、工作方案等,通过教育、培训等方式促进工程人员操作规范化、条理化,从而实现绿色行为习惯的培养与固化,从源头上解决环境保护问题,并促进行为文化的传承传播。

绿色标准制度主要是对行为规范、治理方案、管理手段等标准化的一系列成果,有利于快速学习与传承,从而规范工程实践过程,提高工程建设效率。

指导工程实践的绿色理念、方针、思想等在实践中进一步优化,逐渐内化为工程参与者认同的价值观、方法论予以执行,从而达到自觉环保的状态。精神文化有利于思想引领,培养高素质人才,自觉环保。

3.1.2 个性化价值

1. 铁路工程与公路工程、建筑工程的物理性状比较

铁路工程是空间带状异质结构体系,区间和分界点是组成铁路线路的基本环节,其中车站是有配线的特殊分界点,既是铁路网的节点,也是铁路系统与非铁路系统的交互门户,铁路路基、桥梁、隧道等是区间段的主要构筑物。因此,铁路工程中的区间段是与公路同类的线性交通工程;铁路车站是建筑同类的房屋建筑工程。

铁路工程与公路工程的差异见表3-7。铁路工程与公路工程在空间形态、交通功能、建设影响等方面存在共同点,但两者在运输特点、工程结构、路网特征等方面上均有差异,这就决定了工程建设的工程规模、技术难度、生态影响类型等存在差异。比较发现,铁路工程本身对自然环境影响(如生境切割、土地占用等)要小于公路工程,但施工所需大型临时工程对生态环境影响较为突出,且生产、运输中所使用大量工程机械具有能源消耗和碳密集特点。

交通运输部于2016年发布了《关于实施绿色公路建设的指导意见》,其中明确了绿色公路建设主要任务,见表3-8。

表 3-7 铁路工程与公路工程的差异比较

对比项		铁路工程	公路工程
相同点		空间带状结构、网状分布;穿越多种地理区域、多类经济单元,产生通道效应;建设过程破坏生态环境	
不同点	行车速度	高速铁路:200~350 km/h 普速铁路:<200 km/h	高速公路:90~120 km/h 其他:≤80 km/h
不同点	营运对象	封闭式集中调度指挥	开放式私家车
不同点	技术特点	高顺直度(大曲线半径)、高平稳性(低坡度)	依附地形自然弯曲(曲线半径小)、坡度取值范围较大(高坡度)
不同点	土地占用	工程本身占地面积少——新建客运专线铁路综合建设用地指标:$v \in (300, 350]$,平原,5.247 3 hm^2/km(建标〔2008〕232 号)	工程本身占地面积多——高速公路四车道建设项目用地总指标:Ⅰ类地形区最低值,6.783 6 hm^2/km(建标〔2011〕124 号)
不同点	施工特点	各类工程机械多、大型临时工程多	相对少
不同点	技术难度	桥隧较多,行车条件苛刻,技术难度大	相对小
不同点	路网特征	路网密度低	路网密度相对高
不同点	污染特点	建设期更突出	运营期更突出

表 3-8 绿色公路建设的主要任务

任务名称	子项名称
统筹资源利用,实现集约节约	集约利用通道资源;严格保护土地资源;积极应用节能技术和清洁能源;大力推行废旧材料再生循环利用
加强生态保护,注重自然和谐	推行生态环保设计;严格施工环境保护;加强运营期环境管理
着眼周期成本,强化建养并重	突出全寿命周期成本理念;全面实施标准化施工;提高养护便利化水平
实施创新驱动,实现科学高效	加强绿色公路技术研究;大力推进建设管理信息化;总结推广建设管理新经验;探索设置多元化服务设施;丰富公路综合服务方式
完善标准规范,推动示范引领	制定绿色公路标准规范;开展五大专项行动;打造示范工程

2018 年 5 月,在 33 个绿色公路典型示范工程建设实践基础上,交通运输部发布了《关于加快推进绿色公路典型示范工程建设的通知》,其中提及绿色公路基本内涵包括但不限于环境景观协调性、生态资源持续性、工程结构耐久性、养护维修便利性、车辆行驶安全性、减灾防灾有效性、功能服务全面性。

在借鉴绿色公路建设相关文件和经验的基础上,绿色铁路工程还应着重考虑永临结合设计、清洁能源应用以及污染治理等问题。

铁路车站与其他房屋建筑均具有承载人类活动的功能,但在结构形式、建筑功能、能耗特征等方面具有独特性。车站集广场、站房、站场于一体,建筑总面积巨大,站房具有空间高、流量大、运营时间长、能源消耗大等特点,承担着节能减排、高效利用能源的重任。铁路车站也是城市综合交通最重要的节点,需要通过大空间现代化交通建筑实现城市肌理和文脉的延续。与一般房屋建筑相比,铁路车站对环境影响有其特殊性,见表 3-9。

表 3-9 铁路车站建筑与其他房屋建筑的差异点

对比项	铁路车站建筑	其他房屋建筑
空间性状	与线、网相关的综合枢纽点	独立点状分布
影响幅度	与城市规划衔接度相关	仅建筑物本身
功能特点	售票、候车、通过等,为中转点	居住、办公、休闲娱乐等,为目的点
结构特点	大型特殊建筑:空间开敞性较大且大小空间并存,候车厅大空间占据主导地位,小空间多位于大空间下部或边界处	大型公共建筑:低层结构、空间大小布置较为均匀 商住楼房:群体式建筑、高层/超高层结构

比较而言,铁路车站建筑对绿色技术需求与其他房屋建筑相同,仅因结构特点存在设计条件上的区别。铁路车站建筑作为与交通网线紧密一体的客流、物流中转点,以及城市系统与铁路系统的客流、物流交换门户,应有更丰富的绿色内涵和价值。

根据《绿色建筑评价标准》(GB/T 50378—2019)(以下简称2019版《绿标》),绿色建筑应结合地形地貌进行场地设计与建筑布局,且建筑布局应与场地的气候条件和地理环境相适应,并应对场地的风环境、光环境、热环境、声环境等加以组织和利用。绿色建筑评价指标主要有安全耐久、健康舒适、生活便利、资源节约、环境宜居、提高与创新等6类指标,其中“资源节约”一项包含了《绿色建筑评价标准》(GB/T 50378—2014)的“节地与室外环境、节能与能源利用、节水与水资源利用、节材与材料资源利用”等内容,相关表述调整为“节地与土地利用、节能与能源利用、节水与水资源利用、节材与绿色建材”,部分内容有调整,具体见表3-10。

表 3-10 2019版《绿标》的评价指标及其内容

一级指标	具体内容	与《绿色建筑评价标准》(GB/T 50378—2014)中一级指标的对应比较
1. 安全耐久	安全;耐久	6. 施工管理(施工过程管理)
2. 健康舒适	室内空气品质;水质;声环境与光环境;室内热湿环境	5. 室内环境质量(光环境;声环境;热环境;室内空气质量;功能适应性)
3. 生活便利	出行与无障碍;服务设施;智慧运行;物业管理	1. 节地与室外环境(选址;室外环境;室外交通组织); 7. 运营管理
4. 资源节约	节地与土地利用;节能与能源利用;节水与水资源利用;节材与绿色建材	1. 节地与室外环境(土地利用); 2. 节能与能源利用; 3. 节水与水资源利用; 4. 节材与材料资源利用; 6. 施工管理(环境保护;资源节约)
5. 环境宜居	场地生态与景观;室外物理环境	1. 节地与室外环境(场地设计;室外环境)
6. 提高与创新	—	8. 提高与创新

注:表中序号反映各版《绿色建筑评价标准》中一级指标出现顺序。

可以看出,2019版《绿标》一级指标设置更突显以人为本的内在要求(健康舒适),同时关注建筑功能特点(安全耐久、生活便利)及其与自然环境的交融性(环境宜居)。此外,资源节约指标是对长期实行“四节一环保”的归纳,也反映了新标准对成熟指标项的更新。因此,在参考绿色建筑内涵基础上,绿色铁路车站应在车站功能上体现高效换乘、无缝运输和在城市文脉上体现绿色出行共识等方面突出绿色特点。

2. 绿色铁路工程的环境优化价值

绿色铁路工程环境优化价值之一,是“永临结合”促进大规模临时工程的可持续利用。从铁路工程与公路工程比较来看,铁路工程施工具有大型临时工程多的个性特征,如施工营地、梁场、取弃土场、拌合站、施工便道、电力设施等,这些大临设施具有占地面积大、占用时间长、投资多等特点。同时,铁路工程多为荒野作业,大临工程也面临复垦难度大、重复利用难、投资回报低等困境。永临结合设计为上述困境提供了新的解决思路。“永临结合”指工程施工中临时设施与永久设施相结合进行一次施工,让部分永久设施在施工中能够直接使用,以达到节约成本的目的。目前在工程实践中对永临结合进行了有益探索,部分大型临时工程将移交运营单位使用,也可能有部分移交给当地政府继续发挥作用。因此,通过“永临结合”实现大临工程资源的合理利用与降本增效,成为绿色铁路工程的一个特色和挑战。

绿色铁路工程环境优化价值之二,是“绿色交通建筑”引领车站枢纽门户功能的开发与优化。从铁路工程与建筑工程比较来看,铁路车站与一般公共建筑主要区别在于其门户功能,铁路车站是封闭运营的铁路系统与开放的城市系统之间的人流、物流交换点,其“绿色内涵”不只局限于建筑自身功能设计的绿色性,还包含车站在城市系统中扮演的“绿色引领角色”。在成熟城市系统中,这一角色作用的发挥极大程度上受工程选址的影响,在新型城镇化进程中,该角色的意义更为重大。因此,丰富绿色铁路车站内涵是提升绿色铁路工程个性化价值的重要内容。

3. 绿色铁路工程的技术创新价值

绿色铁路工程是技术集成体,技术创新价值明显。

(1)“智能建造”是对机械化作业绿色底蕴的强化与发扬。铁路工程具有技术要求高、作业环境艰苦等特点,与公路工程相比,存在桥隧占比大的个性特征,大量桥梁、隧道施工任务决定了铁路工程的大型构件预制化及施工机械化特征。预制化优点在于高效利用资源、便于控制污染等;施工机械化的优点在于效率高,运输、吊装能力大,环境适应性强等,这些都奠定了铁路工程施工集约高效、污染较小的绿色底蕴。在此优势基础上,通过智能化升级实现工程装备作业效率提升与排放测控具有广阔空间。

(2)“长大隧道弃渣资源化处理”开辟了资源回收与再利用的新领域。随着中西部铁路工程建设的规模推进,长大隧道占比大量提升,隧道弃渣体量急剧上升,弃渣问题严重危害自然生态系统的正常功能。实现固体废弃物资源化利用是绿色铁路工程技术创新价值的亮点。

4. 绿色铁路工程的文化传播价值

铁路工程项目深刻地体现了“集中力量办大事”的制度优势，以及跨地域、跨企业、跨专业的协同合作与资源统筹，建设过程中参建各方坚持共同的理想信念、坚持以人民为中心的发展思想，通过路地共建的方式发挥积极正向的文化影响力，让参建人员、周边居民直观体验铁路工程建设的绿色理念、先进技术等，同时也通过多样化的铁路精神向更大群体的社会公众展现绿色铁路工程文化，并与物质文化、行为文化等相互交融，促进绿色价值观的统一与传承。

3.1.3 期望价值与个性化价值的外部性内部化

1. 铁路工程的外部性及其价值归属

从经济学的角度来看，外部性是指一个经济主体（生产者或消费者）在自己的活动中对旁观者的利益产生了一种有利影响或不利影响，这种有利影响带来的收益或不利影响带来的损失，都不是生产者或消费者本人所获得或承担的，是一种经济力量对另一种经济力量“非市场性”的附带影响。外部性的存在造成社会脱离最有效的生产状态，使市场经济体制不能很好地实现其优化资源配置的基本功能。

铁路工程恰好属于一种强外部性产品。就铁路工程而言，其建造过程及产品（工程实体）本身处于开放的自然环境中，铁路工程本身提供公共服务，具有民生性和规模性，同样也对具有公共品属性的自然环境造成一定的负面影响，这些均是铁路工程外部性的具体表现，并对应不同的价值归属。在可持续发展理念深入人心的时代背景下，已有比较完善的制度措施来平衡对自然环境造成负面影响的行为，从一定程度上增加了铁路工程绿色建造成本，但却缺乏相应的制度措施来激励铁路工程绿色建造所产生的某些正外部性，因此理论价值难以转化为现实收益。铁路工程外部性的具体表现与价值归属见表 3-11。

表 3-11 铁路工程外部性的具体表现与价值归属

外部性表现	性　质	具体内容	价值归属
治理环境	正外部性	建设绿色通道、实现节能减排减噪等	生态价值
均衡发展	正外部性	提高可达性、节约时间、带动区域发展等	社会价值
刺激经济	正外部性	拉动内需、解决就业、优化调整产业结构等	经济价值
升级技术	正外部性	工艺、工具、机械、计算机软件、管理系统等	科技价值
培育人才	正外部性	工程领军人才、专业技术人才、新时代产业工人等	人才价值
丰富思想	正外部性	工程思想、管理理论、精神文化、工程知识等	文化价值
影响环境	负外部性	碳排放、废弃物排放、污染物排放、水土流失等	生态价值
损耗资源	负外部性	资源效率低、资源浪费、资源占用等	经济价值

表3-11表明,在正外部性方面,社会价值、经济价值是进行铁路工程规划的首要条件,已纳入可行性研究之中。但科技、人才、文化等价值,由于缺乏明确的衡量工具及合理的利益分配机制,可能损害资源投入主体的合理收益。因此,更要重视铁路工程的科技、人才和文化价值。

在负外部性方面,主要体现为对环境与资源的某些消极影响,随着环保法律法规的完善以及民众环保意识的增强,生态价值已有了较多的衡量与补偿措施,这些已体现在地材价格上涨、施工红线设定、污染处罚费用、排放权交易等方面,从而增加了工程成本。

2. 绿色铁路工程的"外部性内部化"路径与意义

多重价值与责任主体的统一,有利于破解外部性难题。绿色铁路工程实践是一项多主体协作、多阶段深化的过程,明确各主体的责、权、利是调动各方积极性的关键,其中,责任、权力相对明确,利益则需要通过外部性的内部化来增进资源配置效率,从而实现原有利益和价值的提升。

可以从多方面探寻绿色铁路工程外部性内部化的路径,例如:①主动建构绿色环境,推行低碳环保的绿色行为,将保护环境相关费用纳入经济成本之中,这是针对公共品进行资源定价的政府管制路径。②积极研发绿色技术,通过技术创新获得知识产权,进而创造知识经济收益,这是以工程为平台的智力创造,可以通过产权明确收益主体,属于私有交易路径。③主动塑造绿色文化,通过绿色文化的创造和传播达到丰富人文思想、提升绿色意识的目的,进而建立文化创造主体的品牌价值及其行业影响力,实现社会效益与企业利益的双赢。

绿色铁路工程"外部性内部化"的意义在于通过明确责任主体及其收益来提升自然承载力和社会经济承载力,如图3-1所示。

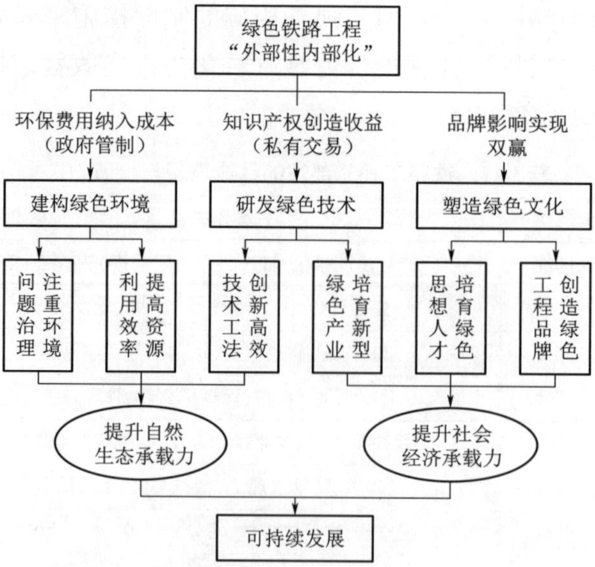

图3-1 绿色铁路工程"外部性内部化"的路径与意义

提升自然生态承载力途径包括:①通过工程建造介入区域环境问题的系统治理,实现人工自然生态系统重构。如深圳地铁7号线深云车辆段工程实现了废弃采石场的生态恢复及复合功能开发。②通过提高资源利用效率与利用方式,实现社会资源的集约节约和循环利用,以减少对有限自然资源的消耗,如土地资源集约利用、隧道洞渣资源化利用、建筑垃圾资源化利用等。随着地下工程和长大隧道的常态化出现,许多隧道及地下工程都实现了"零弃渣"并形成了系统化的研究成果。③通过新型绿色技术与各项绿色措施提升效率和降低成本,以降低对生态系统的干扰程度。如青藏铁路工程桩基施工采用旋挖钻干法快速施工,减少泥浆产生的同时也降低了对冻土环境的热扰动。

提升经济社会承载力途径包括:①绿色技术需求引领产业转型升级,同时以技术创新成果为依托进行新型绿色产业拓展,从而促进工程市场中技术要素的竞争,以促进绿色经济良性循环。②绿色文化从思想意识层面引导工程人才的价值取向,通过文化传播引发行业内的思想转型,进而实现社会公众对绿色理念的接纳与认可。③绿色工程品牌通过营造显著的竞争优势来鼓励企业进行绿色转型,同时也形成监督约束机制,引导企业选择与社会利益共赢的绿色发展路径。

自然承载力与社会承载力同步提升,共同促进工程与环境的可持续发展。

3. 绿色铁路工程相较于传统铁路工程的价值提升

"环境保护"是绿色铁路工程的基础,绿色铁路工程环境保护工作有别于传统铁路工程环境保护工作,主要区别见表3-12。

表3-12 绿色铁路工程与传统铁路工程环境保护的对比

对比项	绿色铁路工程环境保护	传统铁路工程环境保护
动机	主动环保并依托绿色成果培育核心竞争力,助力生态文明建设	完成任务式的被动环保,缺乏对附加价值的考量
认知	基于全寿命期的动态系统认知	基于结果导向的静态认知
措施	高新技术为主、高效且可持续	传统技术为主,有效但多数不可持续

绿色铁路工程相较于传统铁路工程的价值提升体现在以下几个方面:

第一,强化参建者主观能动性。传统铁路工程环境保护是一种强制性、被动型任务,目的在于阻止(或缓解)因铁路建设和运营引起的环境退化。绿色铁路工程则体现一种需求性、主动型战略目标,通过保护环境、改善环境等绿色的结果来建构工程企业的核心竞争力;通过工程与社会的互动、融合来转变利益相关者的理念认知,实现环境、社会、经济等多方共赢。

第二,提升参与方系统动态认知水平。传统铁路工程环境保护仅关注铁路建设、运营对自然环境直接作用和直观影响,包括水土保持、环境污染、动植物生存等,体现结果导向的静态认知。绿色铁路工程不仅关注结果的绿色性,还关注起点和过程的绿色性，如材料环保、措施集约、管理高效、结构耐久等因素，从间接效应或长期影响等方面加以考量，体现全寿命期的动态系统认知。

第三，提高工程技术创新效益。传统铁路工程环境保护已形成大量有效措施，但部分传统工艺耗费人力物力、效益不佳，或对施工存在较大约束。绿色铁路工程则通过信息化、智能化、机械化、工厂化、装配化等一系列高新技术综合应用来取代传统低效措施或促进传统环保措施降本增效，保障工程人员健康安全，以实现绿色效益的提升，促进绿色措施可持续发展。

3.2 绿色铁路工程目标体系

哈罗德·科纳兹提出项目管理 2.0 作为面向未来项目管理的新思想框架，以价值为核心，对项目与项目成功作出开创性定义：项目是计划实现的一组可持续的商业价值；项目成功是在竞争性制约因素下实现预期的商业价值。《项目管理知识体系指南(第 7 版)》也响应了这一观点，强调"项目是为了向组织及利益相关者创造价值，而不仅仅是生产出一个结果"。因此，价值交付是项目成功的核心诉求。为实现这一诉求，需要从价值分析出发，将预期价值转化为实践目标，从而实现任务分解与推进。综合来看，期望价值较为全面地呼应了绿色铁路工程"全方位绿色"的内涵，为建立绿色铁路工程基本目标提供依据；个性化价值体现了绿色铁路工程区别于公路、建筑等其他工程项目的突出特点，为建立绿色铁路工程个性化目标提供依据。

3.2.1 基本目标与个性化目标

1. 基本目标：源于期望价值

从概念内涵全方位绿色出发，通过铁路工程在景观塑造效应、创新平台作用、绿色文化传播等方面突出的"绿色特质"来推动社会、经济、资源、环境的可持续发展，是推进绿色铁路工程实践的根本意图。根据 3.1.1 条提出的三类绿色铁路工程期望价值及其实现路径，达到绿色铁路工程基本目标，如图 3-2 所示。

即三类绿色铁路工程期望价值对应 6 项基本目标，具体包括：

(1)生态保护价值聚焦于解决生态与资源为核心的生态价值问题，建成环境优化、建设环境保护控制是两个必要条件。建成环境优化指运营过程中运输活动及关联影响区域，通过景观规划、场地绿化、环保设施布设等措施落实建成环境优化目标，为运输节能、减排、减碳提供良好基础；建设环境保护控制指建设过程中的作业活动及关联影响区域，通过生态红线管理、动植物保护、污染防治、资源节约等措施落实建设环境保控目标，为建设区域环境功能恢复提供良好基础。因此，建成环境优化目标与建设环境保护控制目标共同为创建绿色环境系统作出贡献。

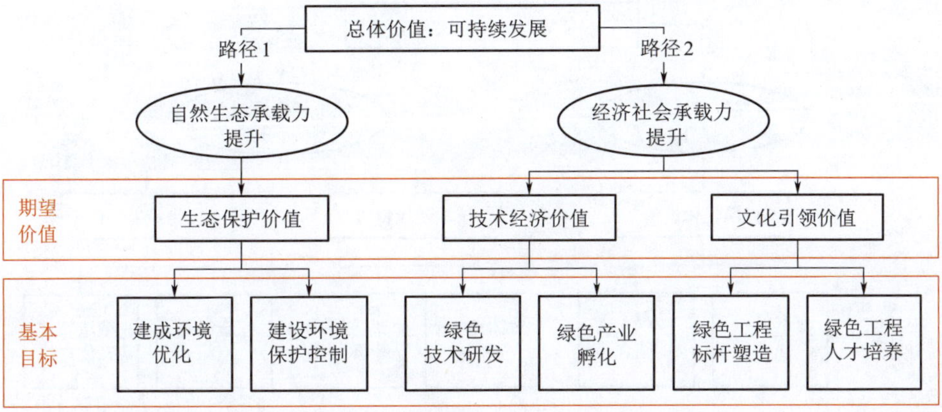

图 3-2 绿色铁路工程基本目标

(2)技术经济价值聚焦于解决技术这一生产力要素为核心的科技价值问题,绿色技术研发、绿色产业孵化是两个必要条件。绿色技术研发服务于工程创新需求(生态保护、资源节约等),通过技术升级实现降本增效,进而打造企业绿色技术品牌;绿色产业孵化针对工程建设中新绿色技术的检验、应用问题,通过推广与规模化应用创造经济效益,为绿色技术的经济可持续性提供基础。因此,绿色技术研发目标与绿色产业孵化目标共同为创新绿色知识体系作出贡献。

(3)文化引领价值聚焦于解决思想意识为核心的文化价值问题,绿色工程标杆塑造、绿色工程人才培养是两个必要条件。绿色工程标杆塑造指具有突出绿色特征的工程实体产物,通过显性、直观的物质成果彰显工程的生态价值与科技价值,为绿色工程文化提供优质载体和研究实物;绿色工程人才培养指具备绿色意识和优秀技能的工程人员,通过项目流动、学术交流、精神传承等途径促进绿色文化碰撞升华及传播传承,是绿色工程文化获得积极影响力的源泉。因此,绿色工程标杆塑造与绿色工程人才培养目标共同为创造绿色人文成果作出贡献。

2. 个性化目标:源于个性化价值

个性化价值则突出了铁路工程特色,为建立绿色铁路工程个性化目标提供依据。从工程结构全专业绿色出发,铁路工程与其他工程项目相比较,在工程建设规模、建设条件、工程定位等方面有显著的差异性,且具有机械施工程度高、梁板构件预制普及、信息化工具应用成熟等个性绿色优势,其车站选址及设计又对城市功能及形态产生重要影响。

根据 3. 1. 2 提出的三类个性化绿色价值,进一步分析得到绿色铁路工程 6 项个性化目标,如图 3-3 所示。

具体包括:

第一,环境优化价值聚焦于绿色铁路工程在建构优质人工自然系统中的核心作用,“推广永临结合”“绿色枢纽建设”是绿色铁路工程有别于其他工程的个性化目

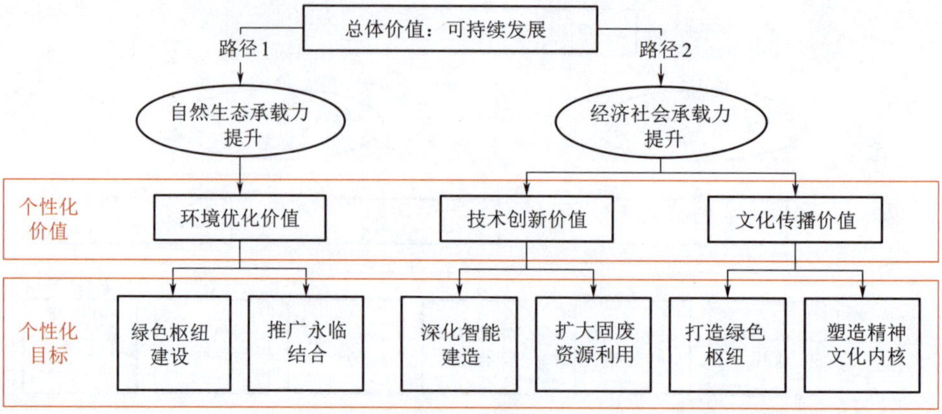

图 3-3 绿色铁路工程个性化目标

标。推广永临结合要求合理强化永临结合设计的必要性，以减少临时工程拆除过程中的浪费、降低复垦难度，既缓解固体废弃物产生的负面环境影响，也提升土地利用效率，部分永临结合设计也有利于支撑当地社会经济发展；绿色枢纽建设要求着重突出站城一体规划的重要性，以实现车站区域土地综合开发利用、交通零换乘、发挥交通导向效应等，从而有效支撑社区绿色发展。永临结合、绿色枢纽在工程技术上已趋于成熟，当前主要探索两者在规划、设计、管理等非工程技术方面的提升问题，以共同致力于创建绿色环境系统。

第二，技术创新价值聚焦于绿色铁路工程在更新行业技术体系中的中坚作用，“深化智能建造”“扩大固废资源利用”是绿色铁路工程领先于其他工程的个性化目标。深化智能建造要求在工程装备方面突出智能化水平对实现绿色目标的重要意义，通过智能建造解放人力、保障质量、提升精度，从而提高建造效率、减少资源损耗；扩大固废利用要求依托工程实践研究隧道弃渣等大体量固体废弃物的资源化利用途径，缓解自然消纳压力，同时增加资源供应以降低资源开采需求，以“产销平衡”实现双赢。深化智能建造、扩大固废利用尚处于技术发展阶段，两者共同致力于创新绿色技术体系。

第三，文化传播价值聚焦于绿色铁路工程在路地合作与文化塑造上的独特作用，以绿色车站作为综合枢纽和地标建筑，对城市定位和发展产生“绿色引领”作用，使用过程中对当地公众出行与生活持续产生积极影响，潜移默化形成城市的绿色基因；智能建造的跨领域交流与应用，将作为铁路精神文化的绿色内核，能较好地传播绿色铁路工程的理念，同时从更广阔的范围获得信息反馈，从而提升社会影响力。故而，“打造绿色枢纽”“塑造精神文化内核”是绿色铁路工程特色的个性化目标。

3.2.2 目标体系构建

将绿色铁路工程目标从创建绿色环境系统、创新绿色技术体系、创造绿色人文成果三个方面进行整合，形成绿色铁路工程目标体系，如图 3-4 所示。

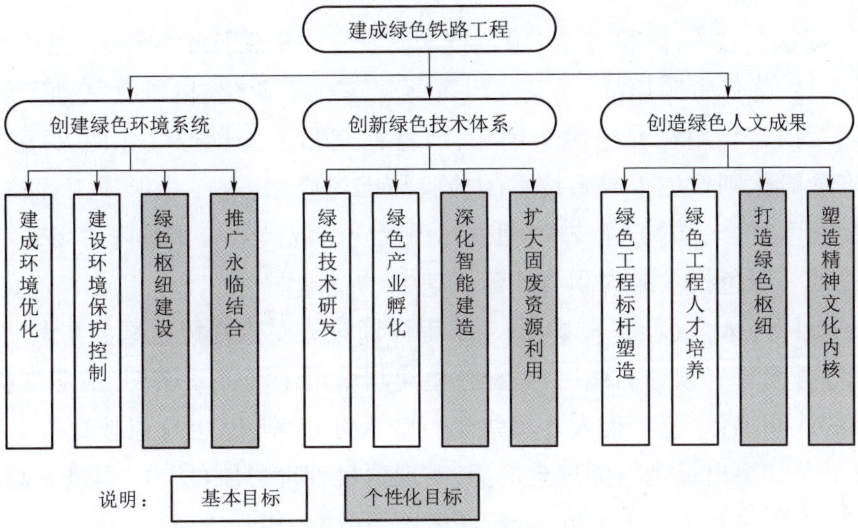

图 3-4　绿色铁路工程目标体系

从内容来看，基本目标与个性化目标之间存在有明显的从属关系，即个性化目标从属于基本目标，是基本目标应关注的重点；但该从属关系并非简单“一对一”或“一对多”关系，同时还存在个性目标对基本目标的交叉促进关系，如图 3-5 所示。

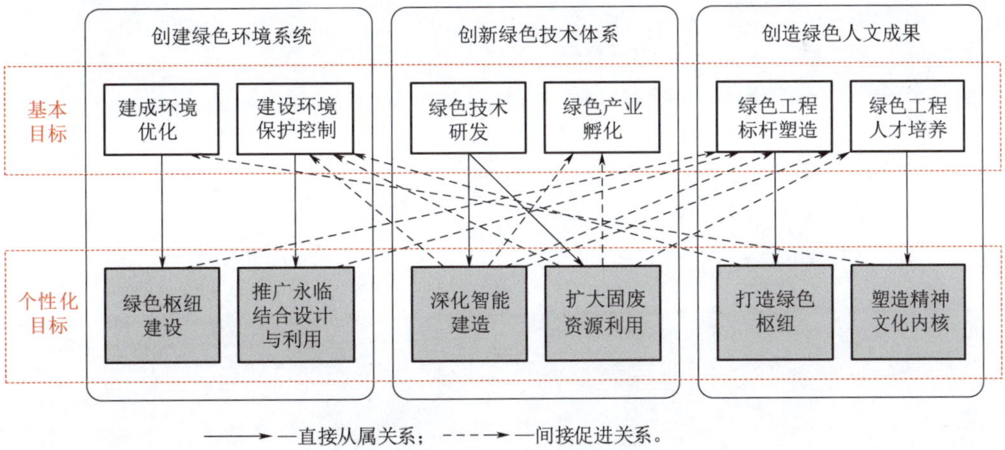

图 3-5　绿色铁路工程基本目标与个性化目标的对应关系

就“创建绿色环境系统”来看，建成的人工自然系统环境优化，呼应“工程结构全专业绿色”的相关要求，尤其突出绿色枢纽建设、永临结合设计与利用在铁路工程结构中的关键作用；建设环境保护控制，专注于生物多样性保护、水土保持、污染防治等绿色要求，重点突出因铁路工程大临设施占地广、投资大、损耗高等特点引发的永临结合设计问题。基于图 2-11 的绿色铁路工程内涵认识，绿色技术与绿色文化对创建绿色环境具有提质增效的作用,更加突出了人工自然体系中科技发展与人文素养的不可或缺。

就"创新绿色技术体系"来看,绿色技术研发专注于新技术的探索,以更好地消解环境负外部性、降低资源损耗,尤其突出智能建造在工业化、机械化基础上的技术升级作用,以及固废利用在弃渣源头消化、地材补充和弃渣场地优化两方面的共赢效果;绿色产业孵化则聚焦于成熟技术的检验与推广应用,进一步形成工程技术、管理技术、工装技术复合一体工程技术,通过知识变现或规模效应实现降本增效。总体来看,两者是同一绿色技术的内涵与外延。

就"创造绿色人文成果"来看,绿色工程标杆塑造在建构行业绿色共识、引导公众绿色意识等方面具有领导力作用,而绿色枢纽与城市生活关系密切,最能潜移默化地影响公众的认同感;绿色工程人才聚焦于行业人才培养、思想意识教育等方面,在新时代背景下尤其突出绿色智能理念应用,实现项目管理思维的与时俱进。总体来看,绿色文化由工程物与工程人共同承载,两者不可分割、相互成就。

综上所述,绿色铁路工程目标体系反映了铁路工程价值的全面性和独特性,明确了绿色铁路工程发展方向和重点,也为进一步分析绿色铁路工程发展现状及面临的关键问题提供了依据。

4 绿色铁路工程发展现状与关键问题

鉴往知来，梳理绿色铁路工程发展历程，分析发展规律与特点，结合 SWOT 分析（优势、劣势、机会、威胁）法，从核心主体角度认识发展优势与障碍，从而建立绿色铁路工程发展问题清单，通过专家访谈逐步聚焦绿色铁路工程发展的关键问题，以明确当前阶段促进绿色铁路工程发展的核心主体与重点方向。

4.1 绿色铁路工程发展现状

4.1.1 绿色铁路工程发展历程

绿色铁路工程的首要目标是通过“创建绿色环境系统”实现工程与自然和谐共存，其中“环境保护”是贯穿绿色铁路工程发展历程的首要命题，也是绿色铁路工程的起点。纵观铁路环境保护发展历程，以两个“五年计划”为时间尺度，可以将铁路工程环境保护实践分为 5 个阶段，包括：制度筑基阶段（1980 年—1990 年）、被动适应阶段（1991 年—2000 年）、思想转型阶段（2001 年—2010 年）、深化发展阶段（2011 年—2020 年）、高质量发展阶段（2021 年至今），见表 4-1。

表 4-1 铁路工程环境保护发展历程

时间阶段	概括性特征	标志性事件	本阶段成果
制度筑基（1980 年—1990 年）	铁路环保起步	《中华人民共和国环境保护法（试行）》（1979.9）正式颁布，标志着我国环境保护开始迈上法治轨道	《铁路工程设计环境保护技术规定》（TBJ 501—1987）
被动适应（1991 年—2000 年）	铁路环保向国际接轨	世界银行贷款项目申报条件转变：从 1989 年 10 月起，环境评价成为世行贷款的强制性政策	《铁路工程建设项目环境影响评价技术标准》（TB 10502—1993）；《铁路建设项目环境影响评价管理办法》；《铁路建设项目环境保护“三同时”管理办法》（铁计〔1995〕84 号）；《铁路工程环境保护设计规范》（TB 10501—1998）
思想转型（2001 年—2010 年）	绿色铁路示范工程建设	青藏铁路工程建设项目进行环境保护监理试点	青藏铁路、京九铁路等典型工程；《中长期铁路网规划》（2004 年公布，2008 年调整）；《铁路“十一五”环境保护规划》；《高速铁路设计规范（试行）》（TB 10621—2009）

续上表

时间阶段	概括性特征	标志性事件	本阶段成果
深化发展 (2011 年—2020 年)	绿色铁路系统治理探索	高速铁路工程项目大规模展开	《铁路"十二五"环保规划》;《中长期铁路网规划》(2016 版);《铁路工程环境保护设计规范》(TB 10501—2016);京张高铁成为"绿色、智能"工程的集大成者
高质量发展 (2021 至今)	绿色智能铁路目标锚定	《新时代交通强国铁路先行规划纲要》发布(2020)	《"十四五"铁路科技创新规划》

1. 制度筑基阶段

该阶段与我国环保历程中的制度建设阶段相重合。1979 年 9 月,《中华人民共和国环境保护法(试行)》正式颁布,标志着我国环境保护开始迈上法治轨道;同期陆续制定并颁布了污染防治方面的各单项法律和标准,初步构成了一个环境保护的法律框架。1982 年 12 月批准的《中华人民共和国国民经济和社会发展第六个五年计划》(以下简称《"六五"计划》)将"加强环境保护"作为一项基本任务,重点强调了"新建工程与主体工程同时设计、同时施工、同时投入运行的规定"(以下简称"三同时"规定),"要加强环境保护的计划指导",以及"搞好环境保护的立法、执法"。1986 年 3 月审议批准的《中华人民共和国国民经济和社会发展第七个五年计划》(以下简称《"七五"计划》)中同样提及环境保护的基本任务是治理污染、"三同时"规定以及完善法规和标准。1986 年 3 月,《建设项目环境保护管理办法》([86]国环字 003 号)发布,规定凡从事对环境有影响的建设项目都必须执行环境影响评价制度和"三同时"制度①。在总结 10 年环保实践经验的基础上,1989 年 4 月,第三次全国环境保护会议形成了"环境保护三大政策"(预防为主、防治结合,谁污染谁治理和强化环境管理),并总结了"环境管理八项制度"("三同时"制度、环境影响评价制度、排污收费制度、城市环境综合整治定量考核制度、环境目标责任制度、排污申报登记和排污许可证制度、限期治理制度和污染集中控制制度);同年 12 月《中华人民共和国环境保护法》正式审议通过。

在国家环境保护法律法规的引领和支撑背景下,铁路环保问题亦被提上议事日程。各铁路工程局成立环保办公室,在环保机构建设、规划规制订立、环保宣传教育、单项污染治理实践等方面取得一定成效。在此期间,铁道部于 1987 年发布了《铁路工程设计环境保护技术规定》(TBJ 501—1987)(以下简称 87 版《环规》),对铁路工程建设造成的生态破坏和环境污染的防治起到指导作用,但该规定未达到设计规范的深度。在铁路环保起步阶段,铁路环保事业取得一定的成绩,铁路污染源性质、影

①:"三同时"制度是对"三同时"规定的制度规范化。

响特征等基础工作取得很大进展,铁路污染源的防治技术,在污水、废气防治领域已基本成熟,在噪声、固体废物防治领域也取得了初步成果,但仍然存在环保意识淡薄、铁路环保专业人员匮乏、环保资料与数据匮乏、开拓精神缺乏等问题。铁路环保进入下一阶段的转折点来自世行贷款申报条件的转变。1980 年我国恢复了在世界银行和国际货币基金组织的合法席位。1981 年世界银行向我国提供了第一笔贷款,在经济高速发展进程中,我国对国际金融组织贷款的需求量越来越大,但日趋严重的环境污染问题使世界银行贷款申请审查制度发生变化,从 1989 年 10 月起,环境评价(environmental assessment)成为世行贷款的强制性政策。铁路基础设施建设项目隶属于环境敏感性程度最高的 A 类项目,这一变化直接关系到铁路建设的资金筹集渠道。因此,铁道部对 87 版《环规》进行了修订。

2. 被动适应阶段

该阶段正值我国经济转轨时期,世纪之交时国际格局剧烈变化,在国内铁路基础设施较为滞后的形势下,《中华人民共和国科学技术发展十年规划和“八五”计划纲要》将“大幅度增加运输能力”作为交通领域基本目标之一,对铁路发展采取了适度的倾斜政策。在这一背景下,解决资金来源成为实现“八五”战略目标的首要前提,而利用外资是扩大建设资金来源的重要途径,“八五”期间铁道部计划借助世行贷款。世行贷款的环境评价制度的执行无疑增加了贷款申请的难度,但同时也促进了我国铁路环保制度的完善。此外,世界银行、亚洲开发银行等国际金融组织的贷款项目,以及不少外商合资项目,都把实现工程环境监理作为贷款项目的基本条件之一。1994 年,铁道部发布了《铁路工程建设项目环境影响评价技术标准》(TB 10502—1993),统一了铁路工程建设项目环境影响评价的技术原则、评价的基本方法和采用的评价标准。1995 年,铁道部颁布了《铁路建设项目环境影响评价管理办法》,对铁路建设项目的建设单位、环境影响评价工作的承担单位、项目主管部门的职责做了明确规定,并对环境影响评价报告书的编制依据、章节的设置、完成的时限以及最后的报批程序做了具体说明;《铁路建设项目环境保护“三同时”管理办法》(铁计〔1995〕84 号),正式以法规形式将环境保护“三同时”管理纳入了铁路建设基本建设程序中,开始对设计、施工、竣工验收各阶段全面进行环境保护管理工作。1992 年,铁道部将 87 版《环规》列入全面修订范围,于 1998 年 9 月发布了《铁路工程环境保护设计规范》(TB 10501—1998),1999 年 1 月 1 日起实施,87 版《环规》同步废止。“九五”期间,铁路建设项目环境保护管理逐步完善,建设过程中的生态保护、水土保持和新污染防治工作明显加强,基础工作不断完善,科研工作得到快速发展,铁路环保产业开始启动,环境保护管理水平有所提高,实现了铁路环境保护“九五”计划目标。

3. 思想转型阶段

“十五”期间,“发展环保技术”作为铁路科技发展的重点任务之一,铁路环保工作面临着从末端治理向全过程管理的转移、生态保护与水土保持任务繁重等问题，建立绿色示范工程、研究实行绿色选线制度均是《铁路环境保护“十五”计划》的工作内容之一。

在法规制度建设方面，2002 年 10 月，国家环境保护总局、铁道部等六部委联合发出《关于在重点建设项目中开展工程环境监理试点的通知》(环发〔2002〕141 号)，要求青藏铁路工程、西气东输管道工程等 13 个生态敏感区、生态环境影响突出的国家重点工程进行环境保护监理试点，这标志着我国环境管理制度正逐渐从首端和尾端管理转变为全过程管理；同年 10 月 28 日，第九届全国人民代表大会常务委员会第三十次会议通过《中华人民共和国环境影响评价法》，标志着立法方向和环境管理方式的转变，从“先污染后治理”转向“先评价后建设”，预防在先，治理在后。

在工程实践方面，青藏铁路工程建设是发展阶段转变的标志性事件，开创了 21 世纪生态铁路建设之先河；从环保成效来看，青藏铁路建设创建了适合大型工程建设环境保护的崭新管理模式，自觉环保理念深入人心，取得了丰硕的生态保护成就，有效保护了青藏高原环境，在国家重大工程项目建设中树立了生态文明建设的样板和典范。在水土保持实践方面，铁道部大力推进绿色通道建设，出台了多项指导性标准规范文件，结合自然条件和运输要求实际，选择适宜地段开展沿线和车站绿化，建设了一批绿色通道示范线工程，如胶新铁路、渝怀铁路等。

2004 年《中长期铁路网规划》获批实施，标志着我国展开新一轮的大规模铁路建设。《铁路“十一五”规划》将“加强资源节约和环境保护”作为一项重点任务，《铁路“十一五”环境保护规划》将“确保铁路建设项目依法顺利推进、落实铁路建设项目环境保护‘三同时’制度、加快铁路绿化工作、深化铁路环保技术研究、开展铁路环境保护宣传教育”作为铁路工程建设环保的重点工作，以巩固既有环保成果。“十一五”期间，绿色通道建设卓有成效，评价考核机制形成制度保障，基础工作得到巩固 。从标准规范进步的角度来看，《高速铁路设计规范(试行)》(TB 10621—2009)在“总则”中把“节能环保”列为高速铁路总体设计的五大目标要求之一，在“环境保护”篇章中，明确了高速铁路环保选线选址设计、生态保护和水土保持、环境污染治理工程设计的基本原则，规定了高速铁路声屏障、垃圾转运设施、绿化及绿色通道建设等设计内容。

4. 深化发展阶段

“十五”“十一五”期间完成了既有线铁路提速工程，高原铁路、重载铁路、高速铁路技术相继取得突破，一大批铁路工程建成投产，加快了铁路现代化进程，实现了铁路快速发展，为“十二五”阶段实施大规模的高速铁路建设奠定了坚实基础。《铁路“十二五”发展规划》将“加快建设资源节约型、环境友好型社会，需要加快构建绿色低碳的综合运输体系”列为四大发展形势之一，肯定了“铁路在节能、节地、环保、经济等方面具有明显的比较优势，进一步发展铁路运输，形成分工合作、优势互补、协调发展的运输体系，是落实国家节约资源、保护环境基本国策的重要体现，也是以较低的社会成本和资源环境代价满足经济社会发展对运输需求的客观需要，对加快转变交通发展方式、促进经济社会可持续发展具有重要作用”，将“坚持绿色发展，提高资源利用效率”作为六大指导思想之一，将“加强绿色铁路建设”作为九项重点任务之一，提出“初步形成便捷、安全、经济、高效、绿色的铁路运输网络，基本适应经济社会发展的需要”的发展目标。这一规划思想标志着铁路环保由单体治理转向系统治理，不仅意味着环保治理措施的综合集成，而且将运输结构因素增加为绿色铁路的指标之一。《铁路“十二五”环保规划》进一步将“加大既有线污染治理力度”“完善环境保护规章制度标准体系”“落实铁路建设项目环境保护‘三同时’制度”“噪声振动治理”“解决旅客列车直排问题”“加快铁路沿线环境整治及绿化工作”作为重点工作。2015 年末，我国铁路总里程达 12.1 万 km，“四纵四横”高速铁路网基本成型。2016 年国家发改委发布《中长期铁路规划网(2016—2025)》，强调了新形势新要求下加快铁路建设的重要意义；同年 6 月，国家铁路局发布修订的《铁路工程环境保护设计规范》(TB 10501—2016)，该规范总结吸纳了既往铁路工程环境保护设计中的经验，借鉴了国内外有关环境保护设计标准。《铁路“十三五”发展规划》继续将“推动铁路绿色发展”作为重点任务，要求按照生态文明建设要求，将生态环保理念贯穿铁路规划、建设、运营和养护全过程，节约集约利用资源，加大技术性、结构性及管理性节能减排力度。”这一规划思想进一步从全过程、多角度为绿色铁路赋予新的系统治理要求。2019 年中共中央、国务院印发《交通强国建设纲要》，“绿色发展节约与集约、低碳环保”成为重点任务之一，在促进资源节约与集约利用、强化节能减排和污染防治、强化交通生态环境保护修复方面，铁路相较于其他交通方式，都具有突出表现，发挥先行引领作用。

在工程实践方面，遵循“绿色办奥”思想，贯彻生态文明建设和绿色交通理念，将京张高铁打造成为一条绿色、智能、景观、人文的高速铁路，在绿色设计与施工上进行了大量研究与探索，并取得丰硕成果，成为当前绿色铁路工程的集大成者，是我国高铁技术新一轮创新的标志性工程。

5. 高质量发展阶段

为深入贯彻党的十九大作出的建设交通强国的重大决策部署，落实中共中央、国务院印发的《交通强国建设纲要》，在交通强国建设中当好先行，推动新时代铁路事业高质量发展，中国国家铁路集团有限公司 2020 年印发《新时代交通强国铁路先行规划纲要》，将“发挥节能环保的绿色铁路优势”作为主要任务之一，重点关注提高绿色铁路承运占比、集约节约利用资源和能源、强化生态保护和污染防治等内容，其中与绿色铁路工程相关的包括“科学布局线路和枢纽设施，集约节约利用土地、通道、桥位、枢纽及水资源，推进场站及周边综合立体联动开发。推广应用新型节能材料、工艺、技术和装备。加强新旧设施更新利用,推广建筑施工材料、废旧材料等回收循环综合利用,推进建设渣土等资源化利用”“践行生态选线选址理念,强化生态环保设计,依法绕避生态敏感区、脆弱区等国土空间。依法落实生态保护和水土保持措施,严守‘三条’控制线,严格实施生态环境修复、地质环境治理恢复和土地复垦。推进铁路绿化工作,建设绿色铁路廊道”“有效防治铁路沿线噪声、振动”。

2021 年 12 月,国家铁路局公布《“十四五”铁路科技创新规划》,在工程建造方面,“以重大工程为依托,发挥科技创新关键性作用,提升勘察设计综合实力,突破复杂艰险山区工程建造关键技术,攻克严酷环境灾害孕灾机理及防控技术难题,为高起点高标准高质量推进国家重大工程建设提供有力支撑”。在智能铁路方面,“大力推进北斗卫星导航、5G、人工智能、大数据、物联网、云计算、区块链等前沿技术与铁路技术装备、工程建造、运输服务等领域的深度融合”。在绿色低碳方面,“贯彻落实国家碳达峰碳中和部署要求,充分发挥铁路绿色发展优势,把绿色科技贯穿铁路技术装备、工程建造、生产运营全过程,着力降低铁路综合能耗,强化生态保护修复、降低污染物排放等各方面关键技术的研发与应用,提高监管水平,打造更高水平绿色生态铁路”。综合来看,对铁路工程绿色、智能建造提出了明确的要求和研究方向,绿色铁路工程进入高质量发展阶段。

4.1.2 绿色铁路工程发展所面临的问题

经过 40 多年的发展,我国铁路行业已建立了适应于铁路建设环境保护的标准规范,并形成了成套的治理技术与管理模式。当前绿色铁路工程进入新的发展阶段,主旨在于“增强已有绿色基础,补齐绿色短板”。总体而言,我国绿色铁路工程在法规标准、治理措施、管理模式等方面日趋成熟,但仍存在一些不足,影响和制约绿色铁路工程的发展。具体来说:

(1)有法可依,但有局限性。铁路环保起步较早,但在较长时间内处于被动适应状态,铁路环保的制度建设与环保措施在一定程度上借鉴了发达国家的经验,依靠集中力量办大事的国家体制充分发挥后发优势,在短时间搭建起环保法制基础。《中华人民共和国环境保护法》(2014 年修订)等环境保护法律法规体系奠定了铁路建设环境保护的基础。为适应铁路建设的需要,铁路主管部门同样出台了许多环保方面的政策制度和标准体系。铁路建设环保的直接依据是《中华人民共和国环境影响评价法》(2018 年修订)、《铁路建设项目环境保护“三同时”管理办法》(1995 年颁布)以及《中国铁路总公司环境保护管理办法》(铁总计统〔2015〕260 号),主要制度包括环境影响评价制度、环保治污“三同时”制度、公众参与制度、环保监理与环保专项审计制度,现行标准有《铁路工程建设项目环境影响评价技术标准》(TB 10502—1993)、《铁路工程环境保护设计规范》(TB 10501—2016)、《绿色铁路客站评价标准》(TB/T

10429—2014)、铁路工程绿色通道建设指南(铁总建设〔2013〕94号)等。铁路环保法规体系比较健全但仍存在一些局限性,如:法律体系缺乏系统性、铁路建设项目环境影响评价不够完善、施工过程中生态环保机制不够健全、竣工后生态恢复工作不能完全到位、铁路环保监管和执法力有待加强等。新时期铁路环评工作相对新法规存在一定滞后性、水平存在一定局限性等问题。

(2)治理有效,但绩效有待提升。我国铁路建设环境保护已形成全过程治理模式,从规划、设计、施工依次表现为基于环境影响评价制度的环保选线(绿色选线)、基于规划环评结果和各种规范的绿色设计、基于"四节一环保"的绿色施工、基于国土绿化工程的铁路沿线绿化和基于绿色建筑理念与技术的绿色车站建设。就具体措施而言,由于我国幅员辽阔,铁路建设面临丰富的生态环境工况,在大规模的建设实践中取得了大量有益于环保的技术成果,可以归纳为污染防治与处理(水、土、空气、噪声、振动、电磁辐射、固体废弃物等)、生态环境修复与保护(水土保持、灾害防治、景观塑造等)、资源使用与循环利用(水源、土地、能源、建材、工程装备等)等方面。通过大量成功的工程实践,我国建设者已基本掌握铁路建设对自然、社会等环境的负面影响因素和作用方式,涵盖绿色选线的综合选线理念已成为铁路选线的指导思想,"以桥代路"等环保设计理念使得铁路与自然环境和谐共存,新技术、新材料、新工艺、新装备等工程要素的应用为工程建设环保提供坚实保障。但铁路建设对生态环境的重构作用、对人文理念的导向作用以及对行业转型升级的示范作用等积极影响缺乏研究,大量环保治理措施面临"一次性"或"重复投入"的窘境,在增加工程成本的同时很难取得相应收益,这一现实问题阻碍了环保治理的深度探索和广度拓展,也难以获得参建单位的广泛参与、持续创新。

(3)监管严格,但激励不足。环境保护的外部性特征容易导致市场失灵,需要政府监管介入。《建设项目环境保护管理条例》规定,国家实行建设项目环境影响评价制度和"三同时"制度,环保部门的监管职责体现为环保审批、环保竣工验收两大工作,对项目进展具有"一票否决"作用,促使参建单位重视环保工作。但由于铁路工程具有点多、线长、量大等特点,环保监管能力不足,施工阶段的环境监管措施较为薄弱,一般采用"以罚代管"措施,参建单位自我监管和环境监理严格监管成为施工阶段的主要监管力量。当前铁路建设项目管理已形成包含环境保护的五大目标管理体系,一方面在合同中明确了参建各方环保责任,依据项目环保需求设置专项资金;另一方面在参建单位内部组织架构中落实了环境保护管理责任、工作流程,研发创新环保技术措施,通过宣传教育增进全员环保意识。除政府监管与自我监管之外,以住建部、行业协会学会发起的各类工程奖项也在一定程度上激发了参建单位对环保工作的重视。总体而言,我国建设项目环保监管采用"自上而下"的强制性管理模式,但激励不足,缺乏"自下而上"的主动性,监管资源投入与产出严重失衡。此外,当前已有绿色评价标准针对房屋建筑工程，对铁路建设工程的指导作用有限。

4.1.3 绿色铁路工程发展的 SWOT 分析

推动绿色铁路工程发展需要政府和企业共同努力。政府主管部门通过履行指导、监督、评价等职能维护并优化行业环境，铁路工程企业通过发挥主观能动性建造工程、盘活产业链，并推动行业政策实施与落地。因此，两类核心主体对绿色铁路工程实施及推广具有决定性作用，认识其既有条件的优势、劣势是分析绿色铁建造发展面临威胁和机遇的前提，铁路工程企业应对“危、机”的策略选择为推动绿色铁路工程发展提供基础。

1. 发展优势

(1)铁路建造管理模式对初始绿色程度的保障作用

铁路工程属于公共基础设施项目，具有明显的公益属性，同时具有带动区域经济、社会发展的功能。铁路工程建设需要严格遵循建设程序。因此，现行铁路建造的管理模式有利于通过绿色策划、绿色设计、绿色施工逐步提高工程初始绿色程度。

铁路工程项目所涉专业众多，集成度高，且实行统一管理，管理主体具有稳定性、专业性和非竞争性，有利于集中优势力量进行技术创新和联合攻关，以及先进技术的政策性推广，有利于从技术手段上提高实施阶段的绿色程度。

(2)工程装备与资源体系对绿色指标的控制作用

铁路工程对线路的顺直程度要求高，选线、施工作业均面临地形复杂的难题，因此，工程装备的机械化、智能化程度相对较高，有利于提高作业精度与效率、优化作业条件、实时测控精准调节等。同时，铁路工程采用大型预制构件，模板的标准化程度较高，是节约材料、重复利用的关键。因此，更容易从技术与资源上进行绿色指标的合理控制。

(3)铁路枢纽 TOD 功能对绿色认知的导引作用

交通可以看作是城市的循环系统，为城市输送养分，交通枢纽则是城市的动力中心。因此，铁路枢纽既发挥了交通导向功能，又是一座城市的地标建筑，两者合二为一时即会引领城市的脉动。因此，绿色铁路车站在绿色铁路建造知识普及、绿色理念感知、绿色行为促进等方面存在天然优势。与此同时，铁路车站建设与城市规划发展同步，服务于当地建设或民众生活，通过路地共建的协同模式可以提升民众的绿色程度认知水平，从而提高绿色标准。

2. 发展障碍

(1)全寿命阶段分割造成绿色需求认识的片面性

层次分明、阶段固化的管理模式，在提高决策可靠性的同时，也可能造成了沟通效率的降低，从而导致绿色需求认识的碎片化、即时化、标签化等现象，不利于绿色铁路工程的全貌认知。

(2)绿色造价不足对初始绿色程度的消减作用

当前对绿色建造的推广以政策导向为主,为鼓励性竞争,许多参与主体需要量力而行,经济因素造成的困境,一方面影响参建企业积极性,另一方面可能导致绿色工程措施不完善,因此,难以实施创新,造成初始绿色程度的消减,而初始绿色程度的消减又可能弱化参建企业的竞争能力,两者产生不良循环。

(3)现有管理机制难以提供绿色程度提升动力

现有管理机制下,各参建企业缺乏自主提升绿色程度的需求与条件,自上而下的政策导致参建企业缺乏紧迫感,难以理解相关任务的价值,无法激发参建企业的自驱力。

3. 机会与威胁并存

绿色铁路工程发展经历了制度筑基、被动适应、思想转型、深化发展和高质量发展 5 个阶段,具有一定发展优势,也有一些发展障碍,机会与威胁并存,且不同责任主体的机会与威胁存在差别,有必要运用内外部竞争环境和竞争条件下的态势分析方法(SWOT 分析法)进行深入分析。

4. 绿色铁路工程发展的 SWOT 分析

绿色铁路工程发展中面临的优势、劣势、机会、威胁见表 4-2。

表 4-2 绿色铁路工程发展的 SWOT 分析

战略分析		优势(Strengths)	劣势(Weaknesses)
		1. 铁路建造模式对初始绿色程度的保障作用; 2. 工程装备与资源(原材料、技术等)体系对绿色指标的控制作用; 3. 铁路枢纽 TOD 功能对绿色程度提升路径的导引作用	1. 全寿命阶段分割造成绿色需求认识的片面性; 2. 绿色造价不足对初始绿色程度的消减作用; 3. 现有管理机制难以提供绿色程度提升动力
机会(Opportunities)	程序严格、分工明确的建造模式	SO 战略——顺势而为	WO 战略——积极主动
威胁(Threats)	成本与收益不平衡的价格体系	ST 战略——创新拓展	WT 战略——革新蓄能

基于利用机会、规避威胁、强化优势、降低劣势的原则,可以根据“责任主体—调控程度”的分析框架,对绿色铁路工程可持续发展的策略分析和进行探讨,如图 4-1 所示。

从图 4-1 可以发现,通过四个象限划分,政府主管部门和铁路企业两大主体可以采用不同策略。

象限Ⅰ,对应于表 4-2 中的 SO 战略,两大主体均应顺势而为。铁路建造模式关系铁路工程项目的实施秩序,是客观存在的外部因素,政府主管部门、铁路工程企业

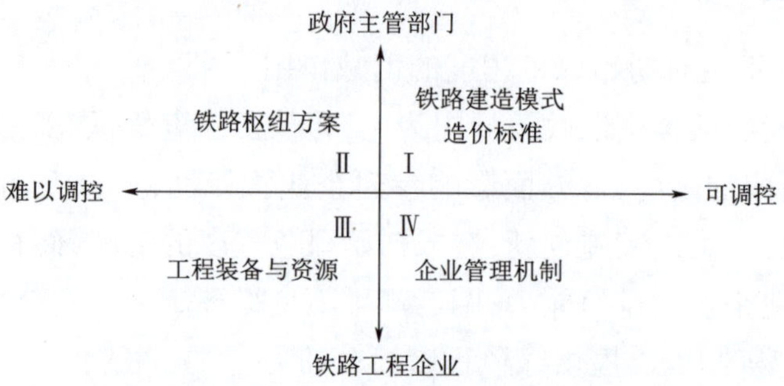

图 4-1 基于“责任主体—调控程度”的分析示意

均难以对其作出改变,具有促进和阻碍的双面性。因此,在选择策略上需要扬长避短,利用其保障工程初始绿色程度的优势作用,同时通过加强教育、沟通来降低其片面性或局限性。造价标准也在该象限之内,但其主要产生阻碍作用,在策略选择上需要取长补短,通过其他组合措施来弥补造价不足的困境,包括奖励或政策优惠等。

象限Ⅱ,对应于表 4-2 中的 WO 战略,两大主体均应积极主动。铁路枢纽方案包括选址与设计,前者的考量更侧重经济、社会发展要求,后者则取决于认识水平和科技发展水平。因此,需要通过扩大方案的关注度和影响力来宣传绿色理念,可以采用政企协作模式获得双赢,铁路工程企业应从专业性角度为政府相关部门提供参考意见和建议。

象限Ⅲ,对应于表 4-2 中的 ST 战略,铁路工程企业需要创新拓展。工程装备与资源是企业的竞争力,需要保持动态性和先进性,主要依靠自主创新与资源整合,因此,需要采用保持创新投入、扩大合作范围的策略来提升绿色建造实现能力。

象限Ⅳ,对应于表 4-2 中的 WT 战略,铁路工程企业需要革新蓄能。企业管理机制一般具有稳定性和路径依赖性,容易产生管理惯性,难以适应时代环境的快速变化,从而降低企业的敏捷性和竞争力。因此,铁路工程企业应采取积极的自我创新措施,推进管理机制改革,破除束缚,激发活力,鼓励企业成员参与对绿色建造等新领域的探索,从而促进企业自主创新,形成良性循环。

4.2 绿色铁路工程发展问题访谈

4.2.1 访谈设计

为深入研究绿色铁路工程发展和建造能力提升问题,由高速铁路建造技术国家工程研究中心联合中南大学、中铁工程设计咨询集团有限公司、中铁三局集团有限公司、中铁建工集团有限公司、中铁高新工业股份有限公司组成课题组进行专题研究。

课题组结合绿色铁路工程相关研究、绿色铁路发展现状与 SWOT 分析,整理发展问题清单,见表 4-3。问卷详见附录一。

表 4-3 绿色铁路工程发展问题清单

问题类型	问题描述	问题作用
认知类	各方对绿色铁路工程的理解与认识	对“三全”模型、价值目标进行验证与补充
意愿类	各方参与绿色铁路工程行动的意愿及动机	对铁路工程企业的战略选择进行验证与分析
行动类	各方在绿色铁路工程实践中关注的重点领域及采取的措施	对铁路工程企业的主要任务与企业禀赋进行验证与分析
政策类	政府主管部门推动绿色铁路工程发展的意愿及措施	对政府主管部门的战略引导进行验证与分析
效果类	绿色铁路工程实践已取得的成果、成效	对绿色铁路工程高质量发展基础进行验证与分析

课题组邀请专家进行访谈,通过电子问卷的形式收集数据。34 位受访者均来自课题组成员单位,其中来自科研单位(11 人)、设计单位(6 人)、施工单位(10 人)、工程装备制造单位(7 人),受访者工作时间、技术职称、对绿色铁路工程熟悉程度等特征的分布如图 4-2 所示。

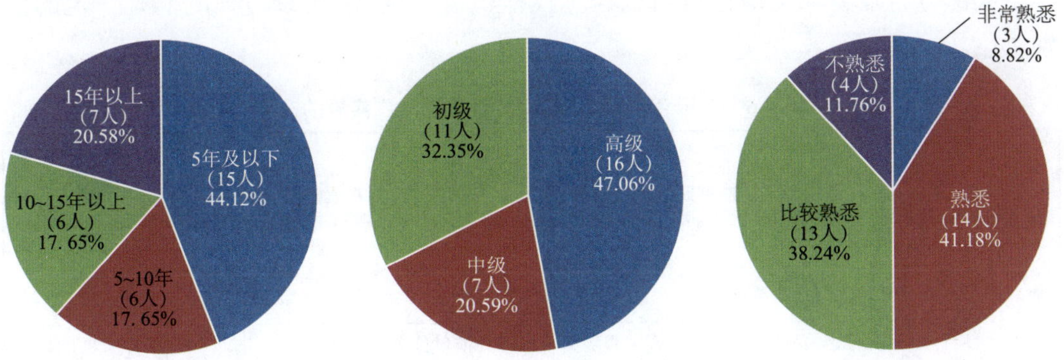

(a) 工作时间　(b) 技术职称　(c) 对绿色铁路工程熟悉程度

图 4-2 受访者个人情况

在内容设计上,针对部分程度类题项进行赋分,赋分规则见表 4-4。

表 4-4 程度类题项赋分规则

类　型	分　值				
	5 分	4 分	3 分	2 分	1 分
重要程度	非常重要	重要	一般	不重要	完全不重要
关注度	非常关注	关注	一般	不关注	完全不关注
需求程度	非常需要	需要	一般	不需要	完全不需要
效果	非常好	好	一般	不好	非常差
完备性	非常完备	完备	一般	不完备	非常欠缺

为分析受访者个人偏好对问卷结果的影响程度,根据受访者的工作时间、熟悉程度、技术职称进行赋分。因技术职称更能体现受访者的综合认知水平,故采用指数赋分,其他两项采用等差赋分,受访者个人情况赋分规则见表 4-5。

表 4-5 受访者个人情况赋分规则

类型	分值			
	4 分	3 分	2 分	1 分
工作时间(T,time)	15 年以上	10~15 年	5~10 年	5 年以下
熟悉程度(A,awareness)	非常熟悉	熟悉	比较熟悉	不熟悉
技术职称(P,professional)	高级	—	中级	初级

注:高级技术职称指高级工程师及以上,副研究员及以上,副教授及以上;中级技术职称指工程师、助理研究员、讲师;初级技术职称包括除高级、中级之外的其他技术职称。

4.2.2 问卷统计

1. 意愿与行动

(1)绿色铁路工程实践意愿

大部分行业专家对绿色铁路工程实践呈积极态度,但在参与程度上有一定的区别,见表 4-6。

表 4-6 对绿色铁路工程实践、研究或推广实施的态度

选项	小计	比例
积极主导:企业有详细的绿色建造科研规划,已取得部分研究成果,在工程实施中承担主导性工作(如牵头申报课题、自主立项)	14	41.18%
积极参与:企业有绿色建造科研需求,积极跟随行业龙头企业行动,参与绿色建造研究	17	50.00%
被动参与:企业没有相关科研规划,主要在工程实施中配合其他单位开展行动	3	8.82%
本题有效填写人次	34	

其中,来自设计单位、施工单位的专家持“积极主导”和“积极参与”态度的人数占比相对均衡,来自工程装备制造单位、科研单位的专家更倾向于“积极参与”态度,如图 4-3 所示。

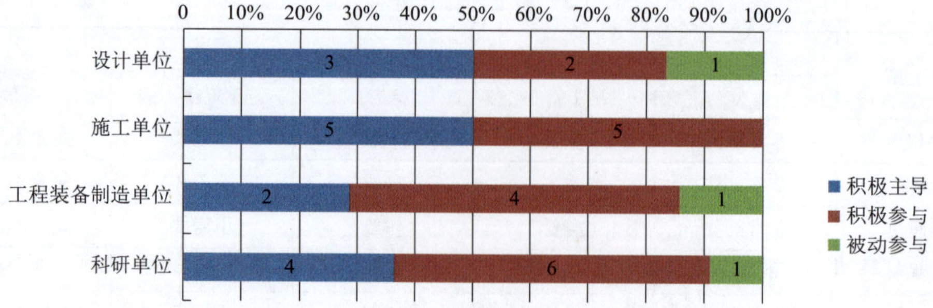

图 4-3 受访者所在单位对绿色铁路工程实践(研究)态度的堆叠示意

(2)绿色铁路工程实践动因

进一步探究原因,工程所处地自然保护需要、顺应绿色发展趋势、工程形象需要等原因在所有专家中取得共识,如图 4-4 所示。

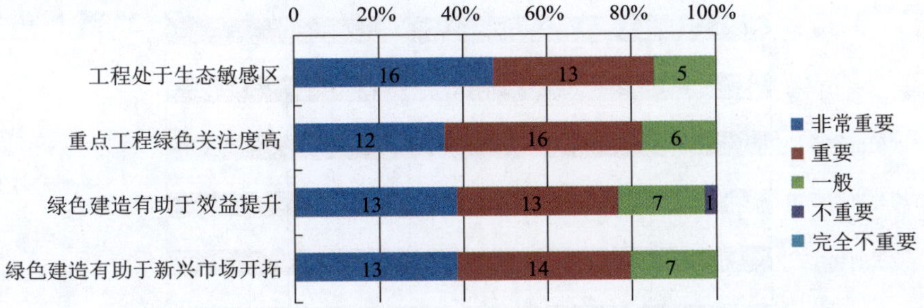

图 4-4 受访者所在单位支持绿色铁路工程的原因重要程度堆叠示意

绿色铁路工程实践动因重要程度赋值矩阵设为 Q22(数据详见附录一第四部分,下同),将其代入 5 个得分计算公式(详见附录一第四部分,下同),得到动因分值。其中,加权分 1 与工作时间相关,加权分 2 与熟悉程度相关,加权分 3 与技术职称相关,方差超过其数值均值的将进一步确定偏差来源,下同。绿色铁路工程实践动因分值见表 4-7。

从实践动因平均分排序来看,“工程处于生态敏感区”是最重要的原因,在不同职业群体中具有较高共识;“重点工程绿色关注度高”“绿色建造有助于新兴市场开拓”等是次要原因,但熟悉程度带来较大的认知偏差,引起“重点工程绿色关注度高”分值上升;“绿色建有助于效益提升”的重要程度排最后,且因工作时间、技术职称引起较大偏差,“绿色建造有助于效益提升”得分下降,表明资深专家认为绿色效益暂不显著。

表 4-7 绿色铁路工程实践动因分值

题项	分值				
	平均分	加权分 1	加权分 2	加权分 3	方差
工程处于生态敏感区	4.32	4.29	4.37	4.33	0.03
重点工程绿色关注度高	4.18	4.16	4.26	4.21	0.04
绿色建造有助于效益提升	4.12	4.00	4.07	3.99	0.05
绿色建造有助于新兴市场开拓	4.18	4.22	4.20	4.22	0.02

注:表中灰色底纹数字表示偏差较大得分(下同)。

总体而言,现行政策、工程要求等客观因素仍是当前绿色铁路工程实践的主要原因,品牌、技术等竞争优势对绿色铁路工程实践有激励作用,但绿色铁路工程效益创造途径及结果仍然不够清晰。

(3)绿色铁路工程实践措施

关于绿色铁路工程的行动主题(措施),问卷中主要列举了环境监控、污染防治、水土保持、动植物保护、资源节约与集约利用、工业化生产、制度文化管理等内容。其中,工业化生产是绿色建造的新兴主题。经过讨论分析,可以形成一个环境与资源、保护与治理的综合分析框架。

各项绿色措施的重要程度堆叠如图 4-5 所示。

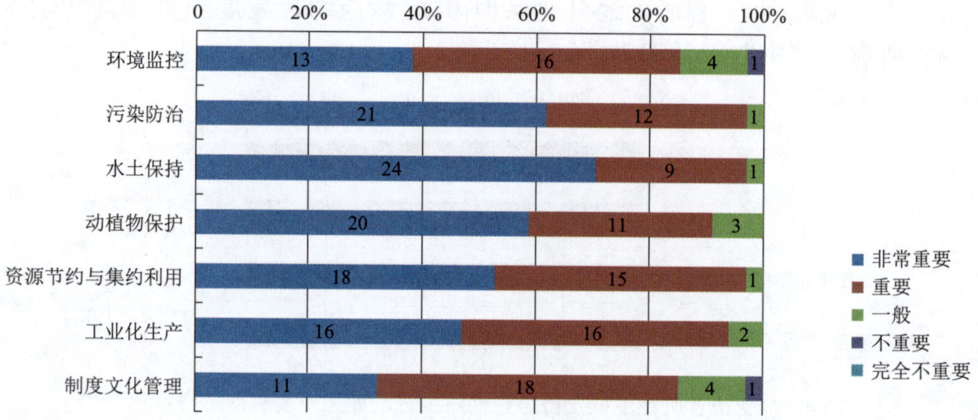

图 4-5　绿色措施重要程度堆叠

绿色措施重要程度赋值矩阵 Q23，代入得分计算公式，得到表 4-8。重要程度排序为：水土保持>污染防治>动植物保护>资源节约与集约利用>工业化生产>环境监控>制度文化管理。其中：污染防治、动植物保护、资源节约与集约利用、工业化生产、制度文化管理等措施的重要程度在不同群体中的共识度较高。“水土保持”措施重要程度受到技术支撑影响，分值上升；“环境监控”措施重要程度受到熟悉程度影响，分值上升；但两者的重要性排序位置均不受影响。这表明资深专家认为这两项措施应增加重视程度。

表 4-8　绿色措施重要程度分值

题　项	分　值				
	平均分	加权分 1	加权分 2	加权分 3	方差
环境监控	4. 21	4. 22	4. 31	4. 24	0. 04
污染防治	4. 59	4. 62	4. 65	4. 66	0. 03
水土保持	4. 68	4. 75	4. 75	4. 80	0. 04
动植物保护	4. 50	4. 48	4. 54	4. 52	0. 02
资源节约与集约利用	4. 50	4. 48	4. 52	4. 49	0. 02
工业化生产	4. 41	4. 40	4. 44	4. 42	0. 02
制度文化管理	4. 15	4. 14	4. 20	4. 19	0. 03

此外，有 4 位受访者补充了“人力资源节约与高效利用”(非常重要)、“培训”(非常重要)、“新能源的应用”(重要)、“智能化”(非常重要)等措施。

随着工程实践的深入，工程技术日益成熟，各项绿色措施的重要程度与创新需求程度并不存在一致性，需要进一步分析各类绿色措施的创新需求程度，以聚焦于那些既有高度重要性又有创新紧迫性的绿色措施。从设计技术、施工技术、施工管理、工具装备等方面调查绿色措施的创新需求程度，如图 4-6 所示。

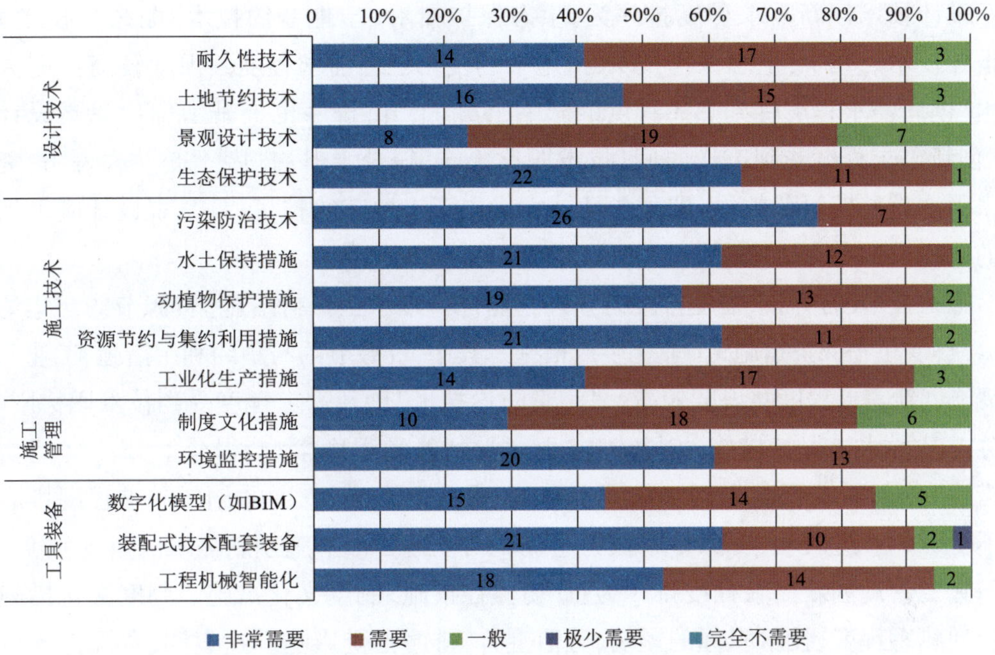

图 4-6 绿色铁路工程措施创新需求程度堆叠示意

(4)绿色铁路工程实践措施的创新需求

绿色措施创新需求程度赋值矩阵 Q24,代入得分计算公式,得到创新需求程度分值,见表 4-9。

表 4-9 绿色铁路工程措施创新需求程度分值

题项		分值				
		平均分	加权分 1	加权分 2	加权分 3	方差
设计技术	耐久性技术	4.32	4.33	4.43	4.36	0.04
	土地节约技术	4.38	4.36	4.39	4.37	0.01
	景观设计技术	4.03	4.11	4.08	4.12	0.04
	生态保护技术	4.62	4.66	4.67	4.66	0.02
施工技术	污染防治技术	4.74	4.79	4.81	4.83	0.04
	水土保持措施	4.59	4.53	4.64	4.60	0.04
	动植物保护措施	4.50	4.38	4.51	4.46	0.05
	资源节约与集约利用措施	4.56	4.58	4.61	4.60	0.02
	工业化生产措施	4.32	4.37	4.35	4.38	0.02
施工管理	制度文化措施	4.12	4.11	4.19	4.18	0.04
	环境监控措施	4.56	4.55	4.65	4.61	0.04
工具装备	数字化模型(如 BIM)	4.29	4.14	4.29	4.17	0.07
	装配式技术配套装备	4.50	4.47	4.48	4.46	0.02
	工程机械智能化	4.47	4.47	4.49	4.47	0.01

设计技术创新需求程度排序为：生态保护技术>土地节约技术>耐久性技术>景观设计技术。其中，生态保护技术、土地节约技术创新需求程度共识度较高；“耐久性技术”创新需求程度受到熟悉程度的影响，分值上升，排序也上升 1 位；“景观设计技术”创新需求程度受到工作时间、技术职称影响，得分上升，排序不变。这表明，资深专家更注重长期绿色效果，即耐久性技术优先于土地节约技术；且景观设计应得到更多的重视。

施工技术创新需求程度排序为：污染防治技术>水土保持措施>资源节约与集约利用措施>动植物保护措施>工业化生产措施。其中，资源节约与集约利用措施、工业化生产措施创新需求程度共识度较高。“污染防治技术”创新需求程度受到技术职称影响，得分上升；“水土保持措施”创新需求程度受到熟悉程度影响，得分上升；“动植物保护措施”创新需求程度受到工作时间影响，得分上升；但三者的创新需求程度排序位置不受影响。这表明，资深专家认为应提高对上述 3 项措施创新需求的重视程度。

施工管理创新需求程度排序为：环境监控措施>制度文化措施。制度文化措施分值受到熟悉程度、技术职称的影响，分值上升，排序不受影响。这表明，资深专家认为应提高对制度文化措施创新需求的重视程度。

工具装备创新需求程度排序为：装配式技术配套装备>工程机械智能化>数字化模型（如 BIM）。其中，装配式技术配套装备、工程机械智能化创新需求程度共识度较高，但受熟悉程度和技术职称影响，两者创新需求程度排序存在互换情况。“数字化模型措施”创新需求程度受到工作时间、技术职称影响，分值均降低。这表明，资深专家认为应优先考虑装配式与智能化的创新需求。

总体而言，资源节约与集约利用对节约工程成本、减少废弃物排放等有显著的、直接的作用，工业化生产在提高工程质量、控制工期、减少环境破坏等方面具有显著优势，两者同时也有利于塑造工程企业的技术优势，已经成为传统工程措施之外的创新点。制度文化建设虽然有利于工程企业管理优势塑造，但现实需求并不强烈（现有制度能基本满足管理需求），且直接经济效益不显著。

2. 成效与政策

（1）绿色铁路工程实践成效

从环保要求满足程度、绿色标杆效应、创新水平、荣誉奖励情况、对同行参观学习的吸引程度等方面进行调查，如图 4-7 所示。

50% 及以上的受访者认为各类绿色措施的行动效果“好”，但并未达到“非常好”的程度，小部分人认为绿色行动效果“一般”，其中，约有 26% 的专家认为“荣誉奖励情况”的实施效果不佳，需重点关注该项内容，通过奖励政策，调动企业绿色施工的积极性。此外，有必要加强对各类绿色措施的实施力度，以更好地促进铁路工程的绿色发展。

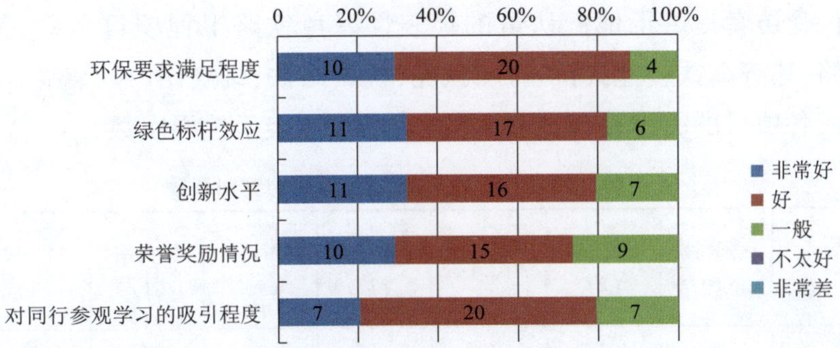

图 4-7 绿色行动效果堆叠示意

另有,2 位受访者补充了“减少材料浪费”“积极开展员工绿色施工培训”两项效果,并认为该效果“非常好”。

(2)绿色铁路工程实践依据

在绿色铁路工程实施依据的完备性方面,从国家标准、行业标准、企业标准和其他标准等方面进行调查,如图 4-8 所示。

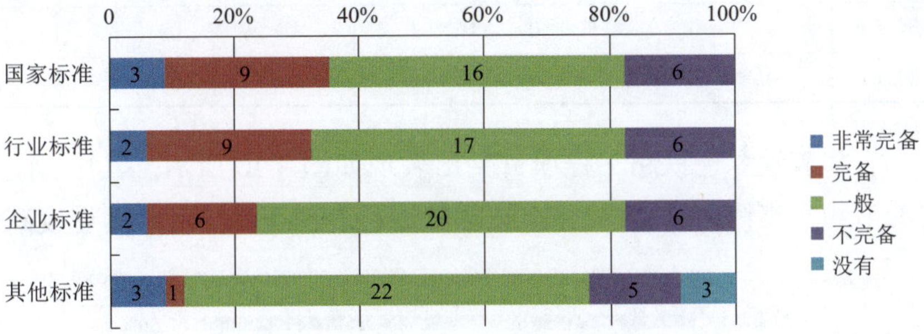

图 4-8 实施依据完备性堆叠示意

由图 4-8 可知,半数以上的受访者认为绿色铁路工程相关标准不够完善,导致绿色铁路工程实施缺乏参考依据,间接导致了绿色行动的实施效果不佳,阻碍绿色铁路工程的发展。因此,有必要进一步完善和深化相应的政策和标准,为绿色铁路工程的实施提供依据和保障。

(3)典型绿色铁路工程及其表现

调查受访者所在单位的代表性绿色铁路工程项目,结果如图 4-9 所示。

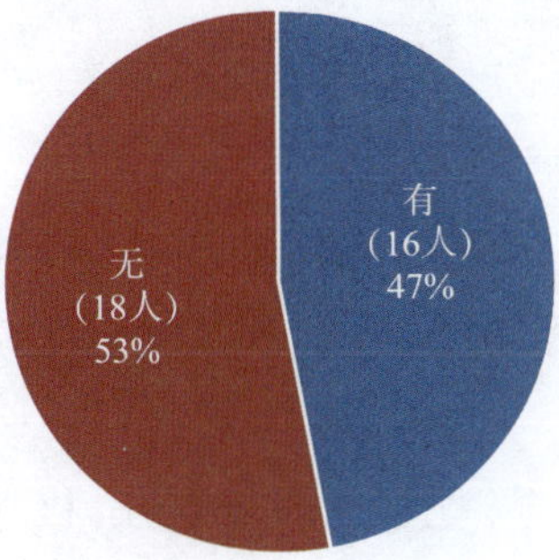

图 4-9 受访者对“是否存在代表性绿色铁路工程项目”的回答

有16位受访者提供了他们认可的代表性绿色铁路工程项目名称，包括京张高铁、川藏铁路、郑济高铁装配式桥、青藏铁路、杭黄高铁、雄安站、嘉兴站、北京丰台站、杭州西站等，各项目的突出表现见表4-10（表中数字表示选择次数）。

表4-10 代表性绿色铁路工程项目的突出表现

突出表现	京张高铁（6）	川藏铁路（2）	郑济高铁装配式桥（2）	青藏铁路（2）	杭黄高铁（1）	雄安站（1）	嘉兴站（1）	北京丰台站/杭州西站（1）
污染防治	5	2	0	1	1	0	0	1
水土保持	5	2	0	2	0	0	1	1
动植物保护	1	2	0	1	0	0	0	1
资源节约与集约利用	4	2	1	1	1	1	1	0
制度文化	2	2	0	0	1	0	0	0
智能建造技术	5	0	2	1	0	0	0	1
工业化生产	1	0	1	0	0	1	0	1
永临结合措施丰富	2	0	0	1	1	0	1	0
其他（因地制宜）	0	0	0	0	0	0	1	0

总体而言，代表性绿色铁路工程项目突出表现如图4-10所示。其中，水土保持、污染防治、资源节约与集约利用、智能建造技术等绿色表现在受访者中具有较高的共识。

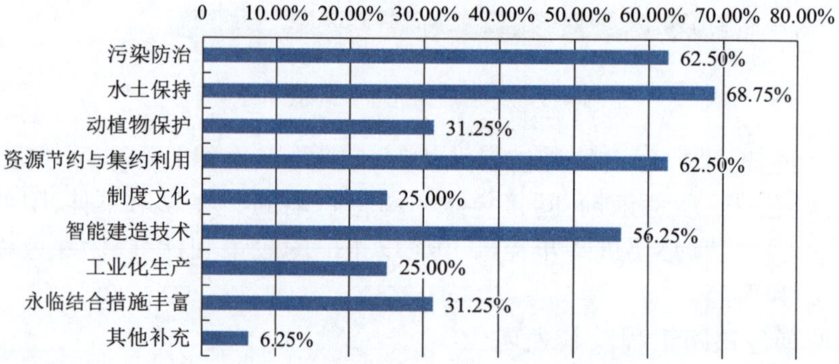

图4-10 受访者对"代表性绿色铁路工程项目突出表现"的统计

3. 问题及原因

（1）绿色铁路工程实践面临的问题

当前绿色铁路工程实践存在政策指导性不够、参与方共识欠缺、资源投入不足、实现能力欠佳、成本收益失衡等问题，分别有其突出表现。受访者认为上述问题表现的显著程度如图4-11所示。

显著程度赋值规则：显著 = 4 分，一般 = 2 分，极少 = 1 分，无 = 0 分；赋值矩阵 ***Q***31。根据显著程度得分进行显著性判断，见表4-11。

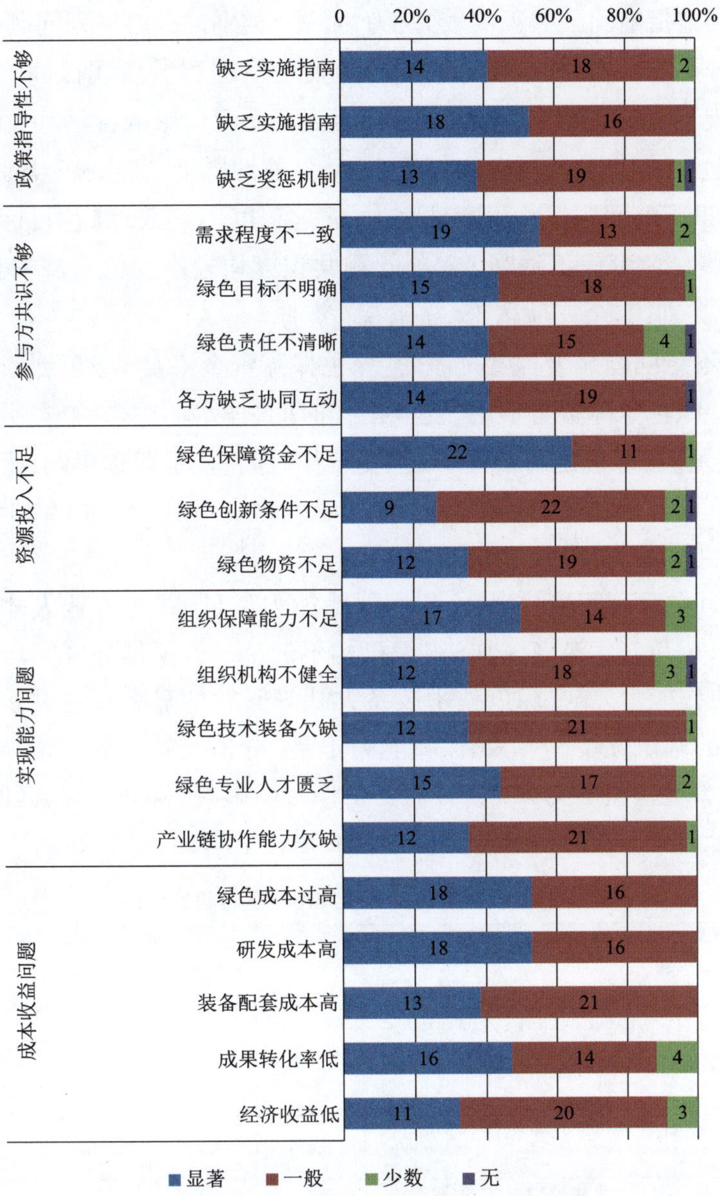

图 4-11　绿色铁路工程实施困难显著程度堆叠示意

表 4-11　显著程度得分区间及其取值范围

区　间	<−10%～<10%	10%～30%	>30%
得分取值范围	[2.10,2.56)	[2.56,3.03)	[3.03,4]
显著性判定	一般	需重视	显著

注：赋值分均值=(4+2+1)/3=2.33；低于均值10%为2.10；超出均值10%为2.56；超出均值20%为2.79；超出均值30%为3.03。

将*Q*31代入得分计算公式，得到表4-12。

政策指导性不够问题显著程度排序为：缺乏实施指南>缺乏战略规划>缺乏奖惩

机制。其中,实施指南问题共识度较高,为"显著"类别。战略规划问题分值受到熟悉程度影响,得分下降;受到技术职称影响,得分上升;但得分所属区间均不变,其显著性属于"需重视"类别。奖惩机制问题分值受到熟悉程度影响,得分下降;受到技术职称影响,得分上升;但得分所属区间均不变,其显著性属于"需重视"类别。

参与方共识不够问题显著程度排序为:需求程度不一致>绿色目标不明确>各方缺乏协同互动>绿色责任不清晰。4 项问题共识度均较高,其中,需求程度不一致问题属于"显著"类别,其余三项属于"需重视"类别。

资源投入不足问题显著程度排序为:绿色保障资金不足>绿色创新条件不足>绿色物资不足。"绿色保障资金不足"受到工作时间、技术职称影响,得分均上升,得分均为"显著"类别。"绿色创新条件不足"受工作时间、技术职称影响,平均分为"需重视"类别,加权分得分下降到"一般"区间。"绿色物资不足"受到工作时间、技术职称影响,得分下降,得分为"一般"类别。

实现能力问题显著程度排序为:组织保障能力不足>绿色专业人才匮乏>产业链协作能力欠缺>绿色技术装备欠缺>组织机构不健全。五项得分区间均为"需重视"。其中,产业链协作能力欠缺、绿色技术装备欠缺等问题的显著程度共识度较高,其余三项存在一定的认识分歧。"组织保障能力不足"分值受熟悉程度影响,得分上升到"显著"区间;"绿色专业人才匮乏"分值受工作时间影响,得分下降,区间不变;"组织机构不健全"分值受工作时间、技术职称影响,得分下降,区间不变。

表 4-12 绿色铁路工程实施困难显著程度分值

题项		分值				
		平均分	加权分 1	加权分 2	加权分 3	方差
政策指导性不够	缺乏实施指南:绿色铁路工程战略不够清晰,行业主管部门(或企业)没有专门制定行动计划与实施路线	2.76	2.82	2.68	2.84	0.06
	缺乏实施指南:科研规划缺乏系统性,遇到问题才解决问题	3.06	3.04	3.00	3.08	0.03
	缺乏奖惩机制:评价标准和激励机制不完善,做得好没有奖励,做得不好也没有惩罚	2.68	2.67	2.61	2.73	0.04
参与方共识不够	需求程度不一致:沟通困难	3.06	3.11	3.10	3.15	0.03
	绿色目标不明确	2.85	2.77	2.80	2.81	0.03
	绿色责任不清晰:各方绿色责任不清晰,需要承担其他参与方的额外工作	2.65	2.59	2.58	2.56	0.03
	各方缺乏协同互动	2.76	2.74	2.81	2.76	0.03
资源投入不足	绿色保障资金不足:绿色造价不足,绿色措施资金缺乏保障	3.26	3.44	3.30	3.52	0.10
	绿色创新条件不足:现有物资材料难以满足绿色需求,如缺乏新材料、新能源等	2.41	2.26	2.44	2.27	0.08
	绿色物资不足:创新活动开展困难,如缺乏联合攻关合作单位、试验条件匮乏等	2.59	2.51	2.62	2.58	0.04

续上表

题项		分值				
		平均分	加权分 1	加权分 2	加权分 3	方差
实现能力问题	组织保障能力不足:人员思想意识不统一,认识不够深入,缺乏向心力	2.91	2.96	3.06	3.01	0.06
	组织机构不健全:没有专人专职	2.56	2.42	2.46	2.42	0.06
	绿色技术装备欠缺:绿色措施效果难以达标	2.68	2.60	2.70	2.67	0.04
	绿色专业人才匮乏:知识储备不足,教育培训需求较高,难以完成项目需要解决的科研创新项目	2.82	2.70	2.83	2.78	0.05
	产业链协作能力欠缺:物资供应不足	2.68	2.70	2.74	2.69	0.02
成本收益问题	绿色成本过高:措施费用不足或成本超支	3.06	3.01	3.05	3.10	0.03
	研发成本高:专项资金难以为继	3.06	3.04	3.05	3.10	0.02
	装备配套成本高:技术无法落地	2.76	2.71	2.79	2.81	0.04
	成果转化率低:解决当前问题后缺乏工程应用	2.82	2.67	2.81	2.74	0.06
	经济收益低:市场化前景欠佳	2.56	2.58	2.62	2.66	0.04

成本收益问题显著程度排序为:研发成本高>绿色成本过高>成果转化率低>装备配套成本高>经济收益低。排名前 2 项得分属于“显著”区间,后 3 项属于“需重视”区间。其中,研发成本高、绿色成本过高、装备配套成本高等问题的显著程度共识度较高,其余两项存在一定的认识分歧。“成果转化率低”分值受工作时间影响,得分下降,区间不变;“经济收益低”分值受技术职称影响,得分上升,区间不变。

总体而言,上述 5 类问题之间存在关联性。行业领先者角色和典型工程标杆两者的缺乏,导致行业共识欠缺,由此影响了政策标准的完善,从而影响指导性和可操作性。评价标准不完善使得资源投入价值衡量机制缺失,从而表现为资源投入不足;资金不足问题制约了工程创新的积极性,导致实现能力欠佳。实现过程中的“三高两低”导致极为显著的成本收益失衡问题,进一步影响了铁路工程企业的积极性。成本收益失衡促使工程企业寻求收益补偿措施,但目标、责任模糊的问题阻断了补偿提供途径,既加深行业认识分歧,又降低资源投入积极性,形成消极的不良循环过程。绿色铁路工程实践问题及相关关系如图 4-12 所示。

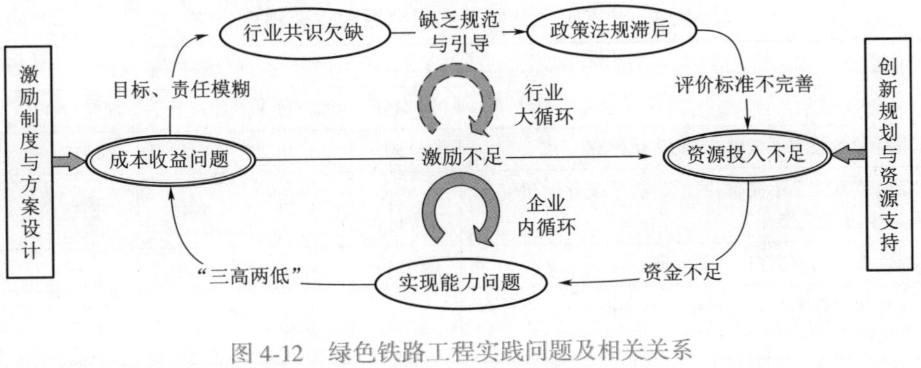

图 4-12 绿色铁路工程实践问题及相关关系

在上述5类问题之中，“成本收益问题”与“资源投入不足”是两大主要问题，连接两者的“实现能力问题”是促进良性循环的核心，三者构成以工程参与企业为主体的内循环。要促进实现能力强化，一方面需要基于顶层设计的创新规划及资源支持，以解决资源投入不足问题，为工程企业营造良好的创新条件；另一方面则需要基于现实效益的制度设计，为成本收益失衡问题提供引导方案，从而激发工程企业主观能动性。在现实情境下，资源是有限的，因此，需要依靠制度设计来发挥更大的导向作用。

(2)绿色铁路工程深化研究的原因

尽管绿色铁路工程实践存在诸多问题，但仍在持续进行、并需要进一步加强科学研究。从技术、管理和产业链三个方面对绿色铁路工程研究原因展开调查，受访者认为各类原因的重要程度如图4-13所示。

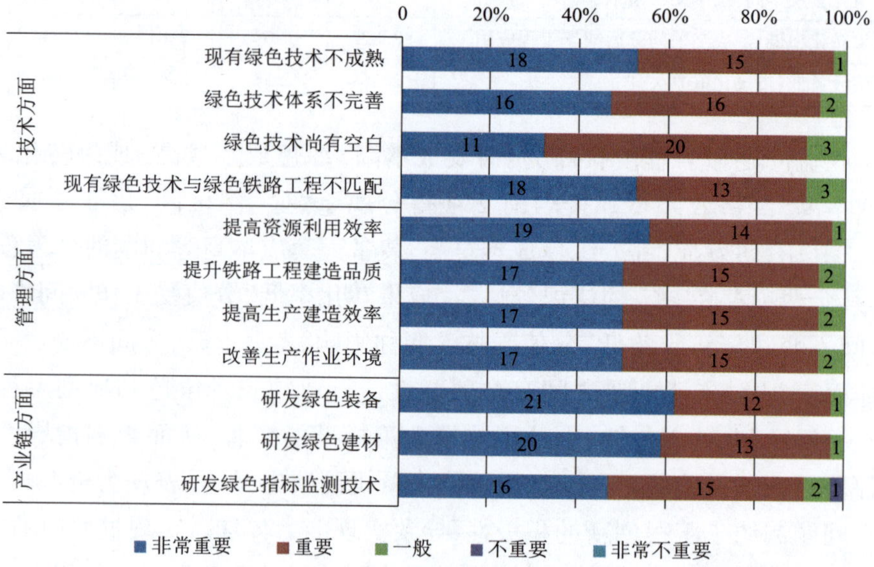

图4-13 开展绿色铁路工程研究原因重要程度堆叠示意

重要程度赋值规则同上，得分矩阵 $Q32$，行数 i = 题项数，列数 j = 答题人数。将 $Q32$ 代入分值计算公式，得到表4-13。

表4-13 开展绿色铁路工程研究原因重要程度分值

题项		分值				
		平均分	加权分1	加权分2	加权分3	方差
技术方面	现有绿色技术不成熟，需要深化研究	4.50	4.48	4.52	4.47	0.02
	绿色技术体系不完善，亟须建构系统化的研究框架，减少重复工作	4.41	4.37	4.44	4.37	0.03
	绿色技术尚有空白，亟须创新	4.24	4.14	4.26	4.17	0.05
	现有绿色技术与绿色铁路工程不匹配，需要针对性深化研究	4.44	4.45	4.51	4.47	0.03

续上表

题项		分值				
		平均分	加权分1	加权分2	加权分3	方差
管理方面	提高资源利用效率	4.53	4.56	4.60	4.54	0.03
	提升铁路工程建造品质	4.44	4.38	4.49	4.44	0.04
	提高生产建造效率	4.44	4.36	4.42	4.39	0.03
	改善生产作业环境	4.44	4.36	4.42	4.33	0.05
产业链方面	研发绿色装备	4.59	4.52	4.61	4.55	0.03
	研发绿色建材	4.56	4.45	4.54	4.48	0.04
	研发绿色指标监测技术	4.35	4.23	4.33	4.26	0.05

技术原因重要程度排序为：现有绿色技术不成熟>现有绿色技术与铁路工程不匹配>绿色技术体系不完善>绿色技术空白。排序前三项原因重要程度在不同群体中存在较好的共识。“绿色技术空白”分值受到工作时间、技术职称的影响，分值下降，排序不变。

管理原因重要程度排序为：提高资源利用效率>提升建造品质>提高生产建造效率>改善生产作业环境。排序前三项原因重要程度在不同群体中存在较好的共识。“改善作业环境”分值受技术职称影响，得分下降，排序不变。

产业链原因重要程度排序为研发绿色装备>研发绿色建材>研发绿色指标监测技术。排序首位原因重要程度在不同群体中存在较好的共识。其中，“研发绿色建材”分值受工作时间、技术职称的影响，得分下降，排序不变；“研发绿色指标监测技术”分值受工作时间、技术职称的影响，得分下降，排序不变。

此外，6位受访者还补充了开展绿色铁路工程研究的重要原因，包括：政策完善、为国家实现“双碳”目标贡献力量、以环保节能高效目标推动技术进步、绿色铁路有助于可持续发展、保护环境。综合来看，可以归纳为战略原因（响应国家战略、呼应企业战略、承担社会责任等）。

综上，在技术方面，现有技术不成熟是开展绿色铁路工程研究的主要原因；管理因素方面，资源的有效利用是铁路工程可持续发展的基础，研究重心应侧重于此；产业链方面，绿色装备是绿色铁路的重要组成部分，有必要通过研发新装备促进铁路的绿色发展。

（3）绿色铁路工程实践的参与方责任

在工程参与方责任对绿色铁路工程建造结果的影响方面，从业主、设计方、施工方和装备方角度出发，得到的结果如图4-14所示。

重要程度赋值规则同上，得分矩阵$\boldsymbol{Q}33$，行数i=题项数，列数j=答题人数。将$\boldsymbol{Q}33$代入分值计算公式，得到表4-14。

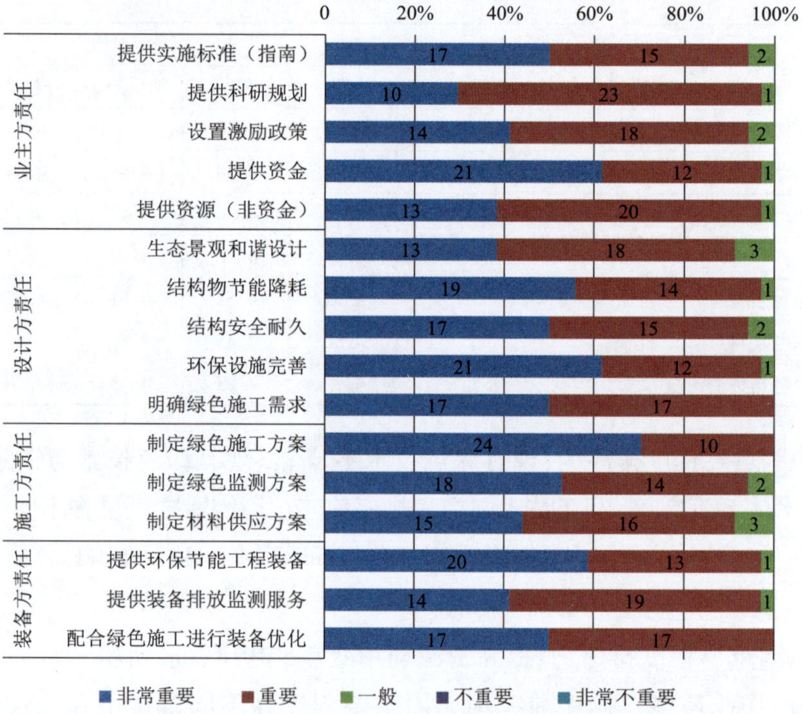

图 4-14　工程参与方责任对绿色铁路工程建造结果重要程度堆叠示意

表 4-14　工程参与方责任对绿色铁路工程建造结果重要程度分值

题　项		分　值				
		平均分	加权分 1	加权分 2	加权分 3	方差
业主方责任	提供实施标准(指南)	4.44	4.40	4.44	4.42	0.02
	提供科研规划	4.26	4.34	4.30	4.33	0.03
	设置激励政策:评奖、评优、以奖代补等	4.35	4.32	4.33	4.33	0.01
	提供资金:设立专项资金等	4.59	4.60	4.64	4.62	0.02
	提供资源(非资金)	4.35	4.30	4.40	4.37	0.04
设计方责任	生态景观和谐设计	4.29	4.32	4.31	4.28	0.01
	结构物节能降耗	4.53	4.51	4.58	4.53	0.03
	结构安全耐久	4.44	4.40	4.49	4.39	0.04
	环保设施完善	4.59	4.59	4.64	4.61	0.02
	明确绿色施工需求	4.50	4.48	4.50	4.47	0.01
施工方责任	制定绿色施工方案	4.71	4.71	4.76	4.73	0.02
	制定绿色监测方案	4.47	4.38	4.50	4.40	0.05
	制定材料供应方案	4.35	4.27	4.39	4.34	0.04
装备方责任	提供环保节能工程装备	4.56	4.55	4.62	4.60	0.03
	提供装备排放监测服务	4.38	4.29	4.37	4.31	0.04
	配合绿色施工进行装备优化	4.50	4.49	4.52	4.49	0.01

业主方责任重要程度排序:提供资金>提供实施标准(指南)>提供资源(非资金)>设置激励政策>提供科研规划。除“提供资源(非资金)”责任外,其余业主方责任在不同群体中有较好的共识。其中,“提供资源(非资金)”分值受到工作时间和熟悉程度的影响,前者使得分下降,降低1位排序,后者使得分上升,排序不变。此外,2位受访者补充了业主方应承担的重要责任,包括:统筹实施、统筹绿色监测、明确各方责任、匹配造价水平与绿色水平。

设计方责任重要程度排序:环保设施完善>结构物节能降耗>明确绿色施工需求>结构安全耐久>生态景观和谐设计。除“结构安全耐久”责任外,其余设计方责任在不同群体中有较好的共识。工作时间、熟悉程度、技术职称均对“结构安全耐久”分值产生影响,工作时间、技术职称使分值下降,熟悉程度使分值上升。此外,1位受访者补充了设计方应承担的重要责任,为“考虑永临结合”。

施工方责任重要程度排序:制定绿色施工方案>制定绿色监测方案>制定材料供应方案。“制定绿色施工方案”责任在不同群体中有较好的共识。“制定绿色监测方案”分值受到工作时间影响,得分下降,排序不变;“制定材料供应方案”分值受到工作时间影响,得分下降,排序不变。此外,1位受访者补充了施工方应承担的重要责任,为“考虑永临结合”。

装备方责任重要程度排序:提供环保节能工程装备>配合绿色施工进行装备优化>提供装备排放监测服务。排序前两项责任在不同群体中有较好的共识。“提供装备排放监测服务”分值受到工作时间和技术职称影响,分值均下降,排序不变。此外,1位受访者补充了工程装备方应承担的重要责任,为“创新引领”。

综上,业主方主要责任为提供绿色创新资金,设计方在完善环保设施方面发挥重要作用,施工方是绿色施工的主导者,而工程装备方则是提供环保节能工程装备,上述各工程参与方的责任对绿色铁路建造结果影响重大,因此需要充分落实。

(4)绿色设计与绿色施工的关系

对绿色设计和绿色施工的关系认识的调查结果如图4-15所示。

结果显示,82.36%的受访者认为绿色设计和绿色施工各有侧重,但衔接紧密,存在良性互动;11.76%的受访者认为各有侧重,但衔接需求不高;只有5.88%的受访者认为两者互不干涉。因此,需要将绿色设计和绿色施工结合起来,共同促进绿色铁路工程的发展。

4.2.3 调查结果分析

对问卷结果的分析表明:①各方对绿色铁路工程内涵与价值的认知仍欠缺系统性,主要关注己方业务领域的相关需求;②当前各方均有积极意愿推进绿色铁路工程建设,但更多源于对政策和客观需求的呼应,内生动力较低;③在传统绿色主题之外,

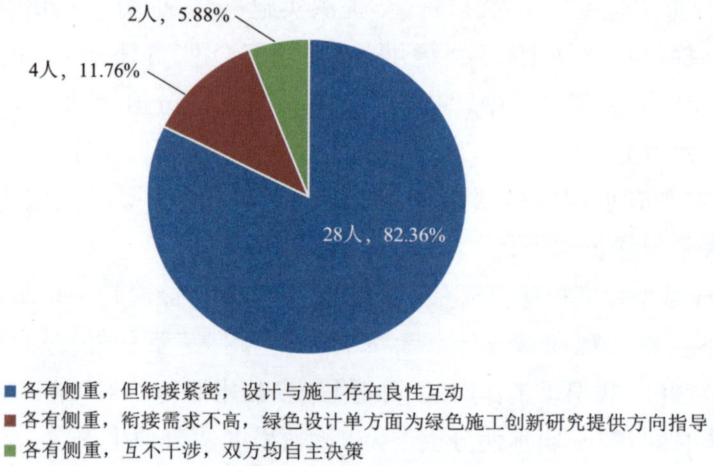

图 4-15 受访者对绿色设计和绿色施工关系的认识

现阶段更聚焦于资源节约与集约利用和工业化生产两方面，原因可能在于其具备满足绿色实践要求与创造显著技术经济效益的双赢结果，创新绿色技术、提高资源利用效率、研发绿色装备是铁路工程企业开展绿色铁路工程研究的主要动因；④根据对绿色铁路工程实践效果的调查，各铁路工程企业采取绿色措施的效果尚可，但绿色铁路工程相关的标准不多，均需要进一步完善和深化；⑤根据绿色铁路工程发展现状的调查，现阶段应优先关注资金投入、激励不足问题，需要从政策层面积极推进和引导绿色铁路工程实践的良性循环。

4.3 绿色铁路工程发展关键问题

4.3.1 绿色铁路工程发展的关键问题梳理

综合理论分析与访谈调查结果，绿色铁路工程发展面临的问题较多，但从本质上来看，主要为技术基础问题、发展环境问题和主体能动性问题。具体来说，绿色铁路工程发展的关键在于绿色铁路建造技术统筹与创新的新问题，绿色铁路工程评价标准研发与推广问题，绿色铁路建造能力识别与建设问题。

1. 绿色铁路建造技术统筹与创新问题

“十四五”规划推动经济社会发展向绿色转型升级，对我国铁路领域的绿色建设也提出了新的更高要求。当前，绿色理念已经逐渐渗入到铁路工程的各个环节，国家充分关注绿色设计技术和绿色施工技术等方面的应用和发展，但现有的技术大多分散杂乱，尚未形成规范化的绿色铁路建造技术体系，这在一定程度上影响了绿色铁路工程的发展。

第一，随着绿色铁路新技术的不断涌现，很多传统技术的环境和经济效益降低，因此不再适用。此外,存在大量有争议且还未有定论的技术。通过构建系统化的绿色铁路建造技术体系,基于一定的评价标准保留优良的技术,识别出淘汰技术或尚未成熟的技术,并重点展开绿色技术研究,使其逐步完善。

第二,尽管现有的绿色铁路建造技术,但一些施工单位是被动接受、局部实施,这导致绿色施工的效果不太理想。缺少完备的绿色技术体系指导,是施工单位难以实施绿色建造的重要原因。通过构建绿色铁路建造技术体系,可为绿色施工提供系统的技术支撑,进一步促进绿色铁路的高质量发展。

第三,在当前绿色发展的大环境下,绿色建造能力成为铁路工程企业的核心竞争力之一。绿色建造技术作为绿色建造能力的重要组成部分,是铁路工程企业获得可持续性竞争优势的有力保障。通过构建绿色铁路建造技术体系,使企业认识到现有技术存在的局限性,以及研发新技术的必要性,从而激发企业绿色技术创新的积极性,不断提高技术水平,以促进自身的可持续发展。

绿色铁路建造技术,是铁路工程企业的内部硬实力,可以通过技术创新、人才引进、联合攻关等方式展开自主创新。

2. 绿色铁路工程评价标准研发与推广问题

随着可持续发展理念逐步深入人心,绿色铁路工程成为当今的研究热点。然而,目前尚未形成系统化的标准和评价体系,难以指导绿色铁路工程的重点发展方向。

第一,现有的绿色铁路评价标准存在评价对象碎片化、评价目标模糊性等问题。目前较为常见的评价对象分类标准有三种:结果导向、实施阶段和铁路结构。第一种忽略了工程实践过程的绿色程度,而只看重结果;第二种将评价重心放在了对环境影响最大的施工阶段,而忽略了全生命周期的考量;第三种通常只对几种常见的铁路结构进行评价,例如站房、隧道等,缺乏对结构要素的全面分析。在评价目标方面,现有研究大多关注铁路对自然环境的影响,而忽略了铁路引起的碳排放、能源效率问题、铁路对经济社会的影响等与可持续发展目标的关系。因此,有必要全面解构和整合绿色铁路评价对象,进一步明晰评价目标,为绿色铁路工程评价标准的研究与制定打下基础。

第二,现有的绿色铁路评价指标大多参考房建、公路等各个领域,缺少专门针对铁路工程的个性化指标。因此,有必要进一步识别铁路工程的绿色特点,凝练出铁路工程绿色程度的构成要素,从而制定出系统全面的铁路工程绿色程度评价指标体系。

第三,现有的绿色铁路评价大都服务于决策阶段或是在实施阶段起到调控作用,评价链条不完善,且缺少具体的评价组织,因此在执行评价、落实结果等方面存在障碍。此外,绿色铁路工程评价指标体系存在一定的局限性,在一定程度上影响了评价标准的推广与应用。

绿色铁路工程评价标准,可作为铁路工程企业的实施依据。同时,铁路工程企业可以主持或参与标准制定,体现企业的外部软实力和社会责任。

3. 绿色铁路建造能力识别与建设问题

在"双碳"背景下,大力发展绿色建造,推动建筑业朝着节能减排的方向转型升级是大势所趋。铁路工程企业作为全面践行绿色发展理念的实施主体,只有不断提高自身绿色建造能力,才能在市场竞争中保持优势地位。然而,现有关于能力方面的研究成果大多呈现"碎片化",缺少系统性的研究。

第一,当前与绿色建造能力相关的研究大多面向房屋建筑、公路领域,鲜有以铁路工程企业为研究对象的,因此,有必要识别出专门适用于铁路领域的绿色能力指标,以便更好地指导铁路工程企业提高其绿色发展能力水平。

第二,现有的绿色建造能力研究大多针对某些具体能力,研究对象彼此独立(如绿色技术创新能力、绿色施工能力等),很少直接针对绿色建造能力展开研究。因此,有必要梳理和筛选出绿色建造能力构成要素,并进行识别归类。

第三,目前与绿色建造能力影响因素相关的研究成果不多,学者们从不同视角进行了探讨。因此,有必要研究绿色铁路建造能力影响因素和作用机理,为提升绿色铁路建造能力提供依据。

绿色铁路建造能力,是铁路工程企业作为实施主体参与绿色铁路工程建造的核心竞争力,体现了企业主体的中心性和主观能动性,也是其推动外部标准优化、强化技术实力的核心。

4.3.2 绿色铁路建造能力具有核心带动作用

上述三类问题分别具有不同的层次性和制约性,其中:在"技术统筹与创新问题"方面,各级铁路工程企业都非常重视且积极付诸行动,大量的技术创新迭代能带来显著的进步,但却面临着重复创新、分散资源的弊端,差异性不显著;在"评价标准研发与推广"方面,企业与行业主管部门都有强烈的需求,企业需要依靠标准指导工程建设,行业主管部门需要依靠标准进行评估和引导,然而仅少数大型企业具备标准制定能力,且需要反复讨论以确保其科学性,许多企业无法承担如此重任;在"绿色铁路建造能力"方面,与企业的自身发展息息相关,但对其重要性认识不足,且未意识到能力问题与其他两类问题的相互关系及带动作用。

铁路工程企业在绿色铁路工程实施中承担主导者或参与者角色,同时在铁路工程行业标准制定中也承担主导者或参与者角色,同一角色在不同事务上展现出强关联特征,即铁路工程企业是绿色铁路工程"实践(工程实施)—认识(标准制定)—再实践—再认识"这一辩证过程的主导者或参与者,工程实施与标准制定之间需要循环促进。铁路工程企业在绿色铁路工程实践过程中承担重要角色,建造能力是其本质和核心。

因此,铁路工程企业的绿色铁路建造能力问题,在上述三类问题中具有核心带动作用。一方面,绿色铁路建造技术作为解决工程实践中绿色难题的主要抓手,是绿色铁路建造能力的显性表现,两者之间存在正相关联系,即技术创新与能力提升相互促进,成本投入直接转化为企业效益。另一方面,企业作为主观能动的独立主体,对绿色评价标准等信息有吸收和反馈作用,两者之间存在反馈调节作用,即能力提升可以取得主导或参与标准制定的先机,成本投入用于公共产品制定,在转化为社会效益的同时也提升企业品牌价值。而对标准的深入理解有助于各项工程措施的制定与落实,在业务开展与自身发展方面取得先机。由此可见,铁路工程企业强化绿色铁路建造能力,可以系统性带动绿色建造技术的发展和绿色评价标准的创新与完善,同时为企业创造综合价值,提升企业的核心竞争力。

5 绿色铁路建造能力内涵与构成

绿色铁路建造能力是绿色铁路工程发展的关键问题,也是铁路工程企业的核心竞争力。依据绿色铁路建造能力相关理论,通过文献研究和专家访谈,解析绿色铁路建造能力内涵,识别筛选绿色铁路建造能力构成要素,并从铁路工程企业的技术、制度、资源、文化四个维度将构成要素进行归类,为绿色铁路建造能力形成机理研究奠定基础。

5.1 绿色铁路建造能力内涵

在住房和城乡建设部2021年发布的《绿色建造技术导则(试行)》中,绿色建造是指按照绿色发展的要求,通过科学管理和技术创新,采用有利于节约资源、保护环境、减少排放、提高效率、保障品质的建造方式,实现人与自然和谐共生的工程建造活动。相比于传统建造,绿色建造体现的是一种需求性的、主动型的战略目标,更侧重于"四节一环保"等绿色目标,绿色建造对协同管理水平、技术创新水平要求更高。

对于铁路工程企业而言,绿色铁路建造能力是企业核心竞争力,是实现企业绿色发展的重要保障。依据绿色建造的内涵,绿色铁路建造能力可界定为:铁路工程企业在工程建造过程中,通过技术创新与管理创新,对绿色策划、绿色设计、绿色施工等过程进行全面统筹,实现资源节约与集约利用,减少建造活动对环境的负面影响,从而促进企业可持续发展的能力。

绿色铁路建造能力不仅关乎企业技术和管理的绿色转型,更体现了企业的社会责任感以及对于环境保护的态度。绿色铁路建造能力的重要性体现在减少对生态环境破坏,通过使用可持续材料以及高效利用资源,减少废弃物的排放并节约能源。因此,企业需要超越内部绿色化的范畴,关注绿色铁路建造活动对社会和自然环境的影响,从而提升绿色铁路工程的社会接受度和影响力,也为企业的可持续发展战略奠定坚实的基础。

绿色铁路建造能力体现了企业的研发实力和对未来趋势的适应能力。绿色铁路建造离不开持续的技术创新,并强调通过研发和应用新技术、新材料、新工艺、新设备来推动建造过程的绿色化。例如,选择高效节能的施工机械、低碳环保的建材,以及通过信息化和智能化手段提高资源利用率。技术创新不仅可以降低建造成本,提高工作效率，还有利于减少铁路建造活动对环境的负面影响，实现绿色可持续发展。

从工程全寿命期的视角出发，绿色铁路建造能力在不同的工程建造阶段具有不同的侧重点。在工程立项阶段，绿色铁路建造能力侧重于在贯彻国家、行业对于绿色建造相关的方针、政策及规定的基础上，开展充分调研并获取现场资料，从技术、经济、资源、环保等方面综合评价绿色建造项目的可行性，并编制建设计划、财务计划、材料设备计划等策划文件，这个过程中所展现的是绿色策划能力。在设计阶段，绿色铁路建造能力主要表现为将生态环境保护、节能减排等绿色建造理念融入方案设计、初步设计以及施工图设计的工程设计全过程，追求工程社会经济效益的同时，追求环境生态效益的绿色设计能力。在施工阶段，绿色铁路建造能力主要表现为运用绿色施工技术、绿色建材以及绿色装备，持续优化施工方案，最大限度降低环境及生态影响的绿色施工能力。

综上所述，绿色铁路建造能力对于促进铁路工程企业的可持续发展、保护自然环境、满足社会公众对环境友好型交通方式的需求都具有至关重要的作用。

5.2 绿色铁路建造能力构成要素识别

5.2.1 绿色铁路建造能力相关理论

1. 绿色基础理论

自然科学中的“绿色”是指人们通过视觉可以区分的一种颜色，它与红色、黑色、黄色等颜色并列。而在社会学领域，“绿色”这个概念的含义则要复杂得多，它象征着生命的活力和蓬勃生机。这个概念的演变最初源自自然界中植物的鲜活色彩，代表了包括所有生物在内的大自然中充满生机的景象。随后，这一概念扩展到了与这种自然景象相适应的人类行为方式和价值取向。如今，这个概念进一步延伸到了人类社会内部，即从人与自然的和谐关系扩展到了人类社会内部的和谐。因此，“绿色”已经从外在的表象走向了内在的实质，从自然生态扩展到了社会生态的范畴。

从国内外人们对“绿色”的理解和应用情况看，它已被应用于经济、政治、文化等人类生活的各个领域、各个层面。

第一是“绿色环境”。人类原本诞生于生机蓬勃的大自然之中，而且是个年轻的物种。人类要想永葆生机，就得永葆自己赖以生存的自然环境生机。因此，按照自然规律清除污染，绿化环境，保护和修复生态系统，珍爱自然界的各类生命并与之和谐相处，是珍爱和维护人类自身的生存权。从这个意义上讲，绿色意识就是环境意识、生态意识、生命意识。绿色环境就是充满生命活力的环境。植树造林、栽花种草，保护湿地、水资源和野生动物等非经济、非政治行为，都是人类为保护绿色环境所采取的积极行动。

第二是“绿色经济”。随着科学技术的发展,人类的生存方式、生活方式发生了前所未有的变化,但同时也带来了许多意想不到的危害甚至灾难。比如,残留着农药化肥的粮食、含有致癌或有毒物质的食品,严重损害人类的健康;工业和农业生产可能造成河流的污染、植被的破坏,致使一些鲜活的生命转瞬即逝。这些消逝的生命虽然不一定是人类本身,但它往往带来人类自身的危机。历经许多沉痛的教训之后,人们渐渐清醒地认识到发展经济绝不能以糟蹋生态、牺牲环境、浪费资源为代价。否则,经济发展越快对人类的危害就越大,发展经济必须与保护生态和环境相统一。这种“相统一”的经济就是“绿色经济”,或叫“循环经济”。在绿色经济理念的引导下,人们的生产生活方式与以往比较发生了变化:清洁生产、节能型生产以及健康消费(或叫“绿色消费”)、无公害消费成为追求的目标。于是出现了“绿色农业”“生态工业”“绿色食品”“绿色营销”等可持续发展的产业和经营方式。

第三是“绿色政治”。从“绿色”理念出发,人类必须与自然和谐相处。人类除了保护自己赖以生存的大自然、追求人与自然和谐外,还要不断优化人类赖以生存的社会环境,追求人类自身的和谐。因此,人权、基层民主问题、妇女问题、贫困问题、和平问题、反恐问题等成为人们普遍关心的问题,由此构成“绿色政治”的基本命题。我国提出的“科学发展观”“构建和谐社会”,其实质就是实施“绿色政治”,营造一种良好的政治生态。它不仅在为全体人民创造一种良好的生存环境,而且当它与时俱进率领人民为此奋斗时,其自身必然焕发生机与活力。

第四是“绿色文化”。人们在经济、政治和日常生活中逐渐形成了绿色价值观,正是绿色文化的内核。具有这种内核的绿色文化,有的直接依附于经济活动,如“绿色设计”“绿色标志”“绿色旅游”等;有的则以一种非经济、非政治形式出现,如“绿色行动”“绿色教育”“绿色传播”“绿色文学”“绿色雕塑”。开展绿色文化活动,对于增强人们的绿色意识起着重要的作用。此外,总结人类绿色实践所形成的生态哲学、生态工程学、生态艺术、环境伦理学等理论,大多都属绿色文化的范畴。

2. 可持续发展理论

可持续发展理论是20世纪70年代提出的。当时因工业革命出现资源短缺、环境恶化情况,人们迫切地寻求以经济发展、生态平衡和可持续发展为目标的经济发展理论,可持续发展理论应运而生。它放弃了只追求经济效益、忽视生态环境保护的经济发展模式,提倡资源型经济向技术型经济转变,从而实现资源、经济、社会、环境的统一,既可以使经济得到发展满足当代人的需要,也不影响和危害子孙后代。

可持续发展理论是一整套综合理论。主要包括三个方面:一是系统协调性原则。人口、资源、环境等要素是一个有机的整体,国家与地区之间相互依存。可持续发展战略可以协调处理其间的矛盾,使系统有序健康发展。二是发展的可持续性。旨在对发展过程中，降低其对环境的影响，不仅保持现阶段经济发展，还要对子孙后代负责。三是发展的公平性和合作性。可持续发展过程中要保证每个人每个国家的利益，要积极合作达到共赢。

3. 环境承载力理论

“环境承载力”这一概念是由“承载力”概念派生而来的，最早出现于19世纪。环境承载力也称为环境承受力或环境忍耐力。它是指某区域环境在一定时期、一定环境状态下支持人类社会和经济活动的能力的极限。因为环境系统的组成部分在数量上有一定的比例，在空间上有一定的分布规律，所以它支持人类活动的能力是有限的。当今存在的大多数环境问题都是人类活动和环境承载能力之间冲突的表现。当人类生活生产活动对环境的影响超过其能承受的最大限度时，即破坏了其内部平衡，表示人类对环境的作用力超过了环境承载能力，这时就会造成环境灾害影响人类生活。因此，人们用环境承载力作为衡量人类社会、经济和环境协调程度的尺度。

4. 全寿命周期理论

全寿命周期理论出现于20世纪60年代，最先用于美国军界对高科技武器的管理，20世纪70年代开始用于交通建设、国防建设等工程建设领域。全生命周期理论主要是指采用一系列的科技手段及管理方法，统筹规划决策、设计、施工、运营各个阶段，在确保规划合理、施工安全、运营可靠、工程优质的前提下，使工程项目建设在全生命周期保持最优。

5.2.2 基于文献研究方法的绿色铁路建造能力构成要素初步识别

依据绿色铁路建造能力相关理论，查询绿色铁路建造能力领域相关文献，采用文献研究方法初步识别绿色铁路建造能力的构成要素，见表5-1。

表5-1 绿色铁路建造能力构成要素初步识别

序号	文献名	构成要素
1	绿色金融与创新驱动发展的耦合机制研究	绿色金融资源支撑能力、绿色技术创新能力可持续发展战略制定能力、绿色创新决策能力
2	基于可持续发展的建筑企业绿色化研究	绿色企业文化传播能力、绿色品牌塑造能力、绿色管理制度设计能力、绿色技术开发能力、外部价值链协同能力
3	“双碳”目标背景下我国绿色建筑高质量发展对策研究	供需双侧统筹激励机制、绿色技术研发能力
4	当低碳发展主力军打绿色发展主动仗	前期：资源分析能力、绿色项目策划能力、绿色政策培训能力。 中期：绿色勘察设计管理能力、绿色施工和绿色监理服务能力。 后期：绿色运营能力、绿色高端设备制造及绿色智慧化管理能力
5	基于生命全周期的大型装备制造企业绿色竞争力评价研究	绿色设计能力、绿色原材料供应能力、绿色装备制造能力、绿色品牌形象塑造力、绿色技术创新能力
6	建筑业高质量发展绩效影响因素及其重要性研究	人才建设水平、技术创新能力、结构优化能力、管理创新能力、市场环境适应能力

续上表

序号	文献名	构成要素
7	诗意表达与绿色建造——浙江大学建筑设计研究院装配式建筑 B1 楼实践	基于总建筑师制的绿色策划能力、全专业协同的绿色设计能力、全过程信息化管理的绿色施工能力
8	建筑业"双碳"与绿色建造	顶层设计能力、技术体系和标准完善能力、碳排放管理能力、绿色化、工业化、信息化、集约化和产业化
9	以绿色建造引领和推动建筑业高质量发展	绿色建造总体规划能力、材料资源配置能力、总承包模式创新能力、绿色技术适用性研究能力
10	绿色金融改革创新对低碳企业可持续发展能力的影响研究	低碳技术创新能力、环境责任履行能力、企业营运能力、企业盈利能力、绿色金融资源支撑能力
11	企业全面绿色管理战略竞争能力研究	绿色战略制定能力、绿色价值链协同能力、绿色资源配置能力、绿色文化传播能力、绿色知识管理能力
12	绿色管理塑造企业绿色竞争优势	绿色资产能力、绿色创新成果转化能力、绿色文化传播能力、绿色知识管理能力
13	我国建筑业绿色发展的基础前提、能力结构与提升路径	绿色创新能力、资源利用能力、环境协调能力、信息化能力、人才培养能力、制度保障能力
14	建造的绿色化与绿色化的建造	建筑业互联网、数字化策划、工业化制造水平、智慧化管理能力、智能化工地建设水平、建筑废弃物处理能力、数字化支付能力
15	绿色建造理念下创新建筑施工管理研究	绿色建造理念、绿色建造管理能力、绿色建造技术创新能力、培育绿色人才能力
16	提升绿色建造水平加快实现低碳发展	绿色设计能力、建造方式转型变革能力、低碳排放能力、项目运维的循环利用能力
17	绿色建造目标与评价	施工组织管理能力、信息化和数字化技术应用能力、节材节能节水节地能力、人文关怀能力
18	建筑业企业绿色化表现影响因素及对策研究	绿色建造理念、绿色设施布局能力、绿色管理能力、绿色生产能力、绿色业务链管理能力、绿色建造保障能力
19	绿色建造能源减碳综合管理探讨	绿色建设模式创新能力、绿色集成技术创新应用能力、绿色能源管理能力
20	关于建筑企业践行新型建造方式的策略研究	绿色建造目标管理能力、智慧化技术手段应用能力、工业化绿色生产能力、绿色采购能力、绿色交付能力
21	影响绿色建造企业发展的人力资源问题及解决对策	绿色建造管理能力、绿色建造技术应用能力、企业内部对绿色建造的功能认知、对社会绿色发展的责任感、企业融资能力
22	绿色金融与创新驱动发展的耦合机制研究	绿色金融资源支撑能力、绿色技术创新能力、可持续发展战略制定能力、绿色创新决策能力
23	基于系统动力学的绿色建造企业生产力影响因素研究	绿色建造技术更新能力、绿色技术人才培养能力、新型绿色建造材料使用能力、按时支付能力
24	基于 ISM 的绿色建造产业链协同影响因素研究	绿色建造目标管理能力、绿色建造技术水平、绿色设计能力、绿色资源共享能力、绿色建造标准执行能力、绿色建造扶持政策
25	基于绿色建造的建筑废弃物全过程管理研究	绿色综合检测能力、节能标准执行能力、绿色建材应用能力、施工机械绿色化、绿色填埋循环利用能力、绿色技术投资、绿色施工制度管理水平、资源集约化管理水平
26	企业绿色能力提升对策研究	合理处理利用废弃物能力、绿色意识、绿色品牌形象塑造力
27	企业绿色技术创新能力评价研究	绿色技术创新投入能力、绿色技术创新研发能力、绿色技术创新支撑能力、绿色技术创新产出能力

通过深入辨析表5-1中相关研究给出的绿色铁路建造能力构成要素,将其进行归纳整理,初步筛选出18个绿色铁路建造能力构成要素,见表5-2。

表5-2 绿色铁路建造能力构成要素的初步筛选

序号	能力构成要素	表5-1中文献序号
1	绿色建造技术研发能力	2、5、6、22、27
2	绿色建造技术创新投入能力	20、25、27
3	绿色技术创新成果转化能力	12、25、27
4	绿色材料研发与应用能力	9
5	绿色装备研发与应用能力	3、5、14
6	绿色制度设计能力	2、5、6、25、24
7	绿色制度执行能力	8、25、20
8	绿色制度监管能力	4、13、25
9	绿色目标保障能力	11、20、22、24
10	绿色人才资源培养能力	6、13、15、23
11	绿色金融资源支持能力	1、10、12、22
12	绿色组织资源配置能力	11、17
13	绿色信息共享能力	7、8、17
14	绿色产业链协同能力	2、8、11
15	绿色建造领导力	15、18、26
16	绿色文化传播能力	2、11、12
17	绿色品牌形象塑造力	2、26
18	绿色知识管理能力	7、11、12、21

5.2.3 基于专家访谈法的构成要素修正

采用线上视频访谈与现场访谈相结合的方式,对绿色建造领域20位专家进行访谈,将铁路工程企业绿色建造能力构成要素进行合并、补充与删减,最终确定13个绿色铁路建造能力的构成要素,见表5-3。

表5-3 绿色铁路建造能力构成要素的修正

序号	能力构成要素	表5-1中文献序号
1	绿色建造技术研发能力	2、5、6、22、27
2	绿色建造技术创新投入能力	20、25、27
3	绿色技术创新成果转化能力	12、25、27
4	绿色制度设计能力	2、5、6、25、24
5	绿色制度执行能力	8、25、20
6	绿色制度监督能力	4、13、25
7	绿色人才资源培养能力	6、13、15、23

续上表

序　号	能力构成要素	表 5-1 中文献序号
8	绿色金融资源支持能力	1、10、12、22
9	绿色组织资源配置能力	11、17
10	绿色产业链协同能力	2、8、11
11	绿色建造领导力	15、18、26
12	绿色文化传播能力	2、11、12
13	绿色知识管理能力	7、11、12、21

5.3 绿色铁路建造能力构成要素维度划分

5.3.1 系统聚类分析方法

聚类是根据相似性规则将一群事物(抽象或具体的)划分为多个簇的方法。由聚类所产生的每一簇都是由相似数据对象构成,同一个簇中的数据对象彼此之间近似而被判定为一类并且与其他簇中的对象有较大差异。传统聚类算法主要包括基于划分、基于层次、基于网格、基于密度和基于模型五种。聚类分析根据分析方法可以分为快速聚类、分层聚类和两阶段聚类。

分层聚类,也称系统聚类,它是对相近程度最高的两类进行合并组成一个新类并不断重复此过程,直到所有个体都归为一类。此外,在聚类分析中,个体的差异通常用距离来表示,常见的有欧式距离、欧式距离平方和、夹角余弦距离等。

系统聚类分析方法的步骤:

(1)将每个对象归为一类,共得到 n 类,每类仅包含一个对象。类与类之间的距离就是它们所包含的对象之间的距离。

(2)找到最接近的两个类合并成一类,于是总的类数少了一个。

(3)重新计算新的类与所有旧类之间的距离。

(4)重复第 2 步和第 3 步,直到最后合并成一个类为止(此类包含了 n 个对象)。

5.3.2 问卷设计与数据收集

1. 问卷设计

问卷设计步骤包括设计问卷的具体内容、收集与选择量表、初步确定量表题项、设计问卷结构与形式,以及预调研完善修正量表。问卷结构包含三个部分:一是标题与说明,对调研目的、主要内容、调研对象范围,以及填写方式与信息保密性进行介绍;二是调研对象的基本情况,包括调研对象的职位、企业所在行业、企业规模、企业属性,以及是否与其他组织合作参与过起草标准;三是相关变量的题项,该部分是问卷的核心内容,包括调研对象对绿色技术研发与应用能力、绿色制度设计与执行能力、绿色资源配置与整合能力、绿色文化塑造与传播能力等方面所设题项的评价,详细可见附录二第二部分:绿色铁路建造能力构成要素。问卷的提问形式为第二部分采用选择式,第三部分采用打分方式,通过 Likert 5 点量表法(Likert 5-point scale)进行测量。问卷在发放之前,预请 10 名课题组内部人员进行填写并对问卷题项的可理解性进行评价,询问其本问卷是否存在表意不清或歧义语病并再次进行修改,以保证问卷质量。

2. 调研样本选择

调研样本选取具有铁路建造实践经验的管理者、项目技术人员和高校研究人员进行问卷调查。同时,调研还采用线上视频访谈与现场访谈相结合的专家访谈形式,请相关专家对绿色铁路建造能力构成要素进行合并、补充与删减。修正能力构成要素与维度的原则包括:能力构成维度是否全面合理、能力构成要素之间是否存在内涵上的交叉与重复、能力构成要素与其对应的能力构成维度内涵是否契合、能力构成要素是否能全面清晰地反映该能力构成维度的特点与实际情况等。

3. 数据收集

使用问卷星在 2022 年 10 月至 2023 年 1 月期间共发放问卷 256 份,回收问卷 256 份,其中有效问卷 236 份,回收率 92.19%,一些问卷由于填写时间过短或者量表题选项全部相同,被视为无效问卷。有效问卷为 236 份,对问卷调查所收集的个人基本信息进行汇总,见表 5-4。

表 5-4 调查对象基本信息

信息	类别	人数	百分比
单位类型	设计单位	42	17.80%
	施工单位	52	22.03%
	供应商	2	0.85%
	高校或科研单位	70	29.66%
	咨询单位	8	3.39%
	监理单位	16	6.78%
	政府职能部门	24	10.17%
	其他	22	9.32%
学历	大专及以下	28	11.86%
	本科	74	31.36%
	硕士	100	42.37%
	博士及以上	34	14.41%
工作年限	3 年以下	142	60.17%
	3~5 年	44	18.64%
	6~10 年	34	14.41%
	10 年以上	16	6.78%

续上表

信　息	类　别	人　数	百分比
任职情况	高层管理人员	14	5.93%
	中层管理人员	56	23.73%
	基层管理人员	50	21.19%
	现场技术人员	22	9.32%
	研发人员	24	10.17%
	普通职员	60	25.42%
	其他	10	4.24%

(1)受访者的单位类型主要是设计单位、施工单位和高校或科研单位,分别占比17.8%、22.03%和29.66%。

(2)受访者学历主要为本科和硕士,分别占比31.36%、42.37%。

(3)受访者从事绿色铁路建造领域相关工作的年限分布主要为3年以下和3~5年以上,3年以下占比60.17%,3~5年以上占比18.64%。

(4)受访者大多在公司担任基层管理人员、中层管理人员和普通职员,其中基层管理人员占比21.19%,中层管理人员占比23.73%,普通职员占比25.42%。

5.3.3 数据处理与计算

1. 维度划分

数据处理与计算采用统计软件SPSS(statistical product and service solutions)。利用SPSS26.0中的系统聚类方法,得出13个绿色铁路建造能力构成要素聚类谱系图,由谱系图得出13个绿色铁路建造能力构成要素的聚类组合情况,如图5-1所示。

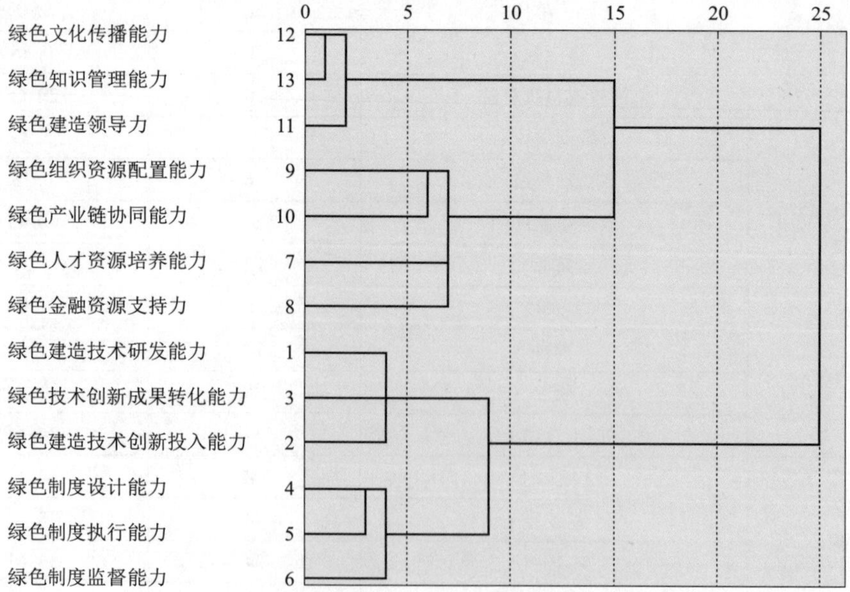

图5-1　绿色铁路建造能力维度划分谱系图

通过计算指标间的欧氏距离，并应用系统聚类算法，将绿色铁路建造能力构成要素归纳为几个较大的类群。这些类群表现出了各要素在绿色铁路建造能力维度中的相互关系和层次结构。距离尺度的刻度揭示了不同聚类之间的相异度，从而为进一步的分析提供了定量基础。根据各绿色铁路建造能力构成要素划分到的 4 个聚类中心，将 13 个绿色铁路建造能力构成要素划分为 4 个维度，见表 5-5 每个要素所归属的聚类中心。

表 5-5　绿色铁路建造能力划分维度

序　号	能力构成要素	聚类中心(维度)
1	绿色建造技术研发能力	1
2	绿色建造技术创新投入能力	1
3	绿色技术创新成果转化能力	1
4	绿色制度设计能力	2
5	绿色制度执行能力	2
6	绿色制度监督能力	2
7	绿色人才资源培养能力	3
8	绿色金融资源支持能力	3
9	绿色组织资源配置能力	3
10	绿色产业链协同能力	3
11	绿色建造领导力	4
12	绿色文化传播能力	4
13	绿色知识管理能力	4

2. 权重分析

为得到各绿色铁路建造能力构成维度的重要程度，首先根据调查对象对各绿色铁路建造能力构成要素的重要程度打分结果进行累计求和并归一化处理得到各能力构成要素的重要程度权重，再次分别将各个维度所包含的构成要素重要程度权重相加求和得到这四类绿色铁路建造能力构成维度的重要程度权重，通过以上步骤得出的结果，见表 5-6。

表 5-6　绿色铁路建造能力重要程度权重

<table>
<tr><th>能力构成维度</th><th>能力构成维度
重要程度权重</th><th>能力构成要素</th><th>能力构成要素
重要程度权重</th></tr>
<tr><td rowspan="3">1</td><td rowspan="3">0.212</td><td>绿色建造技术研发能力</td><td>0.081</td></tr>
<tr><td>绿色建造技术创新投入能力</td><td>0.069</td></tr>
<tr><td>绿色技术创新成果转化能力</td><td>0.062</td></tr>
<tr><td rowspan="3">2</td><td rowspan="3">0.172</td><td>绿色制度设计能力</td><td>0.059</td></tr>
<tr><td>绿色制度执行能力</td><td>0.061</td></tr>
<tr><td>绿色制度监督能力</td><td>0.052</td></tr>
</table>

续上表

能力构成维度	能力构成维度重要程度权重	能力构成要素	能力构成要素重要程度权重
3	0.209	绿色人才资源培养能力	0.050
		绿色金融资源支持能力	0.050
		绿色组织资源配置能力	0.056
		绿色产业链协同能力	0.053
4	0.407	绿色建造领导力	0.155
		绿色文化传播能力	0.124
		绿色知识管理能力	0.128

5.4 绿色铁路建造能力构成要素维度确定

根据上述13个绿色铁路建造能力构成要素归类到的聚类中心及“三全”模型内涵，从技术、制度、资源、文化四个方面来概括绿色铁路建造能力。确定了绿色技术研发与应用能力、绿色制度设计与执行能力、绿色资源配置与整合能力、绿色文化塑造与传播能力4个构成维度，绿色铁路建造能力构成维度及要素见表5-7。

表5-7 绿色铁路建造能力构成

能力构成维度	能力构成要素
绿色技术研发与应用能力	绿色建造技术研发能力
	绿色建造技术创新投入能力
	绿色技术创新成果转化能力
绿色制度设计与执行能力	绿色制度设计能力
	绿色制度执行能力
	绿色制度监督能力
绿色资源配置与整合能力	绿色人才资源培养能力
	绿色金融资源支持能力
	绿色组织资源配置能力
	绿色产业链协同能力
绿色文化塑造与传播能力	绿色建造领导力
	绿色文化传播能力
	绿色知识管理能力

5.4.1 绿色技术研发与应用能力

绿色技术研发与应用能力指铁路工程企业依靠绿色技术创新推动企业绿色建造活动开展的能力，是企业绿色技术实力、绿色材料实力和绿色装备实力的重要体现，通过绿色技术研发形成与众不同的技术、材料和装备,并加以应用,使之成为铁路工程企业保持长久竞争优势的关键。绿色技术研发与应用能力包括绿色建造技术研发能力、绿色建造技术创新投入能力、绿色技术创新成果转化能力。

1. 绿色建造技术创新投入能力

铁路工程企业绿色建造技术创新需要充盈的人力、物力和资金来保障。绿色建造技术创新投入能力直接关系到铁路工程企业绿色技术研发与应用能力的驱动力以及绿色建造技术研发的创新空间。

2. 绿色建造技术研发能力

任何新技术的研发与应用都始于技术的成功研发。铁路工程企业技术研发能力是绿色建造最核心的能力,直接影响其绿色技术研发水平。

3. 绿色技术创新成果转化能力

企业绿色技术创新成果转化能力是铁路工程企业将研发创新成果运用于工程实践的能力。绿色技术创新成果转化能力直接关系研发的新技术能否转化为现实生产力,从而产生各项效益。

5.4.2 绿色制度设计与执行能力

绿色制度设计与执行能力指铁路工程企业遵循绿色建造理念,设计、并落实一系列绿色制度的能力。绿色制度设计与执行能力包括绿色制度设计能力、绿色制度执行能力、绿色制度监督能力。

1. 绿色制度设计能力

解决铁路工程企业工程建造过程中的资源浪费、环境污染等问题,不仅仅依赖于绿色技术创新水平、还需要靠铁路工程企业对绿色制度进行系统设计,综合利用各种制度激发企业绿色建造的积极性。同时为贯彻国家新发展理念,构建新发展格局,各企业需要对本单位的制度进行及时更新和调整,更好地服务于绿色铁路建造。例如,铁路施工企业可将文明施工办法升级为绿色建造制度,使其范围更广,内容更丰富,为绿色建造创造良好的运行环境。

2. 绿色制度执行能力

制度的效力关键在于执行,绿色制度执行能力是铁路工程企业对于绿色制度的贯彻、落实的能力,表现为把体现绿色建造领导力的制度转化为思想和行动自觉,进而提升绿色建造水平的能力。不仅是执行企业内的绿色制度,各企业需要同时对国家和各级政府颁布的有关绿色制度、标准和规范等在本公司内部进行落实执行,从而更好地满足社会对绿色铁路建造的需求。

3. 绿色制度监督能力

为使绿色制度达到其预期效果,需要对绿色制度的执行过程进行监督,督促和管理。建立一套有效的监管秩序,体现的是实施绿色建造过程中从制度设计到制度执行的完整约束链条的监管力度和有效性,从而保障绿色铁路建造目标的顺利实现。

5.4.3 绿色资源配置与整合能力

资源配置与整合能力指铁路工程企业在绿色建造过程中,通过对内外部资源识别、整合、统筹及调配,实现资源最优配置,确保绿色建造顺利开展的能力。资源配置与整合能力由绿色组织资源配置能力、绿色人才资源培养能力、绿色金融资源支撑能力、绿色产业链协同能力等构成。

1. 绿色组织资源配置能力

企业所拥有战略性的绿色组织资源对企业而言是十分重要的,而这些资源能否在绿色建造过程中得到充分开发和利用,即企业对有限的组织资源最优化配置的能力是企业开展绿色建造的基础和组织保障。

2. 绿色人才资源培养能力

人是工程建造活动中最活跃、最核心的构成要素,通过绿色人才培养,实现对人才资源的规划、配置和开发,最大化人力潜力,提升人力资本,是企业资源配置与整合能力的重要内容。绿色人才资源培养能力体现铁路工程企业对内部绿色人才的规划与储备、人才岗位配置、人才考核与激励等激励与发挥的情况和效果。

3. 绿色金融资源支撑能力

绿色金融是为促进经济、资源与环境协调发展而开展的信贷、保险、证券等金融活动。绿色金融资源支撑能力是指铁路工程企业实施绿色建造过程中,通过影响企业融资决策和资源配置,建立绿色产业、项目优先通道,从而为绿色建造提供支撑作用的能力。

4. 绿色产业链协同能力

绿色产业链是在绿色建造技术研发、绿色策划、绿色设计、绿色材料、绿色施工等环节,形成稳定的上、中、下游企业间的信息协同、价值共享、风险分摊链条。顾名思义,绿色产业链协同能力是铁路工程企业同这些上、中、下游利益相关方间信息协同、价值共享、风险分担的能力。

5.4.4 绿色文化塑造与传播能力

绿色文化塑造与传播为绿色建造提供重要的精神支柱和动力源泉,是绿色建造的灵魂。绿色文化塑造与传播能力旨在形成被员工理解和信奉的绿色文化,并嵌入和渗透于绿色建造领导力、绿色文化传播、绿色知识管理等方面。

1. 绿色建造领导力

绿色建造领导力是指铁路工程企业领导者以绿色可持续发展为导向,推动建筑行业朝着环境友好、资源节约、生态平衡的方向发展的能力。领导者具备清晰的绿色建筑愿景，坚守绿色价值观，善于管理团队，具备创新精神，能够引领团队应对变革挑战，实现建筑项目的绿色可持续发展。

2. 绿色文化传播能力

绿色文化传播能力是指铁路工程企业为增强绿色文化软实力，通过开展讲座、员工培训等传播方式，有效地整合绿色文化、创新绿色文化、宣传绿色文化，不断扩大绿色文化影响力的能力。

3. 绿色知识管理能力

绿色知识管理能力是指铁路工程企业在绿色建造过程中及时记录和学习绿色建造理念、绿色施工工艺、绿色建造技术等各类绿色建造知识，并在工程建造过程中及时将绿色知识在企业内部共享、学习、创新的能力。通过绿色知识管理机制的建立，有利于促进绿色知识在绿色建造过程中的丰富和成果转化。

6　绿色铁路建造能力影响因素及其作用关系

为深入分析和把握绿色铁路建造能力影响因素及其作用关系,在解析绿色铁路建造能力内涵与构成的基础上,基于文献研究识别出绿色铁路建造能力形成的影响因素,通过专家访谈对影响因素进行筛选与修正,利用聚类分析法对影响因素进行分类,并采用系统研究方法 ISM-MICMAC(解释结构模型—交叉影响矩阵相乘法)交叉影响矩阵相乘法(ISM-MICMAC)对影响因素之间的关系进行梳理,为揭示绿色铁路建造能力形成机理提供理论依据。

6.1　绿色铁路建造能力影响因素识别

6.1.1　影响因素识别原则

绿色铁路建造能力影响因素众多,应采取科学的方法,客观、系统地进行识别。绿色铁路建造能力影响因素识别遵循以下原则。

1. 科学性原则

对于影响因素的识别应恪守严谨原则,要有科学依据,采取科学的方法进行分析和识别。识别出的影响因素应当清晰明确,能够体现其科学内涵,客观地反映出对绿色铁路建造的影响。

2. 统一性原则

当部分影响因素在不同研究中的表达不一致时,需对其进行统一的界定,避免对相同影响因素的重复识别和保留。在识别绿色铁路建造能力影响因素时应对相似性内容予以整合。

3. 代表性原则

识别影响因素时要充分考量其是否具有代表性,是否获得广泛认同。在整合影响因素时结合我国绿色铁路建设现状,选取代表性强的影响因素,并对其进行必要修正,使选取的影响因素能够准确反映问题。

4. 全面性原则

识别影响因素时要广泛阅读相关文献资料,搜集相关案例,同时要结合现状和问题,力求从多角度、全方位去选取影响因素。并利用专家意见进行补充,确保影响因素的全面性。

5. 层次性原则

当识别出的影响因素过多时,不利于对因素间的影响关系进行分析,需要划定各个影响因素所在层级,从而对影响因素进行整理,消除兼容的相似指标,避免因影响因素太多而导致分析结果模糊,关键性因素不突出等问题。

6.1.2 基于文献研究方法的影响因素初步识别

识别影响因素的方法有很多,如案例研究法、德尔菲法、文献研究法等,不同识别方法有不同的特点、适用性以及局限性。本研究采用文献研究方法对影响因素进行初步识别。

目前绿色铁路建造能力影响因素的研究成果不多,但其他行业绿色建造、企业绿色发展能力等方面的研究成果可供借鉴。通过中国知网、WOS、Elsevier/ScienceDirect数据库,选取2007年—2023年间发表的相关文献,进行文献梳理,见表6-1。

表6-1 绿色铁路建造能力影响因素相关文献

序号	文献名	影响因素
1	绿色建造发展现状及发展战略	员工绿色建造意识培训、绿色建造激励机制、绿色建造扶持政策、绿色建造标准体系引领、总承包模式创新、绿色建造综合技术创新
2	我国建筑业绿色发展的基础前提、能力结构与提升路径	复合创新人才建设、绿色技术、制度保障、绿色建设模式、绿色建造文化、绿色发展激励机制、绿色金融
3	建筑业高质量发展绩效影响因素及其重要性研究	人才建设、技术创新、风险管控、管理制度创新、文化引领、外部规制环境、企业家精神
4	建筑企业绿色化评价指标体系构建研究	产品绿色度、资源环境绩效、企业绿色化发展战略、企业绿色化组织管理机构、科技创新投入、绿色技术装备、绿色金融、绿色产业链、产学研联盟
5	绿色建造理念下创新建筑施工管理研究	绿色建造理念、绿色建造管理制度、绿色建造技术水平、绿色建造监管环境、绿色建造组织机构、绿色建造产业链发展状况、社会责任感
6	关于建筑企业践行新型建造方式的策略研究	建造方式创新、新型建造规制环境、全产业链融合的服务平台、数字化新技术与主营业务深度融合、绿色产业人才培育、产学研联盟
7	“双碳”目标背景下我国绿色建筑高质量发展对策研对策研究	推广力度、节能减排技术、建筑方的施工技术、投资方的资本运作技术、相关主体有效沟通、清晰的战略部署、科技创新投入意识、信息化水平、生产经营方式、完善的技术标准体系、健全的质量监管机制、绿色理念宣传、激励机制、技术创新、技术研发推广应用、绿色金融政策、全流程管控监管
8	“绿色建造”引领房建领域未来发展	政府的政策和资金支持、技术创新和应用、资源整合水平、企业绿色发展战略路径、设计理念创新、社会责任感、产学研合作
9	绿色建造目标与评价	企业绿色发展理念、建筑业生产模式变革、施工组织管理创新、绿色建造目标指标、绿色建造技术应用、外部管制环境、产学研联盟
10	基于系统动力学的绿色建造企业生产力影响因素研究	绿色建造技术更新能力、员工培训水平、新型绿色建造材料使用率、按时支付能力
11	建筑业高质量发展综合评价研究	创新驱动、开放程度、节能环保水平、综合效益、规模水平、人才培养
12	助力建筑业实现“双碳”目标推进绿色建筑正当其时	政策支持、宣传引导、技术创新力度、建造模式、组织管理方式

续上表

序号	文献名	影响因素
13	绿色建造产业链协同评价研究	目标管理、绿色施工技术水平、绿色建造标准要求、绿色建造扶持政策、绿色技术创新能力、绿色产业链协同能力、企业支付能力、企业综合治理能力
14	建筑企业实施绿色建造模式的外部驱动力与商业模式创新的关系研究——高管因果逻辑认知的中介效应检验	政策驱动力、企业社会关系网络、绿色建造产业链发展状况、技术与设备创新、管理层价值主张、绿色金融、合作关系创新、外部环境要求、企业规模
15	大型建筑企业绿色施工驱动力实证研究	政府管制环境、行业压力、竞争对手压力、消费者偏好、业主要求、法律法规、社会关系网络、业内大型企业主导力
16	影响绿色建造企业发展的人力资源问题及解决对策	企业层面:绿色建造经济效益、绿色发展战略、绿色价值取向、技术创新能力、发展绿色建造及相关技术的意愿、企业融资能力、企业规模。 政府层面:政府对于绿色建造的态度和重视程度、强制政策和鼓励政策、绿色技术应用和推广、政策机制的完善
17	基于ISM的绿色建造产业链协同影响因素研究	业主:绿色建造目标管控能力、综合管理能力、投资支付能力、信誉、规模。 设计单位:绿色设计目标管控能力、利益相关方协同程度。 承包商:绿色施工目标管控能力、绿色建造技术水平、沟通能力。 其他利益相关者:监理单位、供应商等的专业化程度。 其他:绿色建造效益、资源共享程度、绿色建造标准要求、绿色建造扶持政策、绿色技术创新价值
18	绿色建造过程中资源循环利用的影响因素及对策	业主:绿色意识、综合能力、治理结构、供应商管理、社会责任感。 设计单位:建筑技术水平、设计方案、业务能力、绿色理念。 承包商:绿色施工意识、项目管理水平、资源循环利用能力、建筑材料管理、资源循环利用效益、建筑垃圾综合处置成本与再生产品价值。 外部:协同机制、社会文化、外部制度
19	基于结构方程模型的绿色建筑产业发展要素研究	市场环境:绿色建筑认知程度、绿色建筑购买意愿、绿色建筑供给数量、市场接受价格差。 政府作用:法律法规、激励性政策、强制性政策、理念宣传、监管体系。 技术环境:技术先进性水平、技术产业化程度、技术研发投入、技术人才素质。 市场渗透程度:市场占有率、顾客满意度、顾客保持率、顾客获得率。 资源利用程度:设备利用率、能源利用率、员工满意度、员工工作绩效。 阶段成熟程度:产业规模、员工素质水平、知识交流范围
20	基于ISM-MICMAC的绿色建筑高质量发展研究——以沈阳市为例	绿色建筑运营机制、科技研发力度、建设单位开发积极性、绿色建筑企业文化、建设单位开发积极性、从业人员专业水平、科技成果转化能力、施工水平和运营水平、财税激励政策、绿色建筑宣传力度、行业监管机制、绿色建筑法律体系、财税激励政策、消费者购买能力、公众认知度、绿色建筑消费意愿、绿色建筑经济效益、评价标准体系、产业整合能力
21	科技型中小企业技术创新驱动因素作用机理	政府政策、制度因素、市场因素、企业文化、企业家精神、组织因素、技术创新投入、技术能力、技术创新能力、技术创新绩效
22	中国高专利密集度制造业技术创新绿色转型绩效及驱动因素研究	环境规制、企业规模要素、资本深化、市场竞争、技术引进配置结构、外资引进

对表 6-1 中所列影响因素进行梳理,合并意思一致或者比较相近的因素,剔除明显不合理的因素,整理出现频次较高且与研究主题相关度较高的因素,初步确定 29 个影响因素,见表 6-2。

表 6-2 基于文献研究方法的影响因素初步识别

序 号	影 响 因 素	表 6-1 中文献序号
1	绿色建造扶持政策	1、7、8、12、13、16、20
2	绿色建造技术标准	1、7、17、20
3	绿色建造规制环境	3、5、6、7、14、20
4	绿色铁路建造市场需求	19、20
5	绿色铁路市场渗透程度	19
6	铁路建造产业链完善状况	4、5、6、13、14
7	企业规模	11、14、16、17
8	组织架构及管理制度	4、5、9、12
9	企业社会关系网络	14、15、17、18
10	绿色发展战略	4、7、8、9、16
11	企业家精神	3、9、16、20
12	企业社会责任感	5、8、14、18
13	绿色发展形象	12、21
14	项目目标管理水平	9、17
15	项目风险管控水平	4、18
16	项目管理组织建设	4、5、9、12
17	项目关键主体的集成与协作	14、17、18
18	绿色资源配置模式	4、8、17、18
19	企业绿色融资水平	2、4、7、14、16
20	绿色知识管理水平	12、16
21	绿色技术研发投入	1、4、16
22	绿色技术创新水平	1、7、8、9、10、16、17、18
23	绿色建材和设备的应用程度	4、10、16、18
24	绿色技术引进配置	21
25	信息化技术水平	6、7
26	绿色建造人才队伍建设	2、3、6、10
27	人才绿色理念的培养	2、8
28	产学研联盟意愿与程度	4、6、8、9
29	与项目协作方交流紧密程度	14、17、18

6.1.3 基于专家访谈法的影响因素修正

在影响因素初步筛选的基础上,对绿色建造领域专家进行访谈,将铁路工程企业绿色建造能力影响因素进行合并、补充与删减,确定绿色建造能力的影响因素清单。主要考虑:影响因素间是否存在内涵交叉或语义重复、影响因素是否能全面清晰地反映该影响的内涵与实际情况等。影响因素修正意见梳理如下:

(1)增加"绿色制度完善程度"作为绿色铁路建造能力的影响因素,并将"项目目标管理水平"和"项目风险管控水平"删除。专家们认为企业原有的惯性模式和文化信仰,尽管效率低下或与长期目标不一致,却是熟悉、舒适、可预测结果的,这会导致企业内部的人通常更喜欢一成不变的常规和结构,并抵制改变它们的过程。因此,企业需要将绿色元素融入制度中去,让员工在价值观上达成共识,同时也要确保各项管理制度的全面落实,从而保障绿色建造的实施。因此,企业的绿色制度保障也是影响企业绿色铁路建造能力的重要因素,应补充进影响因素清单之中,但包含目标管理制度和风险控制制度,为避免重复将这两个因素删除。

(2)将"项目管理组织建设"和"组织架构及管理制度"合并为"绿色管理体系建设",将"企业社会关系网络""项目关键主体的集成与协作""产学研联盟意愿与程度""与项目协作方交流紧密程度""绿色建造技术标准""企业规模""绿色技术创新水平"删除。专家们认为"项目管理组织建设"和"组织架构及管理制度"本质上体现的都是企业内部管理绿色发展方面的管理模式、组织结构和规章制度;而"企业社会关系网络""项目关键主体的集成与协作""产学研联盟意愿与程度""与项目协作方交流紧密程度""铁路建造产业链完善状况"则都体现了企业在绿色铁路建造过程中与其他相关主体的整合协作,来实现内外部信息资源的有效流通。因此,只保留"铁路建造产业链完善状况";"绿色建造规制环境"包括了"绿色建造技术标准",建议删除"绿色建造技术标准";"企业规模"是一个比较笼统的因素可以通过"企业绿色融资水平"和"绿色技术研发投入"等来体现,建议删除;"绿色技术研发成果"可以体现出企业创新水平的高低与"绿色技术创新水平",且更容易量化,建议删除"绿色技术创新水平"。

(3)将"绿色发展战略"和"绿色发展形象"修改为"企业绿色发展战略"和"企业绿色发展形象"。因为企业是绿色铁路建造的主体,是一个包括员工个人和项目的整体,故应将几个影响因素名称中添加"企业"使主体更加明确。

在专家访谈的基础上,综合、梳理得到20个影响因素,见表6-3。

表6-3 绿色铁路建造能力影响因素清单

序号	影响因素 S_i	影响因素指标	表6-1中文献序号
1	S_1	绿色建造扶持政策	1、7、8、12、13、16、20
2	S_2	绿色建造规制环境	3、5、6、7、14、20
3	S_3	绿色铁路建造市场需求	19、20
4	S_4	绿色铁路市场渗透程度	19

续上表

序　　号	影响因素 S_i	影响因素指标	表 6-1 中文献序号
5	S_5	铁路建造产业链完善状况	4、5、6、13、14
6	S_6	企业社会责任感	5、8、14、18
7	S_7	企业家精神	3、9、16、20
8	S_8	企业绿色发展战略	4、7、8、9、16
9	S_9	企业绿色发展形象	12、21
10	S_{10}	绿色管理体系建设	4、5、9、12
11	S_{11}	绿色制度完善程度	4、7、9、17、18
12	S_{12}	绿色资源配置模式	4、8、17、18
13	S_{13}	企业绿色融资水平	2、4、7、14、16
14	S_{14}	绿色知识管理水平	12、16
15	S_{15}	绿色技术研发投入	1、4、7、16
16	S_{16}	绿色技术人才培养	2、3、6、7、8、10
17	S_{17}	绿色技术应用程度	4、16、18
18	S_{18}	绿色技术引进配置	21
19	S_{19}	绿色技术研发成果	1、7、8、9、10、16、17、18
20	S_{20}	绿色数智化程度	6、7

6.2 绿色铁路建造能力影响因素聚类分析

通过问卷调查和专家访谈形式收集影响因素相关数据，将上述 6.1 节中识别的 20 个影响因素进行聚类分析，并根据内涵与特点确定影响因素的类别归属。

6.2.1 问卷设计与数据收集

绿色铁路建造能力影响因素调查问卷与绿色铁路建造能力构成要素调查问卷所属一套问卷。因此，标题与说明和调研对象的基本情况一致，本节将不再赘述，绿色铁路建造能力影响因素调查问卷详细可见附录二第三部分：绿色铁路建造能力影响因素。

6.2.2 数据处理与计算

利用 SPSS26.0 中的系统聚类方法，使用平方欧氏距离区间，最终得出 20 个绿色铁路建造能力影响因素聚类谱系图（图 6-1）。根据 20 个绿色铁路建造能力影响因素的相似性，将这 20 个绿色建造能力影响因素进行划分与归类，初步确定了 4 个绿色铁路建造能力影响因素类别，由谱系图得出 20 个绿色建造能力影响因素的聚类组合情况见表 6-4。

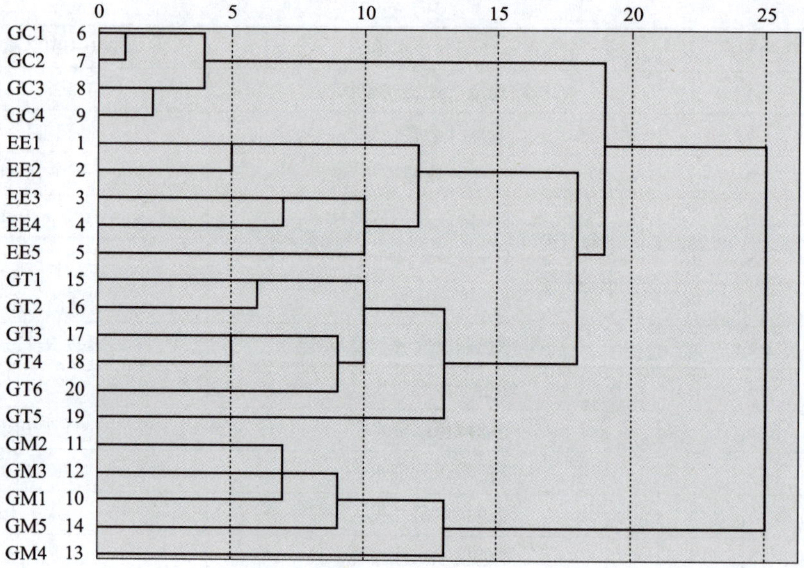

图 6-1 绿色铁路建造能力影响因素聚类谱系图

表 6-4 聚类成员

序 号	影响因素	聚类划分
1	绿色建造扶持政策	Ⅰ
2	绿色建造规制环境	
3	绿色铁路建造市场需求	
4	绿色铁路市场渗透程度	
5	铁路建造产业链完善状况	
6	企业社会责任感	Ⅱ
7	企业家精神	
8	企业绿色发展战略	
9	企业绿色发展形象	
10	绿色管理体系建设	Ⅲ
11	绿色制度完善程度	
12	绿色资源配置模式	
13	企业绿色融资水平	
14	绿色知识管理水平	
15	绿色技术研发投入	Ⅳ
16	绿色技术人才培养	
17	绿色技术应用程度	
18	绿色技术引进配置	
19	绿色技术研发成果	
20	绿色数智化程度	

6.2.3 绿色铁路建造能力影响因素类别确定

根据聚类分析得出绿色建造能力影响因素内涵的相似性,结合铁路工程企业绿色建造能力的特点,基于“三全”模型提供的理论框架,将上述 20 个绿色建造能力影响因素的所属类别确定为外部环境、企业绿色发展理念、企业绿色综合管理、企业绿色技术发展 4 个类别,见表 6-5。

表 6-5 绿色建造能力影响因素类别

影响因素类别	影响因素
外部环境	绿色建造扶持政策
	绿色建造规制环境
	绿色铁路建造市场需求
	绿色铁路市场渗透程度
	铁路建造产业链完善状况
企业绿色发展理念	企业社会责任感
	企业家精神
	企业绿色发展战略
	企业绿色发展形象
企业绿色综合管理	绿色管理体系建设
	绿色制度完善程度
	绿色资源配置模式
	企业绿色融资水平
	绿色知识管理水平
企业绿色技术发展	绿色技术研发投入
	绿色技术人才培养
	绿色技术应用程度
	绿色技术引进配置
	绿色技术研发成果
	绿色数智化程度

1. 外部环境

铁路工程企业绿色铁路建造能力随着铁路工程项目建造活动的开展而动态发展。绿色铁路建造活动顺应绿色发展趋势,在特定的外界环境与资源约束下开展,现阶段,绿色建造活动还不能自发依赖于市场机制,必须依靠外部规制环境的作用。政府通过完善绿色建造扶持政策和建设绿色建造规制环境来引导和推动铁路行业绿色建造;市场环境则通过加大绿色铁路建造市场需求、绿色铁路建造渗透程度和完善铁路建造产业链状况来改善。各影响因素内涵如下:

(1)绿色建造扶持政策

国家或各级政府在制定区域发展计划或规划纲要时,针对地区经济发展的实际情况,对绿色铁路建造项目采取重点倾斜、优先扶持的措施,鼓励绿色建造,促使企业提高绿色铁路建造积极性。

(2)绿色建造规制环境

政府为了促进绿色建筑发展,节约资源,推进生态文明建设,出台用于加强绿色铁路建造过程中的对于绿色建造目标的落实与监督管理的相关规制政策、相关规范、评价标准等。

(3)绿色铁路建造市场需求

市场对绿色铁路建造有需求且具备支付能力。市场需求是绿色铁路建造的驱动力,若绿色铁路建造有市场需求但不具备支付能力,将影响企业绿色发展的可持续性。

(4)绿色铁路市场渗透程度

绿色建造在铁路建造行业中的占比,以及发挥铁路行业优势和绿色技术优势,扩大市场占有率。

(5)铁路建造产业链完善状况

企业与绿色铁路建造产业链上其他利益相关者共同探索科技研发、咨询设计、施工、生产等环节的交流合作,使各环节彼此联系且形成企业间技术经济联系的链条。

2. 企业绿色发展理念

企业绿色发展理念是影响绿色铁路建造水平的先导因素,主要包括企业社会责任感、企业家绿色精神、企业绿色发展战略和企业绿色发展形象四个方面的内容。各影响因素内涵如下:

(1)企业社会责任感

企业在创造利润、对投资者和员工承担法律责任的同时,承担起对环境和社会的责任,积极在绿色铁路建造过程中保护环境、节能减排。

(2)企业家绿色精神

企业家绿色精神指在推动铁路工程绿色发展过程中,企业家所展现的创新精神、领导力以及奉献精神,是带领企业绿色发展的重要先导因素。

(3)企业绿色发展战略

企业绿色发展战略是企业以绿色观念为指导,沿着绿色化发展方向,在企业的各个方面、各个层次制定的行动方案,与企业的绿色铁路建造能力相互依存。

(4)企业绿色发展形象

企业在发展壮大过程中,注重经济发展与自然和谐共生。建立良好的绿色发展形象有利于企业赢得品牌和信誉,同时持续带来竞争优势。

3. 企业绿色综合管理

企业绿色综合管理是铁路工程企业实施绿色铁路建造过程中最为基础的能力,

取决于绿色管理体系建设、绿色制度完善程度、绿色资源配置模式、企业绿色融资水平绿色知识管理水平五个方面的内容。

(1)绿色管理体系建设

企业通过设置绿色铁路建造统一标准化的流程、制度体系、方法标准等,将组织层次与项目层次的流程规范、工作内容和组织文化等要素相结合,有效配置企业内部的有限资源,为工程项目的绿色铁路提供支持和帮助。

(2)绿色制度完善程度

企业建立规范员工行为和保障生产经营活动的制度体系。只有建立健全的绿色管理制度,才能使企业绿色建造理念在实践中得以贯彻。依据绿色建造目标和各项管理制度,从多个维度对规范企业生产经营行为与流程。同时也要确保各项管理制度的全面落实和执行到位,从而保障绿色建造的实施。

(3)绿色资源配置模式

企业结合各绿色建造项目的整体情况,在考虑项目优先级情况下,进行资源的集中采购和统一调配,以兼顾全局,从而有效降低项目成本、减少源头质量隐患、优化资源配置、提高资源的利用效率,提升企业绿色建造能力。

(4)企业绿色融资水平

企业融通资金的水平,为绿色铁路建造提供长期优质资本。长期优质资本将直接影响绿色铁路的建造水平与发展。

(5)绿色知识管理水平

企业利用现代化信息技术对企业绿色铁路建造知识资源进行开发、应用、创新,调动企业员工学习绿色铁路建造知识的潜能,使绿色铁路建造知识充分在企业内部进行扩散、流动,推动绿色建造的发展。

4. 企业绿色技术发展

企业绿色技术发展对推进铁路工程企业绿色建造技术创新,加速形成具有企业绿色建造特色的科技研发体系和核心技术体系,并提高企业绿色建造能力有重要影响,主要包括绿色技术研发投入、绿色技术人才培养、绿色技术应用程度、绿色技术引进配置、绿色技术研发成果、绿色数智化程度六个方面的内容。

(1)绿色技术研发投入

企业在绿色铁路建造过程中积极研究和创新,所投入的财力、物力以支撑绿色铁路建造技术研发,加大绿色铁路建造技术创新的研发投入,是企业绿色铁路建造过程中形成绿色技术研发创新能力的重要保障,决定了绿色技术研发与应用能力的驱动程度,并反映了绿色技术创新的发展空间。

(2)绿色技术人才培养

企业培育不仅拥有良好知识结构、专业能力,还具有尊重自然、注重环保理念的高素质绿色技术人才。在绿色铁路建造过程中,需要重视绿色技术人才的培养,优化绿色创新人才引进和选拔人才机制,实施有效的绿色技术创新人才的激励措施。只有培育出绿色技术人才,才能为绿色建造技术研发能力的快速提升打下坚实基础。

(3)绿色技术应用程度

企业在绿色铁路建造过程中推广应用"节能、减排、安全、便利和可循环"的绿色技术。推广应用绿色技术是引导行业绿色发展、加快企业绿色转型、推进开展绿色建造的必然趋势,是促进绿色技术创新成果转化的巨大推动力,是铁路工程企业提升绿色建造能力的重要内容。

(4)绿色技术引进配置

企业在绿色铁路建造技术引进之后,有相应装置和专业人员与其进行配置。绿色技术引进配置的完善,是推动绿色技术创新成果转化能力的重要前提。

(5)绿色技术研发成果

企业经过绿色铁路建造技术研发,投入各种有形及无形资源,最终使企业得到预期的研发成果,研发成果的数量与质量彰显着铁路工程企业绿色技术创新成果转化的能力,同时研发的绿色技术成果继续为绿色技术创新成果转化提供技术基础。

(6)绿色数智化程度

企业运用数字化技术和智能化设备不仅提高铁路绿色建造效率,而且为绿色建造技术研发能力的提升打造有利环境。通过设计、生产、运输、施工、装配、运维等全过程的数智化传递和共享,在绿色铁路建造过程中实现协同设计、协同生产、协同装配,提高建造精细化水平,避免"错漏碰缺",有效避免返工和资源浪费。

6.3 基于ISM-MICMAC的影响因素作用关系分析

通过解释结构模型(interpretive structural modeling,ISM)对影响因素进行层级划分,找出影响因素之间的层级关系及作用路径,并通过MICMAC分析20个影响因素的依赖度和驱动力,明确绿色铁路建造能力影响因素之间的作用关系。ISM-MICMAC与聚类分析的结合可更深入地揭示影响因素之间的作用关系以及影响因素对绿色铁路建造能力的作用路径。

6.3.1 基于ISM的影响因素层次关系分析

1. ISM研究方法概述

ISM模型是作为分析复杂的社会经济系统有关问题而开发的,其描述的是系统的结构形态,即描述系统各个组成部分之间以及它们与外界环境之间的关系。这里的关系,既包括因果关系、顺序关系,也包括联系关系、隶属关系、优劣对比关系等。

它只表示关系的有无，不涉及量的大小，因而比较简单直观。

与其他方法相比，解释结构模型可以直观展现因素间的相互影响关系，且管理者很容易理解。在定性分析的基础上，将定性分析与定量分析结合，基于邻接矩阵进行定量分析，其操作流程简单，计算简便。通过文献研究法、专家调查法，将各因素间模糊不清的关系，转化为清晰的层级关系，简单直观。对因素间影响关系进行分析，清楚表达各因素在系统中的位置。铁路工程企业绿色铁路建造能力可以看作是一个整体系统，而且各个影响因素间具有一定的相互影响关系。运用解释结构模型方法，把影响绿色铁路建造能力的各个方面的因素矩阵化，系统分析变量众多、关系复杂、结构不清晰的影响因素，可以快速厘清能力影响因素间的各种直接或间接关系。基于解释结构模型，构建绿色铁路建造能力链，厘清绿色铁路建造能力影响因素间的内部作用关系。ISM 把复杂的系统分解为若干子系统，利用专家的实践经验和知识，最终将系统构建成一个解释结构模型，应用 ISM 建模的基本步骤如图 6-2 所示。

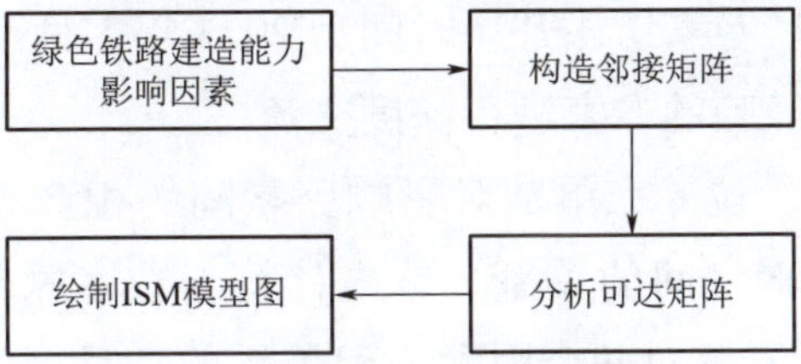

图 6-2　ISM 建模基本步骤

（1）组成 ISM 专家小组，对影响因素的两两之间的关联进行评判，构造邻接矩阵 $\boldsymbol{A}$。$\boldsymbol{A}=\{a_{ij}\}_{n\times n}$，其中关于 a_{ij} 的值为

$$a_{ij}=\begin{cases}0, & \text{影响因素 } i\text{，不影响影响因素 } j\\ 1, & \text{影响因素 } i\text{，影响影响因素 } j\end{cases}$$

（2）对构造的邻接矩阵运用布尔代数运算，获得可达矩阵 $\boldsymbol{M}$

运算法则：$0+0=0$；$0+1=1+0=1$；$1+1=1$；$0\times0=0$；$0\times1=0$；$1\times1=1$。计算公式：$(\boldsymbol{A}+\boldsymbol{I})$，$(\boldsymbol{A}+\boldsymbol{I})^2$，$(\boldsymbol{A}+\boldsymbol{I})^3$，…

当 $(\boldsymbol{A}+\boldsymbol{I})^{k-1}\neq(\boldsymbol{A}+\boldsymbol{I})^k=(\boldsymbol{A}+\boldsymbol{I})^{k+1}$，则可得到可达矩阵 $\boldsymbol{M}$，$\boldsymbol{M}=(\boldsymbol{A}+\boldsymbol{I})^k$，$\boldsymbol{I}$ 为单位矩阵。

（3）对可达矩阵 $\boldsymbol{M}$ 运用层级分解方法，获得各层级的要素

①确定可达集 $R(S_i)$、先行集 $A(S_i)$ 及其公共集 $C(S_i)$。可达集 $R(S_i)$ 表示可达矩阵 $\boldsymbol{M}$ 的第 i 行中数值 1 所对应列的要素；先行集 $A(S_i)$ 表示可达矩阵 $\boldsymbol{M}$ 的第 i 列中数值 1 所对应行的要素；公共集 $C(S_i)$ 表示可达集和先行集的交集，即 $C(S_i)=R(S_i)\cap A(S_i)$。

②层级分解。从一级开始，逐层确定各级因素，当 $R(S_i)=C(S_i)$ 时，则因素 S_i 为

第一级因素;然后,划去可达矩阵中第一级因素所在的行和列,继续确定第二级因素,方式与上面的相同;按照这种方法最终确定出所有层次的因素集合。

(4)根据上一步确定的各层次因素和它们之间的关系,绘制 ISM 模型图。

2. 构建邻接矩阵

根据 6.1 节归纳修正的 20 个绿色铁路建造能力影响因素指标,进一步分析其之间的层级关系,为下文基于结构方程模型构建绿色铁路建造能力形成机理模型做铺垫。运用 ISM 研究方法,用 $S_i(i=1,2,3,\cdots,K)$ 表示企业绿色铁路建造能力的影响因素,其中 S_1 为绿色建造扶持政策;S_2 为绿色建造规制环境;S_3 为绿色铁路建造市场需求;S_4 为绿色铁路市场渗透程度;S_5 为铁路建造产业链完善状况;其余详见表 6-3。识别因素之间的关系可以通过问卷调查或专家访谈获得,由于绿色铁路建造能力是较为抽象的概念,且影响因素之间的关系是一种较为主观的认识。因此,采取专家访谈获得结果会比通过问卷调查取得数据更加精确、客观,故采用专家访谈获取这些因素之间的相互影响关系。专家访谈开展时间为 2023 年 5 月至 2023 年 6 月,共邀请 5 在绿色铁路方面有丰富经验的专家进行深度交流。

(1)第一轮访谈:由 5 位专家单独对影响因素间的相互关系进行识别,根据专家调查的首轮结果确定因素之间的关系。首先计算 5 位专家对因素关系判断的平均值,平均值为 0 或 1 表示专家对两个因素之间关系的意见高度一致,0 和 1 之间的平均值表明专家们对这两个因素之间的关系存在分歧。

(2)第二轮访谈:为了在专家之间达成共识,未达成高度一致的两因素关系请 5 位专家再次判断。若仍存在 0 和 1 之间的结果,如果平均值等于 0.75,说明绝大多数专家认为 S_i 因素直接导致了 S_j 因素,则 $A(S_i,S_j)=1$,否则 $A(S_i,S_j)=0$。

(3)第三轮访谈:整理输出前两轮访谈的结果,邀请 5 位专家对访谈整理结果进行检验,专家们普遍较为认同判断结果,比较符合实际情况,能够作为绿色铁路建造能力影响因素间关系的最终判定结果。

根据专家小组讨论的结果,确定任意两个因素之间的相互直接作用关系,建立邻接矩阵,见表 6-6。

表 6-6　邻接矩阵

影响因素	S_1	S_2	S_3	S_4	S_5	S_6	S_7	S_8	S_9	S_{10}	S_{11}	S_{12}	S_{13}	S_{14}	S_{15}	S_{16}	S_{17}	S_{18}	S_{19}	S_{20}
S_1	0	0	1	0	0	0	0	1	0	0	0	0	0	0	1	1	0	0	0	0
S_2	0	0	0	0	0	0	0	1	0	0	0	0	0	0	0	0	1	0	0	0
S_3	0	0	0	0	0	0	0	1	0	0	0	0	0	0	0	0	0	0	0	0
S_4	0	0	0	0	0	0	0	1	0	0	0	0	0	0	0	0	0	0	0	0
S_5	0	0	0	0	0	0	0	1	0	0	0	0	0	0	0	0	0	1	1	0
S_6	0	0	0	0	0	0	1	0	0	0	0	0	0	0	0	0	0	0	0	0

续上表

影响因素	S_1	S_2	S_3	S_4	S_5	S_6	S_7	S_8	S_9	S_{10}	S_{11}	S_{12}	S_{13}	S_{14}	S_{15}	S_{16}	S_{17}	S_{18}	S_{19}	S_{20}
S_7	0	0	0	0	0	0	0	1	0	0	1	0	0	0	1	1	0	0	0	1
S_8	0	0	0	0	0	0	0	0	1	0	1	0	0	0	1	1	0	0	0	0
S_9	0	0	0	0	0	0	0	0	0	0	0	0	0	0	0	0	0	0	0	0
S_{10}	0	0	0	0	0	0	0	0	0	0	1	1	0	1	0	1	0	0	0	0
S_{11}	0	0	0	0	0	0	0	0	0	0	0	0	0	0	0	0	0	0	0	0
S_{12}	0	0	0	0	0	0	0	0	0	0	0	0	0	0	1	0	0	0	0	0
S_{13}	0	0	0	0	0	0	0	0	0	0	0	1	0	0	0	0	0	0	0	0
S_{14}	0	0	0	0	0	0	0	0	0	0	0	0	0	0	0	1	0	0	0	0
S_{15}	0	0	0	0	0	0	0	0	0	0	0	0	0	0	0	0	1	0	0	0
S_{16}	0	0	0	0	0	0	0	0	0	0	0	0	0	0	0	0	0	0	0	0
S_{17}	0	0	0	0	0	0	0	0	0	0	0	0	0	0	0	0	0	0	0	0
S_{18}	0	0	0	0	0	0	0	0	0	0	0	0	0	0	0	0	1	0	0	0
S_{19}	0	0	0	0	0	0	0	0	0	0	0	0	0	0	0	0	1	0	0	0
S_{20}	0	0	0	0	0	0	0	0	0	0	0	0	0	0	0	0	0	0	0	0

3. 分析可达矩阵

应用解释结构模型，基于布尔代数运算做矩阵 $\boldsymbol{A}+\boldsymbol{I}$ 的幂，得到 $(\boldsymbol{A}+\boldsymbol{I}) \neq (\boldsymbol{A}+\boldsymbol{I})^2 \neq \cdots \neq (\boldsymbol{A}+\boldsymbol{I})^r = (\boldsymbol{A}+\boldsymbol{I})^{r+1} = \boldsymbol{M}$，用 Matlab 即得可达矩阵，见表 6-7。

表 6-7　可达矩阵

影响因素	S_1	S_2	S_3	S_4	S_5	S_6	S_7	S_8	S_9	S_{10}	S_{11}	S_{12}	S_{13}	S_{14}	S_{15}	S_{16}	S_{17}	S_{18}	S_{19}	S_{20}
S_1	1	0	1	0	0	0	0	1	1	0	1	0	0	0	1	1	1	0	0	0
S_2	0	1	0	0	0	0	0	1	1	0	1	0	0	0	1	1	1	0	0	0
S_3	0	0	1	0	0	0	0	1	1	0	1	0	0	0	1	1	1	0	0	0
S_4	0	0	0	1	0	0	0	1	1	0	1	0	0	0	1	1	1	0	0	0
S_5	0	0	0	0	1	0	0	1	1	0	1	0	0	0	1	1	1	1	1	0
S_6	0	0	0	0	0	1	1	1	1	0	1	0	0	0	1	1	1	0	0	1
S_7	0	0	0	0	0	0	1	1	1	0	1	0	0	0	1	1	1	0	0	1
S_8	0	0	0	0	0	0	0	1	1	0	1	0	0	0	1	1	1	0	0	0
S_9	0	0	0	0	0	0	0	0	1	0	0	0	0	0	0	0	0	0	0	0
S_{10}	0	0	0	0	0	0	0	0	0	1	1	1	0	1	1	1	1	0	0	0
S_{11}	0	0	0	0	0	0	0	0	0	0	1	0	0	0	0	0	0	0	0	0
S_{12}	0	0	0	0	0	0	0	0	0	0	0	1	0	0	1	0	1	0	0	0
S_{13}	0	0	0	0	0	0	0	0	0	0	0	1	1	0	1	0	1	0	0	0
S_{14}	0	0	0	0	0	0	0	0	0	0	0	0	0	1	0	1	0	0	0	0
S_{15}	0	0	0	0	0	0	0	0	0	0	0	0	0	0	1	0	1	0	0	0
S_{16}	0	0	0	0	0	0	0	0	0	0	0	0	0	0	0	1	0	0	0	0
S_{17}	0	0	0	0	0	0	0	0	0	0	0	0	0	0	0	0	1	0	0	0
S_{18}	0	0	0	0	0	0	0	0	0	0	0	0	0	0	0	0	1	1	0	0
S_{19}	0	0	0	0	0	0	0	0	0	0	0	0	0	0	0	0	1	0	1	0
S_{20}	0	0	0	0	0	0	0	0	0	0	0	0	0	0	0	0	0	0	0	1

4. 层级关系划分

对可达矩阵 **M** 求可达集合 $R(S_i)=\{S_j \mid a_{ij}=1\}$（表示从影响因素 S_i 出发可以到达的全部影响因素的集合）和先行集合 $A(S_i)=\{S_j \mid a_{ji}=1\}$（表示可以达到影响因素 S_j 的全部影响因素集合）以及公共集合 $C(S_i)=R(S_i)\cap A(S_i)$，见表 6-8~表 6-12。

表 6-8　第一层影响因素

影响因素 S_i	可达集 $R(S_i)$	先行集 $Q(S_i)$	共同集 $C(S_i)$	终止集 $E(S_i)$
S_1	$(S_1,S_3,S_8,S_9,S_{11},S_{15},S_{16},S_{17})$	(S_1)	S_1	—
S_2	$(S_2,S_8,S_9,S_{11},S_{15},S_{16},S_{17})$	(S_2)	S_2	—
S_3	$(S_3,S_8,S_9,S_{11},S_{15},S_{16},S_{17})$	(S_1,S_3)	S_3	—
S_4	$(S_4,S_8,S_9,S_{11},S_{15},S_{16},S_{17})$	(S_4)	S_4	—
S_5	$(S_5,S_8,S_9,S_{11},S_{15},S_{16},S_{17},S_{18},S_{19})$	(S_5)	S_5	—
S_6	$(S_6,S_7,S_8,S_9,S_{11},S_{15},S_{16},S_{17},S_{20})$	(S_6)	S_6	—
S_7	$(S_7,S_8,S_9,S_{11},S_{15},S_{16},S_{17},S_{20})$	(S_6,S_7)	S_7	—
S_8	$(S_8,S_9,S_{11},S_{15},S_{16},S_{17})$	$(S_1,S_2,S_3,S_4,S_5,S_6,S_7,S_8)$	S_8	—
S_9	(S_9)	$(S_1,S_2,S_3,S_4,S_5,S_6,S_7,S_8,S_9)$	S_9	S_9
S_{10}	$(S_{10},S_{11},S_{12},S_{14},S_{15},S_{16},S_{17})$	(S_{10})	S_{10}	—
S_{11}	(S_{11})	$(S_1,S_2,S_3,S_4,S_5,S_6,S_7,S_8,S_{10},S_{11})$	S_{11}	S_{11}
S_{12}	(S_{12},S_{15},S_{17})	(S_{10},S_{12},S_{13})	S_{12}	—
S_{13}	$(S_{12},S_{13},S_{15},S_{17})$	(S_{13})	S_{13}	—
S_{14}	(S_{14},S_{16})	(S_{10},S_{14})	S_{14}	—
S_{15}	(S_{15},S_{17})	$(S_1,S_2,S_3,S_4,S_5,S_6,S_7,S_8,S_{10},S_{12},S_{13},S_{15})$	S_{15}	—
S_{16}	(S_{16})	$(S_1,S_2,S_3,S_4,S_5,S_6,S_7,S_8,S_{10},S_{14},S_{16})$	S_{16}	S_{16}
S_{17}	(S_{17})	$(S_1,S_2,S_3,S_4,S_5,S_6,S_7,S_8,S_{10},S_{12},S_{13},S_{15},S_{17},S_{18},S_{19})$	S_{17}	S_{17}
S_{18}	(S_{17},S_{18})	(S_5,S_{18})	S_{18}	—
S_{19}	(S_{17},S_{19})	(S_5,S_{19})	S_{19}	—
S_{20}	(S_{20})	(S_6,S_7,S_{20})	S_{20}	S_{20}
$L_1=\{S_9,S_{11},S_{16},S_{17},S_{20}\}$				

表 6-9　第二层影响因素

影响因素 S_i	可达集 $R(S_i)$	先行集 $Q(S_i)$	共同集 $C(S_i)$	终止集 $E(S_i)$
S_1	(S_1,S_3,S_8,S_{15})	(S_1)	S_1	—
S_2	(S_2,S_8,S_{15})	(S_2)	S_2	—
S_3	(S_3,S_8,S_{15})	(S_1,S_3)	S_3	—
S_4	(S_4,S_8,S_{15})	(S_4)	S_4	—
S_5	$(S_5,S_8,S_{15},S_{18},S_{19})$	(S_5)	S_5	—
S_6	(S_6,S_7,S_8,S_{15})	(S_6)	S_6	—

续上表

影响因素 S_i	可达集 $R(S_i)$	先行集 $Q(S_i)$	共同集 $C(S_i)$	终止集 $E(S_i)$
S_7	(S_7, S_8, S_{15})	(S_6, S_7)	S_7	—
S_8	(S_8, S_{15})	$(S_1, S_2, S_3, S_4, S_5, S_6, S_7, S_8)$	S_8	—
S_{10}	$(S_{10}, S_{12}, S_{14}, S_{15})$	(S_{10})	S_{10}	—
S_{12}	(S_{12}, S_{15})	(S_{10}, S_{12}, S_{13})	S_{12}	—
S_{13}	(S_{12}, S_{13}, S_{15})	(S_{13})	S_{13}	—
S_{14}	(S_{14})	(S_{10}, S_{14})	S_{14}	S_{14}
S_{15}	(S_{15})	$(S_1, S_2, S_3, S_4, S_5, S_6, S_7, S_8, S_{10}, S_{12}, S_{13}, S_{15})$	S_{15}	S_{15}
S_{18}	(S_{18})	(S_5, S_{18})	S_{18}	S_{18}
S_{19}	(S_{19})	(S_5, S_{19})	S_{19}	S_{19}
$L_2=\{S_{14}, S_{15}, S_{18}, S_{19}\}$				

表 6-10 第三层影响因素

影响因素 S_i	可达集 $R(S_i)$	先行集 $Q(S_i)$	共同集 $C(S_i)$	终止集 $E(S_i)$
S_1	(S_1, S_3, S_8)	(S_1)	S_1	—
S_2	(S_2, S_8)	(S_2)	S_2	—
S_3	(S_3, S_8)	(S_1, S_3)	S_3	—
S_4	(S_4, S_8)	(S_4)	S_4	—
S_5	(S_5, S_8)	(S_5)	S_5	—
S_6	(S_6, S_7, S_8)	(S_6)	S_6	—
S_7	(S_7, S_8)	(S_6, S_7)	S_7	—
S_8	(S_8)	$(S_1, S_2, S_3, S_4, S_5, S_6, S_7, S_8)$	S_8	S_8
S_{10}	(S_{10}, S_{12})	(S_{10})	S_{10}	—
S_{12}	(S_{12})	(S_{10}, S_{12}, S_{13})	S_{12}	S_{12}
S_{13}	(S_{12}, S_{13})	(S_{13})	S_{13}	—
$L_3=\{S_8, S_{12}\}$				

表 6-11 第四层影响因素

影响因素 S_i	可达集 $R(S_i)$	先行集 $Q(S_i)$	共同集 $C(S_i)$	终止集 $E(S_i)$
S_1	(S_1, S_3)	(S_1)	S_1	—
S_2	(S_2)	(S_2)	S_2	S_2
S_3	(S_3)	(S_1, S_3)	S_3	S_3
S_4	(S_4)	(S_1, S_3, S_4)	S_4	S_4
S_5	(S_5)	(S_5)	S_5	S_5
S_6	(S_6, S_7)	(S_6)	S_6	—
S_7	(S_7)	(S_6, S_7)	S_7	S_7

续上表

影响因素 S_i	可达集 $R(S_i)$	先行集 $Q(S_i)$	共同集 $C(S_i)$	终止集 $E(S_i)$
S_{10}	(S_{10})	(S_6, S_7, S_{10})	S_{10}	S_{10}
S_{13}	(S_{13})	(S_{13})	S_{13}	S_{13}
$L_4 = \{S_2, S_3, S_4, S_5, S_7, S_{10}, S_{13}\}$				

表 6-12 第五层影响因素

影响因素 S_i	可达集 $R(S_i)$	先行集 $Q(S_i)$	共同集 $C(S_i)$	终止集 $E(S_i)$
S_1	(S_1)	(S_1)	S_1	S_1
S_6	(S_6)	(S_6)	S_6	S_6
$L_5 = \{S_1, S_6\}$				

在第 n 次使用上述方法迭代得出的终止集,归为解释结构模型中的第 n 层,直到最后不再出现终止集则停止迭代。如表 6-8 为第一次迭代得到的元素,终止集为 S_9、S_{11}、S_{16}、S_{17}、S_{20},则该 5 个元素属于解释结构模型的第一层。通过上述得到的结果绘制解释结构模型,并根据邻接矩阵用箭头表示各因素之间的直接关系,如图 6-3 所示。

由图 6-3 显示的解释结构模型可知,20 个绿色铁路建造能力影响因素根据之间的影响关系被划分为 5 个层级,L_1 层的影响因素仅仅被其他因素影响但可直接影响所研究的对象,L_5 层的影响因素作为根源层对各层级影响因素产生影响,是绿色铁路建造能力追根溯源的因素,L_2 层、L_3 层和 L_4 层的影响因素既主动对上级影响因素发挥影响也受到下级影响因素的影响,各层级之间影响关系逐层传递,同时也会出现间隔层级之间因素的直接影响关系。因此,每层影响因素之间都存在联系,不会出现仅相邻两层级之间单独关联的情况。根据以上层级性质描述及各影响因素所处层级,分析得到各层级影响因素所属性质。

(1)处于 L_5 最底层的影响因素有 S_1 绿色建造扶持政策和 S_6 企业社会责任感,说明这两个影响因素可以直接或间接影响所有影响因素,同时也表明想要推动绿色铁路建造能力的提升,国家或各级政府对绿色铁路建造项目采取优先扶持的措施和企业积极承担对环境和社会的责任并采取实际行动是根本条件,因为只有在符合国家战略和具有行动意识的前提下才会积极主动地采取其他行动,如绿色建造扶持政策会推动绿色铁路建造市场的需求和加大绿色技术的研发投入,企业社会责任感会促进企业家精神。因此,这两个因素至关重要,需要对其着重研究。

(2)处于 L_1 最顶层的影响因素为 S_9 企业绿色发展形象、S_{11} 绿色制度完善程度、S_{16} 绿色技术人才培养、S_{17} 绿色技术应用程度、S_{20} 绿色数智化程度,这些影响因素都对绿色铁路建造能力有直接影响,下层因素的改变也会影响到这些因素。因此,这些因素的改变极易受到影响,如企业绿色发展形象是企业在发展过程中,建立企业经济发

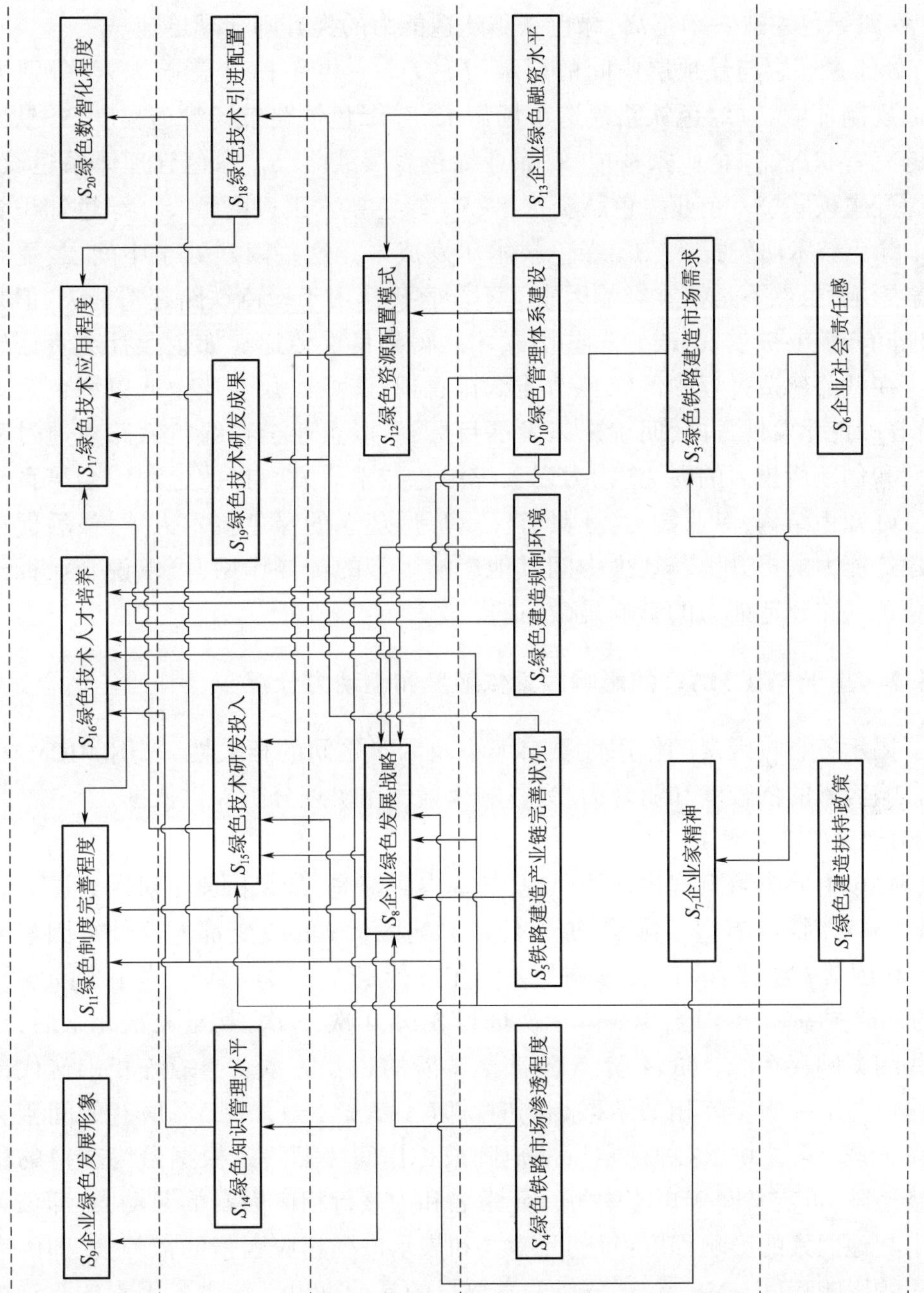

图 6-3 绿色铁路建造能力影响因素解释结构模型

展与自然和谐共生的发展形象,形象的完善就依赖于企业绿色发展战略的推动;绿色数智化程度是企业结合数字化技术和智能化设备提高铁路绿色建造效率的程度,绿色数智化程度的提高就需要企业具有绿色建造意识,同时企业建立的绿色发展形象越完善、铁路绿色建造效率越高,绿色铁路建造能力的提升则会越迅速。

(3)处于最底层与最顶层中间的层级($L_2 \sim L_4$)一共有13个影响因素,分别为S_2绿色建造规制环境、S_3绿色铁路建造市场需求、S_4绿色铁路市场渗透程度、S_5铁路建造产业链完善状况、S_7企业家精神、S_8企业绿色发展战略、S_{10}绿色管理体系建设、S_{12}绿色资源配置模式、S_{13}企业绿色融资水平、S_{18}绿色技术引进配置、S_{14}绿色知识管理水平、S_{15}绿色技术研发投入、S_{19}绿色技术研发成果。这些因素处于中间层,受到第五层因素影响,虽然不是根本影响因素又不能直接作用于绿色铁路建造能力,但是这些因素也同样需要被重视,改善这些因素才能得到良性传递。如企业社会责任感会促进企业在铁路建造过程中的绿色节能减排意识,该意识则会让企业以绿色观念为指导,沿着绿色化发展方向,明确未来发展目标,所以企业会在绿色铁路建造过程中加大研究和创新所投入的财力、物力以支撑绿色技术研发。在此过程中会培育出不仅拥有良好知识结构、专业能力,还具有注重环保理念的绿色技术人才,最后促进绿色铁路建造能力的提升。若缺少中间其他影响因素的传导作用,可以说企业社会责任感对绿色铁路建造能力的影响是微弱的。

6.3.2 基于MICMAC的影响因素依赖度和驱动力分析

为了揭示各影响因素的作用性质与大小及因素之间的相关性,采用MICMAC方法分析影响因素的依赖度和驱动力,为影响因素作用机理分析提供依据。

1. MICMAC研究方法

MICMAC主要应用矩阵相乘的原理,其基本思路是:如果因素i对因素k有直接影响,因素k对因素j有直接影响,那么任何影响因素i的改变都能反馈给因素j,使得因素i和因素j之间存在间接影响关系。在进行矩阵2次运算时,将得到元素i与元素j的二阶关系。同样地,当矩阵依次进行3次、4次、5次,甚至n次相乘后,可以找到某些因素间存在的3阶、4阶、5阶甚至n阶的相互关系。当矩阵相乘迭代出现下一次迭代与上一次矩阵相乘结果相同时,即$(\boldsymbol{A}+\boldsymbol{E})^{n-1}=(\boldsymbol{A}+\boldsymbol{E})^{n}$,所有的间接关系都反映在了该矩阵之中,这种稳定后的矩阵被称作间接矩阵。根据最终获得的稳定后的间接矩阵,可定义间接矩阵中每行元素之和为该行相应因素的驱动力,即该因素对系统中其他因素的影响程度;每列元素之和表示该列相应因素的依赖度,即因素受其他因素的影响程度。MICMAC分析的主要目的是计算出系统中各因素的驱动力和依赖性,实现对系统的分类和重点管理。

2. 基于改进的MICMAC方法的影响因素分析

通过ISM确定各影响因素的层级关系划分后,利用MICMAC方法来进一步对绿色铁路建造能力影响因素的依赖度和驱动力进行计算评价,各因素的依赖度和驱动力可通过上述可达矩阵 $\boldsymbol{M}$ 计算，每个因素对应列是“1”的和为该因素的依赖度，每个因素所对应行是“1”的和为该因素的驱动力。通常来说，依赖度的大小表示该因素的改变依赖于其他因素改变的程度，依赖度越大意味着越受制于其他因素，而驱动力的大小则表示该因素的改变可以帮助改变其他因素的程度，驱动力越大意味着可以帮助改变越多的其他因素。各影响因素按照依赖度和驱动力在象限图中可分为自治簇、依赖簇、联系簇和独立簇。其中，属于自治簇因素的驱动力和依赖度均较小，属于依赖簇因素的驱动力较小但依赖度较大，属于联系簇因素的驱动力和依赖度均较大，属于独立簇因素的驱动力较大但依赖度较小，但直接根据影响因素的依赖度和驱动力来判断属于哪一簇误差会较大。因此，在原有方法的基础上对 MICMAC 方法改进，设定驱动力/依赖度的比值为 λ，并根据 λ 大小划分不同区间。根据 λ 划分三个不同区间，划分区间的分界点取值分别根据 20 个影响因素的 λ 平均值和 λ 平均值的倒数来确定，三个区间的分界点取值分别为 $\lambda=3$ 和 $\lambda=1/3$。因此，区间分别为 $\lambda\geqslant3$、$1/3<\lambda<3$、$0<\lambda\leqslant1/3$。$\lambda\geqslant3$ 说明驱动力远大于依赖度，归为独立簇；$1/3<\lambda<3$ 说明驱动力与依赖度大小相近，归为自治簇；$0<\lambda\leqslant1/3$ 说明依赖度大于驱动力，归为依赖簇。同时，引入函数 $y=kx$ 在图 6-3 中划分区间，且 $k=$依赖度/驱动力$=1/\lambda$，所以划分函数为 $y=\frac{1}{3}x$ 和 $y=3x$。据绿色铁路建造能力影响因素驱动力、依赖度、λ 数值（表 6-13）绘制影响因素象限划分图，以划分函数 $y=\frac{1}{3}x$ 和 $y=3x$ 作为分界线如图 6-4 所示。

表 6-13 绿色铁路建造能力影响因素依赖度、驱动力、λ 数值

因　素	依赖度	驱动力	λ 数值	因　素	依赖度	驱动力	λ 数值
S_1	1	8	8	S_{11}	10	1	0.1
S_2	1	7	7	S_{12}	3	3	1
S_3	2	7	3.5	S_{13}	1	4	4
S_4	1	7	7	S_{14}	2	2	1
S_5	1	9	9	S_{15}	12	2	0.17
S_6	1	9	9	S_{16}	11	1	0.09
S_7	2	8	4	S_{17}	15	1	0.07
S_8	8	6	0.75	S_{18}	2	2	1
S_9	9	1	0.11	S_{19}	2	2	1
S_{10}	1	7	7	S_{20}	3	1	0.33

3. 影响因素性质分析

根据各影响因素依赖度—驱动力比值及其所属区间，对绿色铁路建造能力影响因素进行性质分析可得到以下结论：

（1）依赖簇的影响因素具有较高的依赖度和较低的驱动力，属于依赖簇的影响因素更多会受到其他因素的影响，而自身却无法对其他因素产生过多的影响，包括：S_9 绿色发展形象、S_{11} 绿色制度完善程度、S_{15} 绿色技术研发投入、S_{16} 绿色技术人才培养、S_{17} 绿色技术应用程度、S_{20} 绿色数智化程度。这些因素在解释结构模型中位于 L_1、L_2，主要

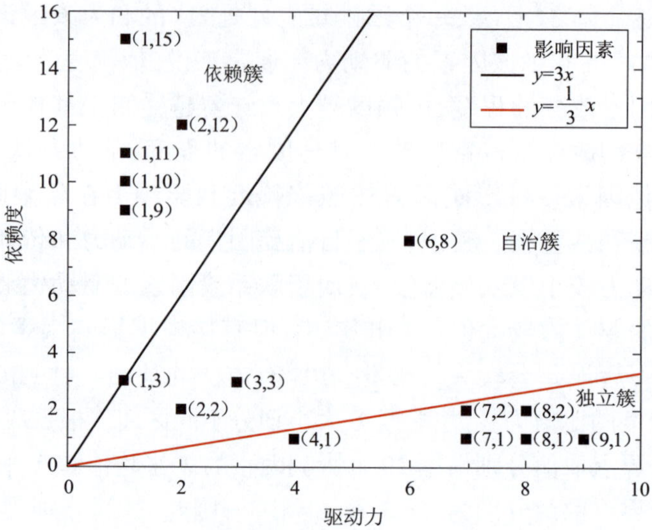

图 6-4 绿色铁路建造能力影响因素依赖度—驱动力分类

受到下层因素的影响。因此,这几个影响因素取决于其他因素,更容易被改变,正因此特质所以一般处于解释结构模型的前几层,可将依赖簇的因素定义为结果因素,通过调整自治簇和独立簇的影响因素来改变依赖簇的因素,从而达到绿色铁路建造能力的提升。

(2)自治簇影响因素的依赖度和驱动力有着相似水平,若依赖度很小与之相应的驱动力则会很小,反之依赖度很大与之相应的驱动力则会很大。因此,自治簇的因素可能会处于与其他因素关联度很弱或很强或适中的状态,属于自治簇的影响因素包括:S_8 企业绿色发展战略、S_{18} 绿色技术引进配置、S_{19} 绿色技术研发成果、S_{12} 绿色资源配置模式、S_{14} 绿色知识管理水平。这些因素位于解释结构模型中的 L_2、L_3,说明该簇因素既受到独立簇的影响又可影响依赖簇,有着承上启下的作用,可将自治簇的因素定义为传递因素。因此,该簇的因素应实时监控,防止该簇不能传递独立簇的影响同时抑制依赖簇对其他因素的正向影响。

(3)独立簇影响因素的驱动力远大于依赖度,属于独立簇的影响因素对其他因素的影响较大,自身则不会受到其他因素过多的影响,包括:S_1 绿色建造扶持政策、S_2 绿色建造规制环境、S_3 绿色铁路建造市场需求、S_4 绿色铁路市场渗透程度、S_5 铁路建造产业链完善状况、S_6 企业社会责任感、S_7 企业家精神、S_{10} 绿色管理体系建设、S_{13} 企业绿色融资水平。这些因素位于解释结构模型中的 L_4、L_5,可以影响上层所有因素,可将独立簇的因素定义为根源因素,当上层因素出现问题可从根源因素寻找原因,并对其进行调整干预,该类因素需要重点关注和加强管理。

根据上述将依赖簇、自治簇和独立簇的因素定义为结果因素、传递因素和根源因素,得到绿色铁路建造能力影响因素传递网络,如图 6-5 所示。

4. 依赖度—驱动力比值对层级关系的验证

对上述 MICMAC 分析得到的驱动力/依赖度的比值 λ,可通过选择排序算法思想对 ISM 的分级分层来进行验证。从可达矩阵中找出一个所包含因素的 λ 总和最小的影响

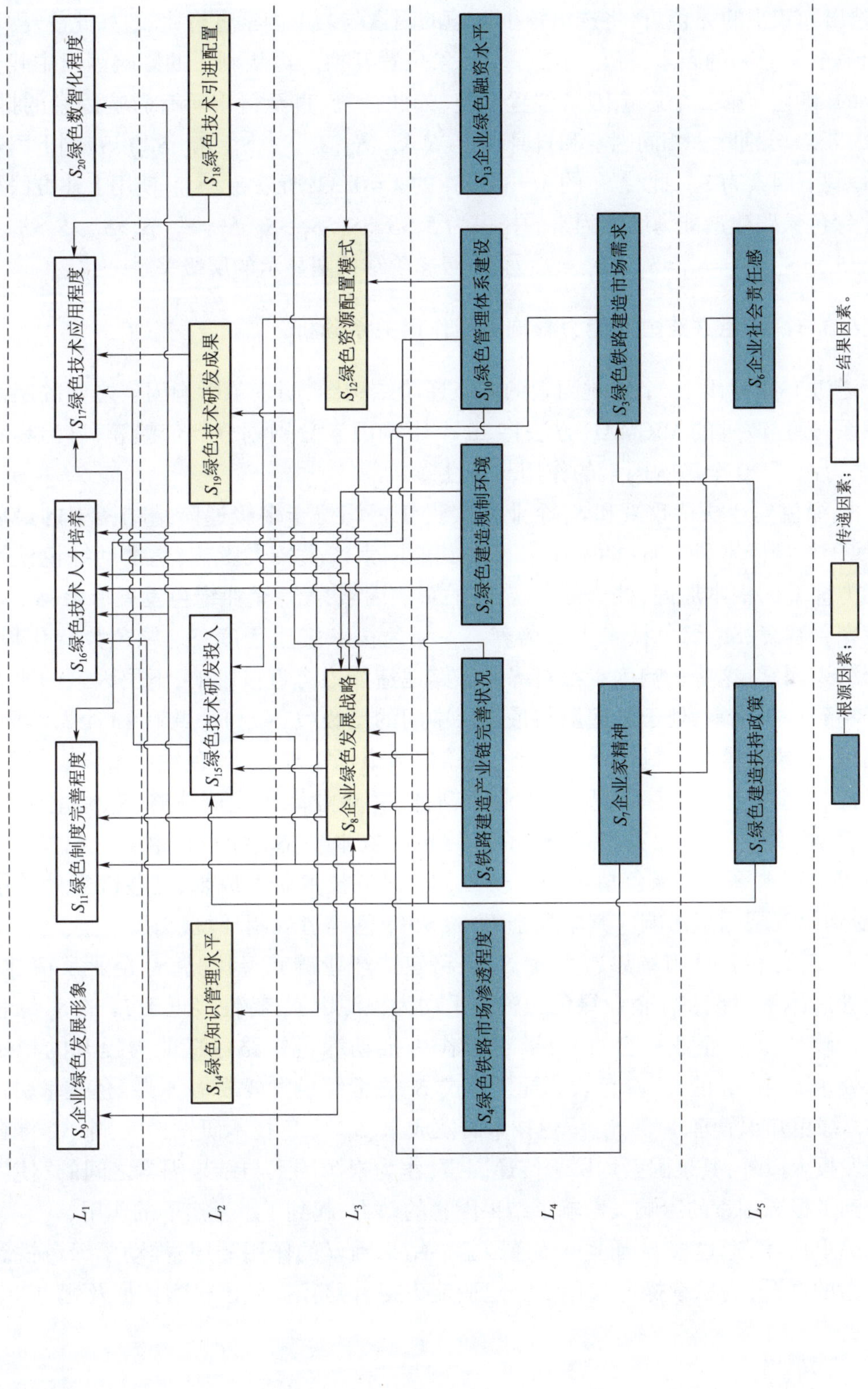

图 6-5 绿色铁路建造能力影响因素传递网络

因素，方法为：任意两个因素 S_i 和 S_j 所包含的因素相互比较，对 S_i 和 S_j 之间相同因素和自身因素不予考虑，分别对 S_i 和 S_j 剩下的不相同因素选出能够包含所有剩下因素影响的因素的几个因素，将 S_i 和 S_j 选出的几个因素的 λ 值分别相加并进行比较和的大小，选出和较小的 λ 值，再将选出较小 λ 值的因素与剩下因素进行比较，如此往复，直至得出最小 λ 总和的因素，将它与第一个元素位置互换。再从剩下的影响因素中找到 λ 最小的，将它与第二个影响因素位置互换，如此往复，直至得出所有影响因素的排序。如 S_1 与 S_7 分别除去相同因素和自身因素（S_1、S_7、S_8、S_9、S_{11}、S_{15}、S_{16}、S_{17}），S_1 剩下因素为 S_3，S_7 剩下因素为 S_{20}，此时 S_1 的 $\lambda=3.5$，S_7 的 $\lambda=0.33$；所以 $S_1>S_7$。使用上述方法得出 20 个绿色铁路建造能力影响因素的排序为 $S_6>S_1>S_5>S_{10}>S_7>S_3=S_2=S_4>S_{13}>S_8>S_{12}>S_{14}>S_{18}=S_{15}=S_{19}>S_9=S_{11}=S_{16}=S_{17}=S_{20}$，与多级递阶结构图显示的层级关系一致。

6.3.3 绿色铁路建造能力影响因素作用关系分析

通过 ISM 得出 20 个影响因素的多级递阶结构图，明确了影响因素之间的层级逻辑关系；通过改进的 MICMAC 方法将 20 个影响因素分别划分到依赖簇、自治簇和独立簇，得出了 20 个影响因素的作用与特性。

S_1 绿色建造扶持政策和 S_6 企业社会责任感均位于多级递阶结构图中的最后一层，属于根源因素，说明这两个因素可对其他因素产生较大影响，是推动绿色铁路建造能力提升的根本原因；处于最顶层 L_1 的影响因素为 S_9 企业绿色发展形象、S_{11} 绿色制度完善程度、S_{16} 绿色技术人才培养、S_{17} 绿色技术应用程度、S_{20} 绿色数智化程度，属于结果因素，这些影响因素都对绿色铁路建造能力有直接影响，下层因素的改变也会影响到这些因素；处于最底层与最顶层中间的层级（$L_2 \sim L_4$）一共有 13 个影响因素，分别为 S_2 绿色建造规制环境、S_3 绿色铁路建造市场需求、S_4 绿色铁路市场渗透程度、S_5 铁路建造产业链完善状况、S_7 企业家精神、S_8 企业绿色发展战略、S_{10} 绿色管理体系建设、S_{12} 绿色资源配置模式、S_{13} 企业绿色融资水平、S_{18} 绿色技术引进配置、S_{14} 绿色知识管理水平、S_{15} 绿色技术研发投入、S_{19} 绿色技术研发成果，这些因素处于中间层，受到第五层因素影响。其中处于 L_4 的 S_2 绿色建造规制环境、S_3 绿色铁路建造市场需求、S_4 绿色铁路市场渗透程度、S_5 铁路建造产业链完善状况、S_7 企业家精神、S_{10} 绿色管理体系建设、S_{13} 企业绿色融资水平均为根源因素，特性接近于 L_5 的 S_1 绿色建造扶持政策和 S_6 企业社会责任感，也可作为推动绿色铁路建造能力提升的根本原因。处于 L_2 和 L_3 的 S_{12} 绿色资源配置模式、S_8 企业绿色发展战略、S_{18} 绿色技术引进配置、S_{14} 绿色知识管理水平、S_{19} 绿色技术研发成果、S_{15} 绿色技术研发投入，除 S_{15} 绿色技术研发投入以外，其余因素均属于传递因素，作为根源因素与结果因素之间的“使者”，既受到了根源因素的影响又影响了结果因素的效力，起到了承上启下的作用。

综上所述，通过根源因素→传递因素→结果因素的作用顺序，推动了绿色铁路建造能力的提升，为后续探究绿色铁路建造能力提升路径提供了科学依据及靶点。

7　绿色铁路建造能力形成机理

为进一步探究绿色铁路建造能力形成机理,在铁路工程企业绿色建造能力构成及影响因素分析基础上提出研究假设,构建基于 SEM 的铁路工程企业绿色建造能力形成机理模型,通过问卷调查收集相关数据对模型进行拟合和检验,探究各因素之间的路径系数、因果关系以及整体模型的拟合度。通过分析模型路径系数解释各因素对绿色铁路建造能力的影响力度和方向,揭示绿色铁路建造能力形成机理,为不断提升绿色铁路建造能力提供科学依据和指导。

7.1　绿色铁路建造能力形成机理结构方程模型

7.1.1　结构方程模型

结构方程模型(structural equation model,SEM),又称潜变量模型或协方差结构模型。它是一种先根据理论文献或经验法则构建具有因果关系的假设模型图,继而通过采集变量数据来分析观测变量与潜变量、潜变量与潜变量之间的相互影响关系以及作用强弱程度,对所建立的理论模型进行证实性检验,即检验并试图缩小样本实际协方差和理论协方差之间差距的过程。部分学者将其总结为“三个二”,即两类变量——潜变量和观测变量;两条路径——潜变量之间的路径、潜变量与观测变量之间的路径;两个模型——测量模型和结构模型。

1. 变量

在很多社会科学领域研究中涉及的一些变量,如成就感、忠诚度、满意度等都无法直接进行观测和衡量,这种变量称为潜变量。潜变量又可分为外生潜变量和内生潜变量:外生潜变量指的是在模型中只影响其他变量而不受其他变量影响的变量,在路径图中表现为只有指出去的箭头,通常用 ξ 表示;内生潜变量是指在模型中受其他变量包括外生潜变量和内生潜变量影响的变量,在路径图中表现为有箭头指向的变量,通常用 η 表示。对于这些潜变量,可通过一些能够直接观测并测量的变量即观测变量或称为显变量来间接测量它们,通常外生潜变量 ξ 的观测变量用 X 表示,内生潜变量 η 的观测变量用 Y 表示。

2. 模型

(1)测量模型。测量模型是用于描述潜变量和观测变量间关系的模型,对应的方程称为测量方程。若潜变量被视作因子,则测量模型描述的是因子与指标之间的关系,因此其也被称为因子模型。测量模型表达式见式(7-1a)和式(7-1b)。

$$\boldsymbol{X}=\boldsymbol{\Lambda}_x\boldsymbol{\xi}+\boldsymbol{\delta} \tag{7-1a}$$

$$\boldsymbol{Y}=\boldsymbol{\Lambda}_y\boldsymbol{\eta}+\boldsymbol{\varepsilon} \tag{7-1b}$$

式中,$\boldsymbol{X}$ 为外生潜变量矩阵 $\boldsymbol{\xi}$ 的测量变量矩阵;$\boldsymbol{\Lambda}_x$ 为描述二者之间关系的测量系数矩阵;$\boldsymbol{Y}$ 为内生潜变量矩阵 $\boldsymbol{\eta}$ 的测量变量矩阵;$\boldsymbol{\Lambda}_y$ 为描述二者之间关系的测量系数矩阵;$\boldsymbol{\delta}$ 和 $\boldsymbol{\varepsilon}$ 为测量方程的残差矩阵。

(2)结构模型。结构模型反映的是潜变量与潜变量之间的因果关系,也称为因果模型,其对应的方程称为结构方程。模型表达式见式(7-2)。

$$\boldsymbol{\eta}=\boldsymbol{B}\boldsymbol{\eta}+\boldsymbol{\Gamma}\boldsymbol{\xi}+\boldsymbol{\zeta} \tag{7-2}$$

式中,$\boldsymbol{B}$ 为结构系数矩阵,表示结构模型中内生潜变量矩阵 $\boldsymbol{\eta}$ 的构成因素之间的互相影响;$\boldsymbol{\Gamma}$ 为结构系数矩阵,表示结构模型中外生潜变量矩阵 $\boldsymbol{\xi}$ 对内生潜变量矩阵 $\boldsymbol{\eta}$ 的影响;$\boldsymbol{\zeta}$ 为结构方程的残差矩阵。

3. 分析步骤

在运用 SEM 时需要遵循一定的步骤,具体如下:

(1)模型建立:根据相关理论基础和已有研究结论,建立所研究问题的初始理论模型,进行变量和参数设定,构建结构方程模型。

(2)模型识别:确保模型中的参数能够通过实际观测得到唯一解,使得该模型属于恰好识别模型或者过度识别模型。

(3)参数估计:对实际样本数据进行拟合检验,来求出相应参数,此时实际样本得出的协方差矩阵在最大程度上与模型接近。

(4)模型检验:对模型进行显著性检验、通过统计指标的具体数值来判断拟合度,判断所构建的模型是否与实际情况相匹配。

(5)模型修正:根据模型检验结果,对模型中的路径进行合适的删减或增加,以提高模型的拟合度,同时对于统计指标的限制范围进行适当调整,对模型进行优化。

(6)结果分析:根据修正后的模型图和计算得出的路径系数等内容,对各变量之间的因果关系及影响程度进行进一步分析,为实际问题的解决提供实证基础。

7.1.2 结构方程模型适用性分析

结构方程模型是现代统计学中的多元统计技术,能够处理不可直接测量的变量关系问题,直观地量化揭示多个变量间关系的紧密程度,具有广泛适用性。选择 SEM 模型,可以对绿色铁路建造能力影响因素之间的作用关系,以及因素对于绿色铁路建造能力的影响程度大小进行实证检验。通过设计调查量表回收实证样本数据,对数据进行处理分析,并进行模型拟合度检验和优化修正,可以得到最终的影响路径系数和因果作用图。

根据第 6 章所识别出的绿色铁路建造能力的影响因素清单可知，绿色铁路建造能力的形成是一个复杂的过程，受到多主体多因素多条件的影响，绿色铁路建造能力形成的影响因素研究也具有多元性、复杂性和多关联性，传统的统计方法在研究该问题时有着一定的限制性。同时，绿色铁路建造能力形成是一个与实践联系十分紧密的系统问题，实践过程中技术、环境等各种条件不断变化，都有可能会影响到绿色铁路建造能力的形成，而理论上为了便于研究，通常会对实际情况进行简化，主要考虑重要的影响因素，若仍利用传统统计方法，就会造成理论研究和实际情况之间存在较大的偏差。而结构方程模型能够很好地弥补这种偏差，因为其在模型构建过程中设置了测量误差，即将其他次要因素的影响作为误差考虑在内，能够更大程度上较为全面地反映出指标变量的实际意义，使得理论研究更接近实际情况，提高研究价值。此外，结构方程模型在最大限度模拟实际情况的同时，也能够通过对观测变量、内生变量等不同变量类型的分类，将抽象复杂的问题利用连接线将错综复杂的关系网简化成清楚、简明的逻辑结构实证模型，进而将影响因素之间、自变量与因变量之间的复杂关系问题研究转变为数理统计学中的作用路径关系研究，既能够直观表示相互影响作用关系，也能够量化影响强度，通过客观性的数据来更清晰地展示研究成果。

7.1.3 研究假设及概念模型

根据各变量的关系确定潜变量和观测变量，并结合相关参考文献对变量之间的关系进行分析，提出相应假设，构建结构方程理论模型。

1. 变量确定

第 6 章的研究中通过文献研究法和专家访谈法识别出绿色铁路建造能力的影响因素清单，并通过聚类分析将其划分为外部环境、企业绿色发展理念、企业绿色综合管理和企业绿色技术发展四个类别。要研究不同类别因素对绿色铁路建造能力的影响，应先将这四个类别设定为潜变量，然后将各类别下的影响因素作为其观测变量。还应将绿色铁路建造能力的 4 个构成维度，即绿色技术研发与应用能力、绿色制度设计与执行能力、绿色资源配置与整合能力、绿色文化塑造与传播能力，作为潜变量，并将各维度下的能力要素作为其观测变量。结构方程模型的变量设定见表 7-1。

表 7-1 变量设定

潜变量	观测变量
外部环境（EE）	绿色建造扶持政策（EE1）、绿色建造规制环境（EE2）、绿色铁路建造市场需求（EE3）、绿色铁路市场渗透程度（EE4）、铁路建造产业链完善状况（EE5）
企业绿色发展理念（GC）	企业社会责任感（GC1）、企业家绿色精神（GC2）、企业绿色发展战略（GC3）、企业绿色发展形象（GC4）

续上表

潜变量	观测变量
企业绿色综合管理(GM)	绿色管理体系建设(GM1)、绿色制度完善程度(GM2)、绿色资源配置模式(GM3)、企业绿色融资水平(GM4)、绿色知识管理水平(GM5)
企业绿色技术发展(GT)	绿色技术研发投入(GT1)、绿色技术人才培养(GT2)、绿色技术应用程度(GT3)、绿色技术引进配置(GT4)、绿色技术研发成果(GT5)、绿色数智化程度(GT6)
绿色技术研发与应用能力(GTC)	绿色建造技术创新投入能力(GTC1)、绿色建造技术研发能力(GTC2)、绿色技术创新成果转化能力(GTC3)
绿色制度设计与执行能力(GSC)	绿色制度设计能力(GSC1)、绿色制度执行能力(GSC2)、绿色制度监督能力(GSC3)
绿色资源配置与整合能力(GRC)	绿色人才资源培养能力(GRC1)、绿色金融资源支撑能力(GRC2)、绿色组织资源配置能力(GRC3)、绿色产业链协同能力(GRC4)
绿色文化塑造与传播能力(GCC)	绿色建造领导力(GCC1)、绿色文化传播能力(GCC2)、绿色知识管理能力(GCC3)

2. 模型假设

在确定结构方程模型变量的基础上,进一步分析绿色铁路建造能力与其影响因素之间的关系,从而构建关于绿色铁路建造能力的假设模型。

(1)外部环境(EE)与绿色建造能力的关系

外部环境(EE)是激励企业实施绿色建造的长效激励机制。通过出台绿色建造相关扶持政策、规范绿色建造管制环境、刺激绿色铁路建造市场需求、提高绿色铁路市场渗透程度、促进铁路建造产业链完善发展等优化外部环境的措施,有助于提升企业实施绿色建造的积极性,从而使企业主动增强其绿色发展理念、提高绿色综合管理水平并积极推动绿色技术发展,不断提升市场竞争力。故提出以下三条研究假设:

H1:外部环境(EE)对企业绿色发展理念(GC)具有显著正向影响。

H2:外部环境(EE)对企业绿色综合管理(GC)具有显著正向影响。

H3:外部环境(EE)对企业绿色技术发展(GT)具有显著正向影响。

(2)企业绿色发展理念(GC)与绿色建造能力的关系

铁路工程企业通过增强绿色发展理念,从而为企业谋求高质量、可持续发展之路。绿色建造过程包括绿色策划阶段、绿色采购、绿色设计阶段、绿色施工阶段等,铁路工程企业作为主要的参与主体,其企业社会责任感、企业家绿色精神、企业绿色发展战略和企业绿色发展形象,对绿色铁路建造有着指导性、发展性和计划性的作用,对企业培育绿色铁路建造能力具有潜移默化的影响。因此,提出以下研究假设:

H4:企业绿色发展理念(GC)对绿色技术研发与应用能力(GTC)的形成具有显著正向影响。

H5:企业绿色发展理念(GC)对绿色制度设计与执行能力(GSC)的形成具有显著

正向影响。

H6:企业绿色发展理念(GC)对绿色资源配置与整合能力(GRC)的形成具有显著正向影响。

H7:企业绿色发展理念(GC)对绿色文化塑造与传播能力(GCC)的形成具有显著正向影响。

(3)企业绿色综合管理(GM)与绿色建造能力的关系

企业绿色综合管理是支撑企业绿色发展的重要基础。目前,虽然政府已经出台了一系列政策来支持建筑行业发展绿色建造技术,但在实践过程中绿色建造的普及程度依旧较低。对于许多企业来说,绿色业务发展与企业实力和管理水平有关。绿色铁路企业在实施绿色建造过程中其绿色管理体系建设、绿色制度完善程度、绿色资源配置模式、企业绿色融资水平、绿色知识管理水平等都会影响绿色目标实现、绿色知识的扩散和流动以及解决和抵御工程建设风险的能力。因此,提出以下研究假设:

H8:企业绿色综合管理(GM)对绿色技术研发与应用能力(GTC)的形成具有显著正向影响。

H9:企业绿色综合管理(GM)对绿色制度设计与执行能力(GSC)的形成具有显著正向影响。

H10:企业绿色综合管理(GM)对绿色资源配置与整合能力(GRC)的形成具有显著正向影响。

H11:企业绿色综合管理(GM)对绿色文化塑造与传播能力(GCC)的形成具有显著正向影响。

(4)企业绿色技术发展(GT)与绿色建造能力的关系

技术研发能力是影响铁路工程企业绿色建造能力的关键因素。对于铁路工程企业来说,充分融合绿色建造技术与现代化信息技术,能够促进建筑全生命期的建造综合技术的协同创新。通过加大对绿色技术的研发投入、绿色技术人才培养、绿色技术应用程度、绿色技术引进配置、绿色技术研发成果、绿色数智化程度,有利于为铁路工程企业绿色建造过程提供强有力的技术、装备、人才等支撑,从而提高绿色发展水平和绿色建造成效。因此,提出以下研究假设:

H12:企业绿色技术发展(GT)对绿色技术研发与应用能力(GTC)的形成具有显著正向影响。

H13:企业绿色技术发展(GT)对绿色制度设计与执行能力(GSC)的形成具有显著正向影响。

H14:企业绿色技术发展(GT)对绿色资源配置与整合能力(GRC)的形成具有显著正向影响。

H15:企业绿色技术发展(GT)对绿色文化塑造与传播能力(GCC)的形成具有显

著正向影响。

研究假设汇总见表 7-2。

表 7-2 研究假设汇总

假设序号	研究假设
假设 1	外部环境对企业绿色发展理念(GC)具有显著正向影响
假设 2	外部环境对企业绿色综合管理(GM)具有显著正向影响
假设 3	外部环境对企业绿色技术发展(GT)具有显著正向影响
假设 4	企业绿色发展理念(GC)对绿色技术研发与应用能力(GTC)的形成具有显著正向影响
假设 5	企业绿色发展理念(GC)对绿色制度设计与执行能力(GSC)的形成具有显著正向影响
假设 6	企业绿色发展理念(GC)对绿色资源配置与整合能力(GRC)的形成具有显著正向影响
假设 7	企业绿色发展理念(GC)对绿色文化塑造与传播能力(GCC)的形成具有显著正向影响
假设 8	企业绿色综合管理(GM)对绿色技术研发与应用能力(GTC)的形成具有显著正向影响
假设 9	企业绿色综合管理(GM)对绿色制度设计与执行能力(GSC)的形成具有显著正向影响
假设 10	企业绿色综合管理(GM)对绿色资源配置与整合能力(GRC)的形成具有显著正向影响
假设 11	企业绿色综合管理(GM)对绿色文化塑造与传播能力(GCC)的形成具有显著正向影响
假设 12	企业绿色技术发展(GT)对绿色技术研发与应用能力(GTC)的形成具有显著正向影响
假设 13	企业绿色技术发展(GT)对绿色制度设计与执行能力(GSC)的形成具有显著正向影响
假设 14	企业绿色技术发展(GT)对绿色资源配置与整合能力(GRC)的形成具有显著正向影响
假设 15	企业绿色技术发展(GT)对绿色文化塑造与传播能力(GCC)的形成具有显著正向影响

3. 构建结构方程模型

在现有文献研究成果的基础上,结合对绿色铁路建造能力的内涵阐述,根据第 5 章识别的绿色铁路建造能力要素和第 6 章确定的影响因素清单以及聚类分析结果,利用结构方程理论,构建绿色铁路建造能力的结构方程理论模型。

基于潜变量与观测变量的关系构建测量模型。将第 5 章确定的绿色铁路建造能力构成要素作为绿色技术研发与应用能力(GTC)、绿色制度设计与执行能力(GSC)、绿色资源配置与整合能力(GRC)、绿色文化塑造与传播能力(GCC)这 4 个潜变量的观测变量,将第 6 章确定的绿色建造能力影响因素清单作为外部环境(EE)、企业绿色发展理念(GC)、企业绿色综合管理(GM)和企业绿色技术发展(GT)这 4 个潜变量的观测变量,利用 Amos28.0 软件绘制铁路工程企业绿色铁路建造能力影响因素的测量模型,如图 7-1 所示。其中,e1~e33 代表测量误差(error/residual),也称之为残差,代表了该观测变量中未被潜变量解释的部分。测量误差项的估计可以帮助研究者了解每个观测变量对潜变量的测量精度,以及潜变量构建的有效性。

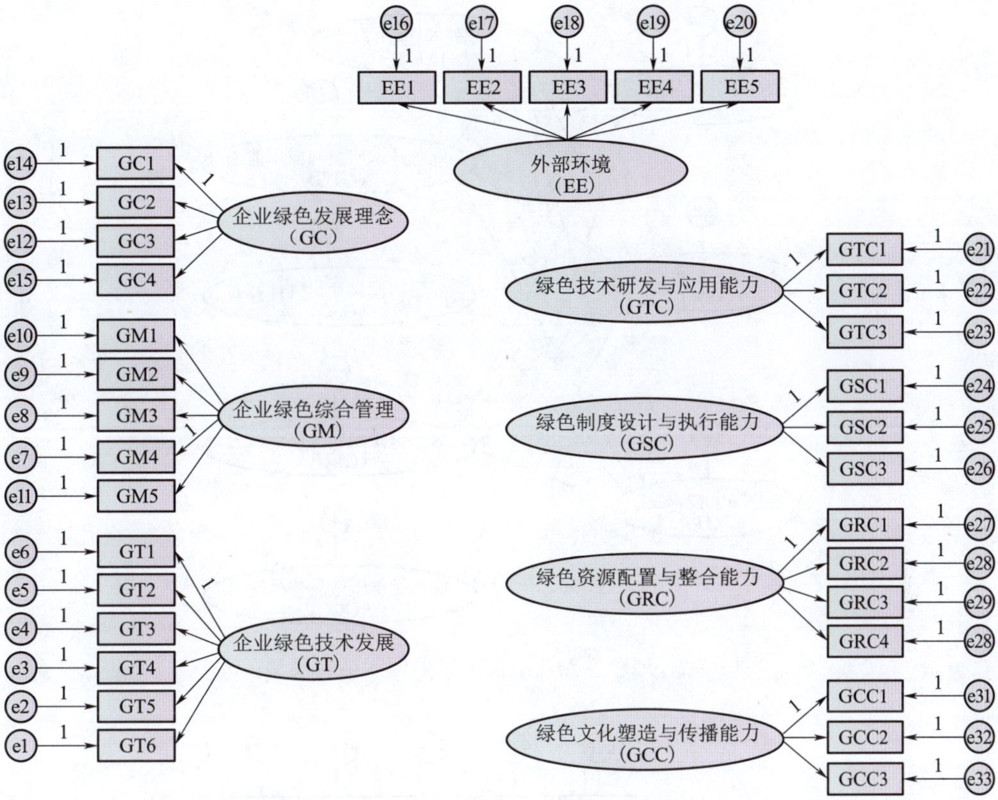

图 7-1　绿色铁路建造能力影响因素测量模型

基于不同潜变量间的关系建立结构模型。以现有文献研究成果和聚类分析结果为绿色铁路建造能力影响因素识别和分类的依据,并进一步提出研究假设分析潜变量间的路径关系。基于此,将绿色技术研发与应用能力(GTC)、绿色制度设计与执行能力(GSC)、绿色资源配置与整合能力(GRC)、绿色文化塑造与传播能力(GCC),以及影响绿色铁路建造能力的其中三个类别即企业绿色发展理念(GC)、企业绿色综合管理(GM)和企业绿色技术发展(GT)设定为内生潜变量,将外部环境(EE)设定为外生潜变量,构建了影响因素结构模型,如图 7-2 所示。

在测量模型和结构模型两个模型的基础上,初步构建出绿色铁路建造能力的结构方程理论模型,如图 7-3 所示。其中,e34~e40 表示内生潜变量之间的测量误差。

4. 结构方程模型识别

在初步构建模型后以及进行模型拟合前需要检验模型是否可识别,即识别研究中要估计的每一个未知参数是否都可以具有唯一解,一般根据测量数据点数(numbers of data points,N_{DP})与待估计的自由参数(free parameters)数目(t)之间的关系,即采用 t 法则(t-rule)来判别模型是否具有识别性。

数据点数公式为 $N_{DP}=(p+q)(p+q+1)/2$,其中 p 表示外生潜变量测量变量的个

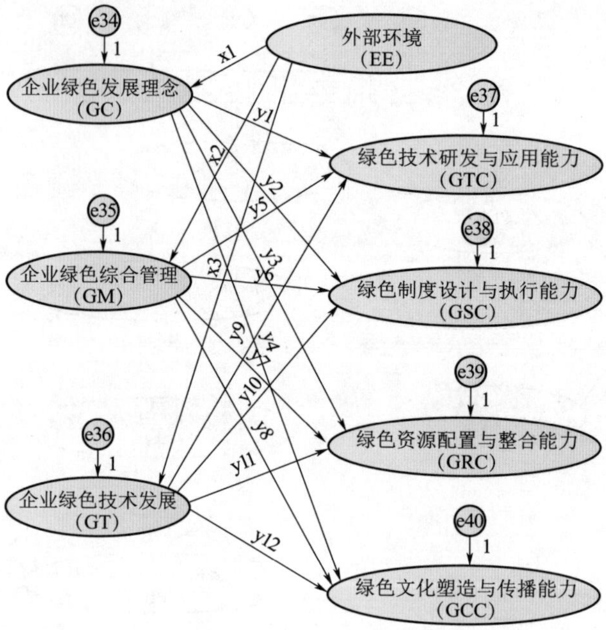

图 7-2 绿色铁路建造能力影响因素结构模型

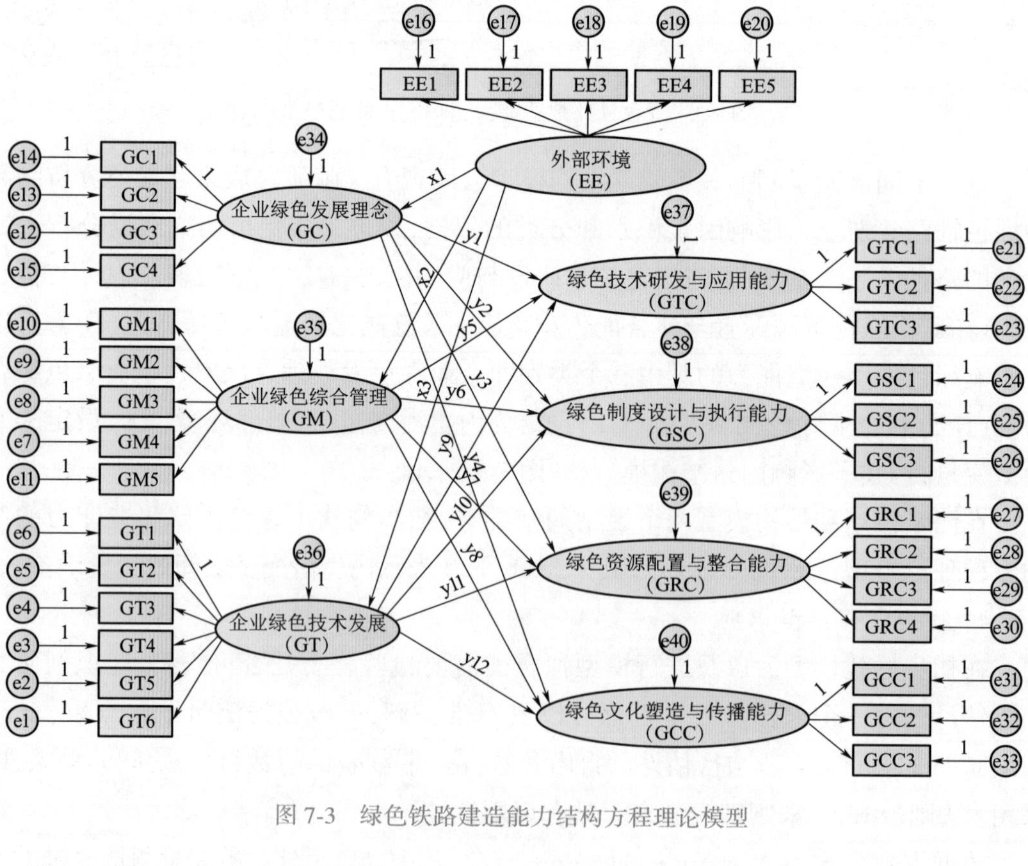

图 7-3 绿色铁路建造能力结构方程理论模型

数,q 表示内生潜变量测量变量的个数。模型自由度 $df=N_{DP}-t$,t 法则为当 $t<N_{DP}$ 时,自由度大于0,模型为过度识别;当 $t=N_{DP}$ 时,自由度为0,模型为正好识别;当 $t>N_{DP}$ 时,自由度小于0,模型为识别不足。

在SEM中只有过度识别才能衡量一个模型是否可以进行拟合。前述所构建的铁路工程企业绿色建造能力结构方程理论模型共有88条路径箭头,铁路工程企业绿色建造能力及其影响因素共计有33个观测变量,因此 $t=88$,$p+q=33$,$N_{DP}=33\times(33+1)/2=561$,$t<N_{DP}$,自由度大于0,模型为过度识别模型,符合拟合检验的基本要求。

7.2 绿色铁路建造能力形成机理实证分析

用于绿色铁路建造能力形成机理结构方程模型实证分析的整体量表包含了绿色铁路建造能力构成要素、绿色铁路建造能力影响因素两个板块,整体量表要求被调查者同时完整填写,以确保调研数据之间较科学的关联性。其中绿色铁路建造能力构成要素、绿色铁路建造能力影响因素两个量表相关调研工作情况及基本数据情况在本书的第5、6章中已做介绍,在此不再赘述。

7.2.1 绿色建造能力构成要素和影响因素量表的信效度分析

1. 信度分析

为验证收集的问卷数据是否真实可靠,本节采用最常用的信度测量方法克朗巴哈系数(Cronbach's alpha)进行信度检验。通常认为信度系数应该在0~1之间且系数越高说明内部一致性越好:系数高于0.900,则问卷一致性非常高,量表数据接近现实情况;系数在0.700~0.900之间,则问卷一致性相对理想,可以接受;系数低于0.700,则问卷一致性不理想,需要重新设计问卷。对各量表的信度检验结果见表7-3。

表7-3 克朗巴哈系数信度检验

项目	潜变量	克朗巴哈系数	题量	是否接受
绿色建造能力构成要素	绿色技术研发与应用能力(GTC)	0.846	3	接受
	绿色制度设计与执行能力(GSC)	0.756	3	接受
	绿色资源配置与整合能力(GRC)	0.824	4	接受
	绿色文化塑造与传播能力(GCC)	0.820	3	接受
绿色铁路建造能力影响因素	外部环境(EE)	0.847	5	接受
	企业绿色发展理念(GC)	0.859	4	接受
	企业绿色综合管理(GM)	0.912	5	接受
	企业绿色技术发展(GT)	0.856	6	接受
汇总		0.923	33	接受

由表7-3可以看出，各潜变量的及其删除项后的克朗巴哈系数在0.700～0.900之间，说明量表内部一致性比较理想，问卷题项设置合理，可以进入效度检验和进行结构方程模型计算。

2. 效度分析

量表的效度即有效性，指量表有效测量了被测量对象特质的程度，在问卷数据可靠性检验即信度检验通过的基础上进行效度检验可进一步检测量表设计是否科学合理。效度分析包括探索性因子分析(EFA)和验证性因子分析(CFA)，由于本问卷设计采用非经典量表，因此在进行结构方程模型拟合和验证性因子分析之前首先用探索性因子分析(EFA)来进行效度检验。

(1)探索性因子分析(EFA)

①KMO(kaiser meyer olkin)检验和Bartlett球形检验。KMO检验和Bartlett球形检验是统计学中常用于评估数据是否适合进行因子分析或主成分分析的两种重要方法，其中KMO检验是一种用于评估变量间偏相关性和简单相关性比率的统计方法，Bartlett球形检验是一种用于检验变量间相关系数矩阵是否为单位矩阵(即变量间是否相互独立)的假设检验方法。在进行探索性因子分析之前，先进行KMO检验以确认变量间的相关性强度是否适合进行因子分析(KMO值大于0.700)，然后进行Bartlett球形检验以确认变量间是否存在显著的相关性(P值接近0.000或统计量显著)。

表7-4 KMO及Bartlett球形检验

潜变量	KMO检验值	Bartlett球形检验		
		近似卡方	自由度	显著性
绿色技术研发与应用能力(GTC)	0.725	280.765	3	0.000
绿色制度设计与执行能力(GSC)	0.786	163.827	3	0.000
绿色资源配置与整合能力(GRC)	0.804	302.751	6	0.000
绿色文化塑造与传播能力(GCC)	0.718	233.940	3	0.000
外部环境(EE)	0.818	461.959	10	0.000
企业绿色发展理念(GC)	0.783	425.989	6	0.000
企业绿色综合管理(GM)	0.886	777.179	10	0.000
企业绿色技术发展(GT)	0.861	572.352	15	0.000
绿色铁路建造能力(GRCC)	0.806	306.605	6	0.000
问卷整体	0.877	4 066.017	528	0.000

② 主成分提取。对33个题项进行探索性因子分析，通过主成分分析(PCA)方法提取因子，选用凯撒正态化最大方差法进行因子旋转，并剔除各主成分上因子荷载小于0.500的因子，最终得出总方差解释见表7-5。其中，e1～e33代表测量误差(error/residual)，也称之为残差，代表了该观测变量中未被潜变量解释的部分。测量误被转换

为一组新的不相关变量,这些新变量被称为主成分。表 7-5 中的初始特征值、提取载荷平方和、旋转载荷平方和都是用来衡量主成分分析中各个成分解释数据方差的能力,旋转后的载荷矩阵通常更易于解释和使用,初始特征值和提取载荷平方和则提供了旋转前的成分结构信息,因此通常会根据旋转后的结果来解释主成分。累积方差比例是指前 n 个主成分所解释的方差之和与总方差的比值,这个指标可以帮助决定需要多少个主成分就能解释大部分的数据方差。通过总方差解释表,可以了解每个主成分对数据集信息的贡献,并据此决定在数据降维时保留多少个主成分。表 7-5 提取的 8 个主成分累积方差贡献率达到了 69. 583%,且 8 个主成分中所包含的因子与模型中假设题项的观测变量一致,说明能够较为充分地反映原始数据。

表 7-5 总方差解释

题 项	初始特征值			提取载荷平方和			旋转载荷平方和		
	总 计	方差/%	累积/%	总 计	方差/%	累积/%	总 计	方差/%	累积/%
1	10. 028	30. 388	30. 388	10. 028	30. 388	30. 388	3. 853	11. 675	11. 675
2	2. 605	7. 895	38. 283	2. 605	7. 895	38. 283	3. 841	11. 639	23. 314
3	2. 307	6. 992	45. 275	2. 307	6. 992	45. 275	3. 091	9. 366	32. 680
4	2. 023	6. 132	51. 406	2. 023	6. 132	51. 406	2. 934	8. 891	41. 571
5	1. 887	5. 719	57. 125	1. 887	5. 719	57. 125	2. 433	7. 373	48. 944
6	1. 690	5. 121	62. 246	1. 690	5. 121	62. 246	2. 363	7. 160	56. 104
7	1. 363	4. 129	66. 376	1. 363	4. 129	66. 376	2. 318	7. 024	63. 128
8	1. 059	3. 208	69. 583	1. 059	3. 208	69. 583	2. 130	6. 455	69. 583
9	0. 853	2. 583	72. 167						
10	0. 782	2. 369	74. 535						
11	0. 733	2. 220	76. 755						
12	0. 626	1. 898	78. 653						
13	0. 597	1. 809	80. 463						
14	0. 548	1. 660	82. 122						
15	0. 525	1. 592	83. 714						
16	0. 473	1. 432	85. 146						
17	0. 428	1. 298	86. 444						
18	0. 414	1. 254	87. 697						
19	0. 398	1. 205	88. 902						
20	0. 371	1. 123	90. 026						
21	0. 359	1. 089	91. 114						
22	0. 348	1. 056	92. 170						
23	0. 318	0. 962	93. 133						
24	0. 308	0. 932	94. 065						
25	0. 297	0. 901	94. 966						

续上表

题　项	初始特征值			提取载荷平方和			旋转载荷平方和		
	总　计	方差/%	累积/%	总　计	方差/%	累积/%	总　计	方差/%	累积/%
26	0.278	0.843	95.809						
27	0.243	0.737	96.546						
28	0.233	0.707	97.253						
29	0.207	0.628	97.880						
30	0.197	0.597	98.478						
31	0.184	0.559	99.036						
32	0.167	0.507	99.544						
33	0.151	0.456	100.000						

表7-6为旋转后的成分矩阵,从表中各个主成分的因子载荷可知:在剔除各主成分上因子载荷小于0.500的因子后,各潜变量的因子载荷基本大于0.700,这说明铁路工程企业绿色建造能力影响因素初始模型具备良好的结构效度。通过旋转后的成分矩阵,可以了解每个主成分与原始变量之间的关系,从而对主成分进行合理的解释和命名。其中:主成分1对应企业绿色综合管理(GM)、主成分2对应企业绿色技术发展(GT)、主成分3对应外部环境(EE)、主成分4对应企业绿色发展理念(GC)、主成分5对应绿色技术研发与应用能力(GTC)、主成分6对应绿色制度设计与执行能力(GSC)、主成分7对应绿色文化塑造与传播能力(GCC)、主成分8对应绿色资源配置与整合能力(GRC)。

表7-6　旋转后的成分矩阵

潜变量	成　分							
	1	2	3	4	5	6	7	8
EE1			0.792					
EE2			0.814					
EE3			0.784					
EE4			0.634					
EE5			0.612					
GC1				0.775				
GC2				0.834				
GC3				0.813				
GC4				0.828				
GM1	0.844							
GM2	0.771							
GM3	0.793							

续上表

潜变量	成分							
	1	2	3	4	5	6	7	8
GM4	0.750							
GM5	0.807							
GT1		0.612						
GT2		0.711						
GT3		0.769						
GT4		0.778						
GT5		0.706						
GT6		0.619						
GTC1					0.809			
GTC2					0.818			
GTC3					0.792			
GSC1						0.798		
GSC2						0.727		
GSC3						0.784		
GRC1								0.685
GRC2								0.610
GRC3								0.525
GRC4								0.651
GCC1							0.833	
GCC2							0.807	
GCC3							0.847	

(2)验证性因子分析(CFA)

验证性因子分析(CFA)属于结构方程模型的一种次模型,用于检验假定结构。在结构方程模型中,CFA关注潜变量和观测变量之间的关系,在模型拟合后进一步对各潜变量的测量效果进行区分效度和收敛效度分析,以验证各变量是否适合进入到结构方程模型进行分析。

①模型拟合。利用Amos28.0对所构建的绿色建造能力影响因素模型的各项参数进行极大似然估计,完成模型初次拟合即模型的适配度检验。适配度检验即评价假设的路径分析图与实际数据之间的一致性程度,其检验指标包括评估模型外在质量的整体适配度指标和模型内在质量的结构适配度指标。评估模型外在质量的整体适配度指标是否达到适配标准又可从绝对适配、增值适配度和简约适配度三方面进行考虑。模型初次拟合参数结果如图7-4所示,所得适配指标值见表7-7。

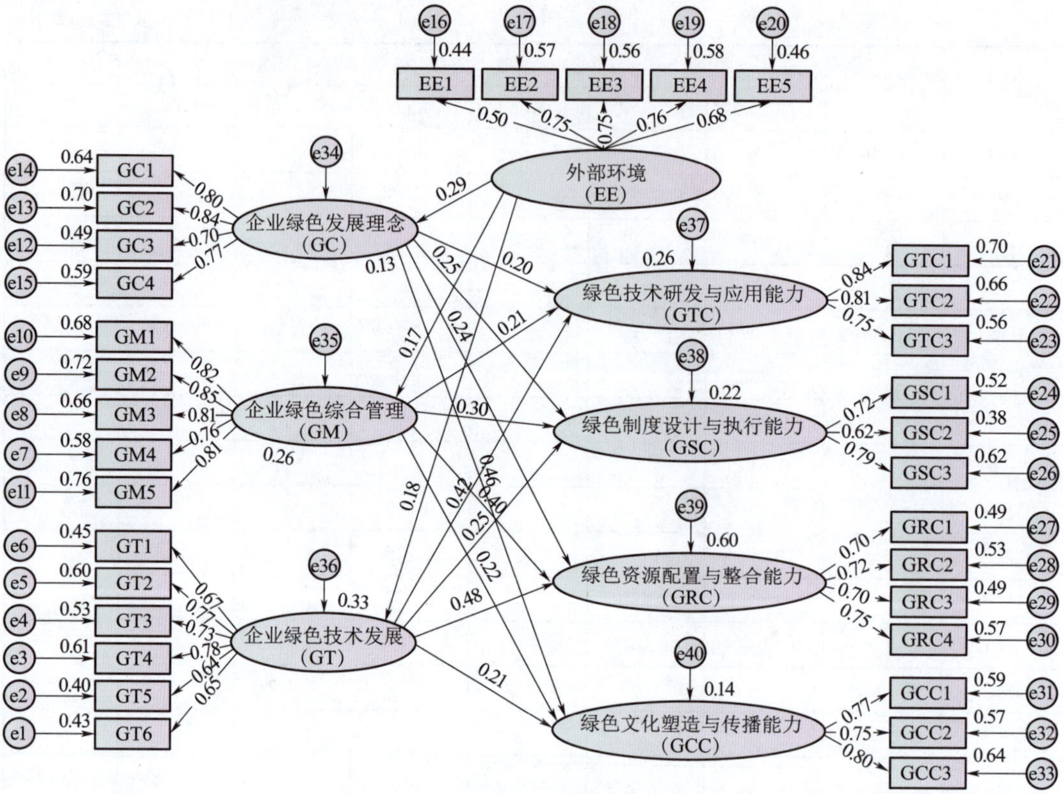

图 7-4 模型初次拟合参数估计结果示意

表 7-7 模型初次拟合适配指标值

指　　标	参　　数	接　受　范　围	拟合值	是否符合
绝对适配度指标	χ^2	愈小愈好	870.042	是
	χ^2/df	<3.0	1.813	是
	GFI	>0.8	0.809	是
	AGFI	>0.8	0.807	是
	SAMA	<0.08	0.078	是
	RMSEA	<0.05 适配良好;<0.08 适配合理	0.061	是
增值适配度指标	NFI	>0.9 适配良好;>0.8 适配合理	0.817	是
	IFI	>0.9 适配良好;>0.8 适配合理	0.898	是
	CFI	>0.9 适配良好;>0.8 适配合理	0.896	是
简约适配度指标	PGFI	>0.5	0.692	是
	PNFI	>0.5	0.725	是

经与适配指标给定接受范围进行比较,各个指标均满足要求。因此,可以认为构建的铁路工程企业绿色建造能力影响因素模型中的变量、因果路径等关系的界定基本合适,模型能够有效识别,满足基本的适配度检验。

②收敛效度分析。采用标准化因子荷载系数(位)、组合效度(CR)和平均变异数

萃取量(AVE)这三个指标进行效度分析,λ>0.500、CR>0.700、AVE>0.500则说明模型具有良好的收敛效度。模型中各个因子的收敛效度分析结果见表7-8,表中各项指标均达标,说明各个潜变量的测量题项收敛效度较好。

表7-8 收敛效度分析

路径	λ	CR	AVE
GT6←企业绿色技术发展(GT)	0.653	0.856 7	0.500 7
GT5←企业绿色技术发展(GT)	0.635		
GT4←企业绿色技术发展(GT)	0.779		
GT3←企业绿色技术发展(GT)	0.725		
GT2←企业绿色技术发展(GT)	0.772		
GT1←企业绿色技术发展(GT)	0.668		
GM4←企业绿色综合管理(GM)	0.762	0.913 5	0.679 0
GM3←企业绿色综合管理(GM)	0.812		
GM2←企业绿色综合管理(GM)	0.847		
GM1←企业绿色综合管理(GM)	0.825		
GM5←企业绿色综合管理(GM)	0.87		
GC4←企业绿色发展理念(GC)	0.765	0.857 7	0.602 0
GC3←企业绿色发展理念(GC)	0.698		
GC2←企业绿色发展理念(GC)	0.835		
GC1←企业绿色发展理念(GC)	0.799		
EE1←外部环境(EE)	0.663	0.844 6	0.521 6
EE2←外部环境(EE)	0.752		
EE3←外部环境(EE)	[illegible]		
EE4←外部环境(EE)	[illegible]		
EE5←外部环境(EE)	[illegible]		
GRC1←绿色资源配置与整合能力(GRC)	[illegible]	0.810 1	0.516 4
GRC2←绿色资源配置与整合能力(GRC)	[illegible]		
GRC3←绿色资源配置与整合能力(GRC)	[illegible]		
GRC4←绿色资源配置与整合能力(GRC)	[illegible]		
GTC1←绿色技术研发和应用能力(GTC)	[illegible]	0.842 6	0.641 3
GTC2←绿色技术研发和应用能力(GTC)	[illegible]		
GTC3←绿色技术研发和应用能力(GTC)	[illegible]		
GSC1←绿色制度设计与执行能力(GSC)	[illegible]	0.754 6	0.508 6
GSC2←绿色制度设计与执行能力(GSC)	0.618		
GSC3←绿色制度设计与执行能力(GSC)	0.789		
GCC1←绿色文化塑造与传播能力(GCC)	0.769	0.817 7	0.599 4
GCC2←绿色文化塑造与传播能力(GCC)	0.755		
GCC3←绿色文化塑造与传播能力(GCC)	0.798		

③区分效度分析。模型中各潜变量间的区分效度分析结果见表7-9,各潜变量之间均具有显著的相关性($P<0.050$),相关性系数绝对值均小于所对应的AVE的平方根,即说明各潜变量之间具有一定的相关性,且彼此之间又具有一定的区分度,即说明量表数据的区分效度理想。

表7-9 区分效度分析

潜变量	外部环境(EE)	企业绿色发展理念(GC)	企业绿色技术发展(GT)	企业绿色综合管理(GM)	绿色文化塑造与传播能力(GCC)	绿色制度设计与执行能力(GSC)	绿色技术研发与应用能力(GTC)	绿色资源配置与整合能力(GRC)
外部环境(EE)	0.722							
企业绿色发展理念(GC)	0.357*	0.776						
企业绿色技术发展(GT)	0.571*	0.204*	0.708					
企业绿色综合管理(GM)	0.514*	0.183*	0.293*	0.824				
绿色文化塑造与传播能力(GCC)	0.256*	0.279*	0.256*	0.255*	0.774			
绿色制度设计与执行能力(GSC)	0.318*	0.303*	0.309*	0.353*	0.175*	0.713		
绿色技术研发与应用能力(GTC)	0.361*	0.296*	0.399*	0.37*	0.191*	0.235*	0.801	
绿色资源配置与整合能力(GRC)	0.545*	0.396*	0.657*	0.522*	0.28*	0.345*	0.395*	0.719

注:* 代表 P 值小于0.05,对角线为AVE的平方根。

7.2.2 结构方程模型的检验

1. 中介效应检验

若变量间的影响关系($X \rightarrow Y$)不是直接的因果链关系,而是通过一个及以上变量(M)的间接影响产生的,则M为中介变量,而X通过M对Y产生的间接影响成为中介效应。需要验证企业绿色发展理念(GC)、企业绿色综合管理(GM)和企业绿色技术发展(GT)对企业绿色技术研发和应用能力(GTC)、绿色制度设计与执行能力(GSC)、绿色资源配置与整合能力(GRC)和绿色文化塑造与传播能力(GCC)的中介效应。中介效应检验是通过重复抽样5 000次,若95%置信区间不包括零,则可认为中介效应的点估计是成立的。本模型中12条中介路径的中介效应检验结果见表7-10。

由表7-10可知,假设4~假设15的置信区间均不包含零,因此假设4~假设15的中介效应均成立。

表 7-10 中介效应检验结果

假设序号	路径	间接效应系数	95%置信区间	
			下限	上限
假设 1、4	外部环境(EE)→企业绿色发展理念(GC)→绿色技术研发与应用能力(GTC)	0.092	0.003	0.215
假设 1、5	外部环境(EE)→企业绿色发展理念(GC)→绿色制度设计与执行能力(GSC)	0.108	0.005	0.253
假设 1、6	外部环境(EE)→企业绿色发展理念(GC)→绿色资源配置与整合能力(GRC)	0.103	0.020	0.240
假设 1、7	外部环境(EE)→企业绿色发展理念(GC)→绿色文化塑造与传播能力(GCC)	0.122	0.038	0.237
假设 2、8	外部环境(EE)→企业绿色综合管理(GM)→绿色技术研发与应用能力(GTC)	0.172	0.026	0.407
假设 2、9	外部环境(EE)→企业绿色综合管理(GM)→绿色制度设计与执行能力(GSC)	0.184	0.013	0.425
假设 2、10	外部环境(EE)→企业绿色综合管理(GM)→绿色资源配置与整合能力(GRC)	0.211	0.055	0.509
假设 2、11	外部环境(EE)→企业绿色综合管理(GM)→绿色文化塑造与传播能力(GCC)	0.136	0.018	0.354
假设 3、12	外部环境(EE)→企业绿色技术发展(GT)→绿色技术研发与应用能力(GTC)	0.302	0.081	0.726
假设 3、13	外部环境(EE)→企业绿色技术发展(GT)→绿色制度设计与执行能力(GSC)	0.207	0.026	0.596
假设 3、14	外部环境(EE)→企业绿色技术发展(GT)→绿色资源配置与整合能力(GRC)	0.502	0.242	0.968
假设 3、15	外部环境(EE)→企业绿色技术发展(GT)→绿色文化塑造与传播能力(GCC)	0.204	0.057	0.576

2. 假设结果检验

绿色铁路建造能力影响因素模型初次拟合参数回归系数见表 7-11。

表 7-11 模型初次拟合参数回归系数

路径	标准误差	*T* 值	显著性	标准化参数估计值
企业绿色发展理念(GC)←外部环境(EE)	0.175	2.651	0.008	0.291
企业绿色综合管理(GM)←外部环境(EE)	0.186	1.969	0.035	0.173
企业绿色技术发展(GT)←外部环境(EE)	0.127	1.996	0.032	0.179
绿色文化塑造与传播能力(GCC)←企业绿色发展理念(GC)	0.085	3.664	***	0.458
绿色文化塑造与传播能力(GCC)←企业绿色综合管理(GM)	0.069	1.517	0.009	0.221
绿色文化塑造与传播能力(GCC)←企业绿色技术发展(GT)	0.109	2.756	0.006	0.211
绿色资源配置与整合能力(GRC)←企业绿色发展理念(GC)	0.063	3.585	***	0.241
绿色资源配置与整合能力(GRC)←企业绿色综合管理(GM)	0.062	5.24	***	0.404

续上表

路　　径	标准误差	T 值	显著性	标准化参数估计值
绿色资源配置与整合能力(GRC)←企业绿色技术发展(GT)	0.121	5.609	***	0.484
绿色制度设计与执行能力(GSC)←企业绿色发展理念(GC)	0.087	3.09	0.002	0.247
绿色制度设计与执行能力(GSC)←企业绿色综合管理(GM)	0.076	3.082	***	0.299
绿色制度设计与执行能力(GSC)←企业绿色技术发展(GT)	0.12	3.358	***	0.252
绿色技术研发与应用能力(GTC)←企业绿色发展理念(GC)	0.077	2.4	0.016	0.204
绿色技术研发与应用能力(GTC)←企业绿色综合管理(GM)	0.067	2.769	0.006	0.205
绿色技术研发与应用能力(GTC)←企业绿色技术发展(GT)	0.118	4.649	***	0.417
GT6←企业绿色技术发展(GT)	0.113	8.559	***	0.653
GT5←企业绿色技术发展(GT)	0.127	8.35	***	0.635
GT4←企业绿色技术发展(GT)	0.122	9.916	***	0.779
GT3←企业绿色技术发展(GT)	0.118	9.359	***	0.725
GT2←企业绿色技术发展(GT)	0.123	9.847	***	0.772
GT1←企业绿色技术发展(GT)				0.668
GM4←企业绿色综合管理(GM)				0.762
GM3←企业绿色综合管理(GM)	0.076	12.671	***	0.812
GM2←企业绿色综合管理(GM)	0.075	13.296	***	0.847
GM1←企业绿色综合管理(GM)	0.082	12.896	***	0.825
GM5←企业绿色综合管理(GM)	0.085	13.726	***	0.87
GC4←企业绿色发展理念(GC)	0.079	11.682	***	0.765
GC3←企业绿色发展理念(GC)	0.079	10.522	***	0.698
GC2←企业绿色发展理念(GC)	0.082	12.741	***	0.835
GC1←企业绿色发展理念(GC)				0.799
EE1←外部环境(EE)				0.663
EE2←外部环境(EE)	0.138	9.425	***	0.752
EE3←外部环境(EE)	0.146	9.395	***	0.749
EE4←外部环境(EE)	0.132	9.528	***	0.763
EE5←外部环境(EE)	0.127	8.662	***	0.678
GRC1←绿色资源配置与整合能力(GRC)				0.698
GRC2←绿色资源配置与整合能力(GRC)	0.106	9.393	***	0.725
GRC3←绿色资源配置与整合能力(GRC)	0.111	9.099	***	0.698
GRC4←绿色资源配置与整合能力(GRC)	0.11	9.683	***	0.752
GTC1←绿色技术研发与应用能力(GTC)				0.837
GTC2←绿色技术研发与应用能力(GTC)	0.088	12.069	***	0.813
GTC3←绿色技术研发与应用能力(GTC)	0.085	11.329	***	0.75
GSC1←绿色制度设计与执行能力(GSC)				0.722

续上表

路　　径	标准误差	*T* 值	显著性	标准化参数估计值
GSC2←绿色制度设计与执行能力(GSC)	0.12	7.587	***	0.618
GSC3←绿色制度设计与执行能力(GSC)	0.127	8.238	***	0.789
GCC1←绿色文化塑造与传播能力(GCC)				0.769
GCC2←绿色文化塑造与传播能力(GCC)	0.102	10.044	***	0.755
GCC3←绿色文化塑造与传播能力(GCC)	0.105	10.259	***	0.798

注：*** 表示达到 0.001 显著水平。

从表 7-11 可知，有几条路径如"企业绿色发展理念←外部环境"虽未达到 0.001 显著水平，但满足低于 0.05 的显著水平要求，说明该路径显著可接受，不需要修正模型路径。因此，针对 7.1.3 节提出的 15 个假设验证结果如下：

(1)外部环境(EE)对企业绿色发展理念(GC)、企业绿色综合管理(GM)和企业绿色技术发展(GT)的标准化路径系数分别为 0.291、0.173 和 0.179。外部环境的改善有助于推动企业绿色发展理念发展，促进企业绿色综合管理和绿色技术发展，进而推动企业绿色技术研发与应用能力(GTC)、绿色制度设计与执行能力(GSC)、绿色资源配置与整合能力(GRC)和绿色文化塑造与传播能力(GCC)的提升，最终形成绿色铁路建造能力，上述 3 个假设均得到验证。

(2)企业绿色发展理念(GC)、企业绿色综合管理(GM)和企业绿色技术发展(GT)对绿色技术研发与应用能力(GTC)的标准化路径系数分别为 0.204、0.205 和 0.417，*T* 值均大于 1.960，说明企业绿色发展理念、企业绿色综合管理和企业绿色技术发展对绿色技术研发与应用能力在显著性水平为 0.050 下存在显著的直接作用。上述 4 个假设均得到验证。

(3)企业绿色发展理念(GC)、企业绿色综合管理(GM)和企业绿色技术发展(GT)对绿色制度设计与执行能力(GSC)的标准化路径系数分别为 0.247、0.299 和 0.252，*T* 值均大于 1.960，说明企业绿色发展理念、企业绿色综合管理和企业绿色技术发展对绿色制度设计与执行能力在显著性水平为 0.050 下存在显著的直接作用。上述 4 个假设均得到验证。

(4)企业绿色发展理念(GC)、企业绿色综合管理(GM)和企业绿色技术发展(GT)对绿色资源配置与整合能力(GRC)的标准化路径系数分别为 0.241、0.404 和 0.484，*T* 值均大于 1.960，说明企业绿色发展理念、企业绿色综合管理和企业绿色技术发展对绿色资源配置与整合能力在显著性水平为 0.050 下存在显著的直接作用。上述 4 个假设均得到验证。

(5)企业绿色发展理念(GC)、企业绿色综合管理(GM)和企业绿色技术发展(GT)对绿色文化塑造与传播能力(GCC)的标准化路径系数分别为 0.458、0.221 和

0.211,T 值均大于 1.96,说明企业绿色发展理念、企业绿色综合管理和企业绿色技术发展对绿色文化塑造与传播能力在显著性水平为 0.05 下存在显著的直接作用。上述 4 个假设均得到验证。

7.3 绿色铁路建造能力形成机理

7.3.1 结构方程模型变量间作用关系

根据模型最终输出结果分析影响因素对铁路工程企业绿色铁路建造能力的作用关系,通过分析潜变量间、观测变量与潜变量间以及观测变量与绿色铁路建造能力间的作用关系,揭示绿色铁路建造能力的形成机理。

1. 潜变量间作用关系

铁路工程企业绿色建造能力影响因素产生的直接效应大小为模型中内生潜变量对绿色建造能力的路径系数。从表 7-11 可知,"绿色技术研发和应用能力←企业绿色技术发展"的路径系数为 0.417,即直接效应为 0.417,意味着其他条件恒定时企业绿色技术发展每提高 1 个单位,铁路工程企业绿色技术研发和应用能力将提高 0.417 个单位,同理可得企业绿色综合管理和企业绿色发展理念对企业绿色技术研发和应用能力、绿色制度设计与执行能力、绿色资源配置与整合能力和绿色文化塑造与传播能力的直接效应。

铁路工程企业绿色建造能力影响因素产生的间接效应大小为模型中外生潜变量对内生潜变量路径系数与其直接效应的乘积。则外部环境对铁路工程企业绿色建造能力中绿色技术研发和应用能力的间接效应为:$0.291\times0.204+0.173\times0.205+0.179\times0.417=0.169$,同理可得外部环境对绿色制度设计与执行能力、绿色资源配置与整合能力和绿色文化塑造与传播能力的间接效应。

表 7-12 展示了外部环境(EE)、企业绿色发展理念(GC)、企业绿色综合管理(GM)和企业绿色技术发展(GT)对铁路工程企业绿色技术研发与应用能力(GTC)、绿色制度设计与执行能力(GSC)、绿色资源配置与整合能力(GRC)和绿色文化塑造与传播能力(GCC)的影响效应。其中,四类影响因素对绿色铁路建造能力四个构成要素维度的影响大小关系如下:

(1)绿色技术研发与应用能力(GTC):企业绿色技术发展(GT)>企业绿色综合管理(GM)>企业绿色发展理念(GC)>外部环境(EE)。

(2)绿色制度设计与执行能力(GSC):企业绿色综合管理(GM)>企业绿色技术发展(GT)>企业绿色发展理念(GC)>外部环境(EE)。

(3)绿色资源配置与整合能力(GRC):企业绿色技术发展(GT)>企业绿色综合

管理(GM)>企业绿色发展理念(GC)>外部环境(EE)。

(4)绿色文化塑造与传播能力(GCC):企业绿色发展理念(GC)>企业绿色综合管理(GM)>企业绿色技术发展(GT)>外部环境(EE)。

表 7-12 潜变量的影响效应

路 径 关 系	直接效应	间接效应	总效应
绿色技术研发与应用能力(GTC)←外部环境(EE)	0	0.169	0.169
绿色制度设计与执行能力(GSC)←外部环境(EE)	0	0.169	0.169
绿色资源配置与整合能力(GRC)←外部环境(EE)	0	0.227	0.227
绿色文化塑造与传播能力(GCC)←外部环境(EE)	0	0.209	0.209
绿色文化塑造与传播能力(GCC)←企业绿色发展理念(GC)	0.458	0	0.458
绿色文化塑造与传播能力(GCC)←企业绿色综合管理(GM)	0.221	0	0.221
绿色文化塑造与传播能力(GCC)←企业绿色技术发展(GT)	0.211	0	0.211
绿色资源配置与整合能力(GRC)←企业绿色发展理念(GC)	0.241	0	0.241
绿色资源配置与整合能力(GRC)←企业绿色综合管理(GM)	0.404	0	0.404
绿色资源配置与整合能力(GRC)←企业绿色技术发展(GT)	0.484	0	0.484
绿色制度设计与执行能力(GSC)←企业绿色发展理念(GC)	0.247	0	0.247
绿色制度设计与执行能力(GSC)←企业绿色综合管理(GM)	0.299	0	0.299
绿色制度设计与执行能力(GSC)←企业绿色技术发展(GT)	0.252	0	0.252
绿色技术研发与应用能力(GTC)←企业绿色发展理念(GC)	0.204	0	0.204
绿色技术研发与应用能力(GTC)←企业绿色综合管理(GM)	0.205	0	0.205
绿色技术研发与应用能力(GTC)←企业绿色技术发展(GT)	0.417	0	0.417

进一步利用5.3.3节中已经计算得出的铁路工程企业绿色铁路建造能力各个维度的重要程度权重,将表7-12中外部环境(EE)、企业绿色发展理念(GC)、企业绿色综合管理(GM)和企业绿色技术发展(GT)4类影响因素对各个维度的影响效应与相应的权重进行相乘,最后将同一类影响因素在不同维度下的加权影响效应进行累计相加,从而得出该类影响因素对于铁路工程企业绿色铁路建造能力的总效应,见表7-13。由表7-13可知企业绿色发展理念对绿色铁路建造能力的影响效应最大,在推动绿色铁路建造能力形成和提升的过程中具有至关重要的作用。

表 7-13 潜变量对绿色建造能力影响效应

潜变量	总效应				
	绿色文化塑造与传播能力(GCC)(0.407)	绿色资源配置与整合能力(GRC)(0.209)	绿色制度设计与执行能力(GSC)(0.172)	绿色技术研发与应用能力(GTC)(0.212)	绿色铁路建造能力
外部环境(EE)	0.209	0.227	0.169	0.169	0.197
企业绿色发展理念(GC)	0.458	0.241	0.247	0.204	0.323
企业绿色综合管理(GM)	0.221	0.404	0.299	0.205	0.269
企业绿色技术发展(GT)	0.211	0.484	0.252	0.417	0.319

2. 观测变量与潜变量间影响关系

表7-11中各观测变量对潜变量的路径系数即观测变量对潜变量的影响大小。

(1)外部环境(EE)类别:铁路市场渗透程度(EE4)的路径系数最大为0.763,接着依次为绿色建造规制环境(EE2)为0.752、绿色铁路建造市场需求(EE3)为0.749、铁路建造产业链完善状况(EE5)为0.678和绿色建造扶持政策(EE1)为0.663。

(2)企业绿色发展理念(GC)类别:企业家绿色精神(GC2)的路径系数最大为0.835,接着依次为企业社会责任感(GC1)为0.799、企业绿色发展形象(GC4)为0.765和企业绿色发展战略(GC3)为0.698。

(3)企业绿色综合管理(GM)类别:绿色知识管理水平(GM5)的路径系数最大为0.865,接着依次为绿色制度完善程度(GM2)为0.850、绿色管理体系建设(GM1)为0.830、绿色资源配置模式(GM3)为0.818和企业绿色融资水平(GM4)为0.754。

(4)企业绿色技术发展(GT)类别:绿色技术引进配置(TQ4)的路径系数最大为0.779,接着依次为绿色技术人才培养(TQ2)为0.772、绿色技术应用程度(TQ3)为0.725、绿色数智化程度(TQ1)为0.668、绿色技术研发投入(TQ6)为0.653和绿色技术研发成果(TQ5)为0.635。

(5)绿色技术研发与应用能力(GTC)类别:绿色技术创新投入能力(GTC1)的路径系数最大为0.837,接着依次为绿色技术创新投入能力(GTC2)为0.813和绿色技术创新成果转化能力(GTC3)为0.75。

(6)绿色制度设计与执行能力(GSC)类别:绿色制度监督能力(GSC3)的路径系数最大为0.789,接着依次为绿色管理设计能力(GSC1)为0.722和绿色制度执行能力(GSC2)为0.618。

(7)绿色资源配置与整合能力(GRC)类别:绿色产业链协同能力(GRC4)的路径系数最大为0.752,接着依次为绿色金融资源支撑能力(GRC2)为0.725、绿色人才资源培养能力(GRC1)为0.698、绿色组织资源配置能力(GRC3)为0.698。

(8)绿色文化塑造与传播能力(GCC)类别:绿色知识管理能力(GCC3)的路径系数最大为0.798,接着依次为绿色建造领导力(GCC1)为0.769和绿色文化传播能力(GCC2)为0.755。

3. 观测变量与绿色建造能力间影响关系

观测变量对铁路工程企业绿色建造能力的影响大小为观测变量对潜变量路径系数与潜变量对绿色建造能力总效应的乘积。例如,绿色建造扶持政策EE1对企业绿色铁路绿色技术研发与应用能力(GTC)的影响系数为:$0.663\times0.169=0.112$。各观测变量对铁路工程企业绿色技术研发和应用能力(GTC)、绿色制度设计与执行能力(GSC)、绿色资源配置与整合能力(GRC)和绿色文化塑造与传播能力(GCC)的影响系数计算结果见表7-14。

表 7-14 观测变量对绿色建造能力影响系数

潜变量	观测变量	影响系数			
		GCC	GRC	GSC	GTC
外部环境(EE)	绿色建造扶持政策(EE_1)	0.139	0.150	0.112	0.112
	绿色建造规制环境(EE_2)	0.157	0.170	0.127	0.127
	绿色铁路建造市场需求(EE_3)	0.157	0.170	0.126	0.127
	绿色铁路市场渗透程度(EE_4)	0.160	0.173	0.129	0.129
	铁路建造产业链完善状况(EE_5)	0.142	0.154	0.114	0.115
企业绿色发展理念(GC)	企业社会责任感(GC_1)	0.366	0.193	0.197	0.163
	企业家绿色精神(GC_2)	0.382	0.201	0.206	0.170
	企业绿色发展战略(GC_3)	0.320	0.168	0.172	0.142
	企业绿色发展形象(GC_4)	0.350	0.184	0.189	0.156
企业绿色综合管理(GM)	绿色管理体系建设(GM_1)	0.182	0.333	0.247	0.169
	绿色制度完善程度(GM_2)	0.187	0.342	0.253	0.174
	绿色资源配置模式(GM_3)	0.179	0.328	0.243	0.166
	企业绿色融资水平(GM_4)	0.168	0.308	0.228	0.156
	绿色知识管理水平(GM_5)	0.192	0.351	0.260	0.178
企业绿色技术发展(GT)	绿色技术研发投入(GT_1)	0.141	0.323	0.168	0.279
	绿色技术人才培养(GT_2)	0.163	0.374	0.195	0.322
	绿色技术应用程度(GT_3)	0.153	0.351	0.183	0.302
	绿色技术引进配置(GT_4)	0.164	0.377	0.196	0.325
	绿色技术研发成果(GT_5)	0.134	0.307	0.160	0.265
	绿色数智化程度(GT_6)	0.138	0.316	0.165	0.272

7.3.2 绿色铁路建造能力影响因素作用路径

基于上述潜变量间、观测变量与潜变量间以及观测变量与绿色铁路建造能力间的路径系数和影响系数，分析得到绿色铁路建造能力影响因素的作用路径及影响效应如下，进而揭示绿色铁路建造能力形成机理。

1. 外部环境(EE)直接影响铁路工程企业绿色建造能力

外部环境的改善对于推动铁路工程企业绿色建造能力的提升具有重要影响作用。虽然外部市场环境不直接对绿色建造能力产生影响，但通过建立健全的政府绿色建造扶持政策、优化绿色建造规制环境、促进绿色铁路建造市场需求、提高绿色铁路市场渗透程度、完善绿色铁路建造产业链，能够为铁路工程企业实施绿色建造创造良好的外部条件，有助于深化企业绿色发展理念、提升企业绿色综合管理水平、促进企业绿色技术发展，从而间接促进铁路工程企业绿色建造能力的提升。因为，外部市场环境有助于推动铁路工程企业绿色建造能力的提升。

2. 企业绿色发展理念(GC)推动铁路工程企业绿色建造能力的提升

铁路工程企业绿色发展理念对于其建造能力的提升具有直接的正向影响,通过增强企业家绿色精神、制定企业绿色发展战略、提升企业社会责任感、树立绿色发展形象,有助于企业从战略层面对于绿色建造活动发挥其指挥和统领全局的作用,确保绿色建造理念的有效实施、有助于企业积极承担起对环境和社会的责任,树立良好的绿色发展形象,在工程建造过程中保护环境、节能减排,从而有效推动铁路绿色建造的实施。因此,企业绿色发展理念有助于推动铁路工程企业绿色建造能力的提升。

3. 企业绿色综合管理水平(GM)正向作用于铁路工程企业绿色建造能力

铁路工程企业综合管理水平对于其绿色建造能力的提升具有直接的正向影响,通过建立完善绿色管理体系、制定科学的绿色制度、开展合理的资源配置模式、提高企业绿色融资水平和绿色知识管理水平,有助于企业对工程建设的综合管控,有助于企业绿色建造有充足且优质的资金来源、有助于绿色知识充分在企业内部进行扩散与流动,从而有效推动绿色建造的实施。因此,企业综合管理水平提高有助于推动铁路工程企业绿色建造能力的提升。

4. 企业绿色技术发展水平(GT)是铁路工程企业绿色建造能力的关键影响因素

铁路工程企业技术发展水平对其绿色建造能力的提升具有直接的正向影响,通过扩大绿色建造技术的研发投入、加强绿色建造人才的培育、提高绿色技术的应用程度、重视绿色引进技术的人才和装备配置、促进绿色技术研发成果产出、推广数字化技术和智能化设备的应用,有助于铁路工程企业在绿色建造过程中提升企业绿色建造的研发水平、有助于强化绿色人才培育并保障其绿色理念的发挥、有助于扩大绿色技术的应用规模、有助于提高科研成果转化为现实生产力的水平、有助于利用数智化技术提高技术绿色铁路建造效率,从而解决绿色建造实施过程中技术发展瓶颈,提升绿色建造水平。因此,提高绿色技术发展水平有助于推动铁路工程企业绿色建造能力的提升。

7.3.3 绿色铁路建造能力形成机理小结

绿色铁路建造能力形成机理是指绿色铁路建造能力在形成过程中所遵循的内在规律和机制,涉及多个方面要素的相互作用与协同。为系统地将绿色铁路建造能力各方面影响因素的作用形式及其相互影响规律进行综合归纳和推理,以期揭示绿色铁路建造能力的形成机理,前文采用 ISM-MICMAC 和 SEM 两种研究方法,从定性和定量两个角度全面地探究绿色铁路建造能力形成中影响因素的作用关系和作用路径。

1. 影响因素的层次结构和逻辑关系

通过 ISM-MICMAC 方法对 20 个子影响因素进行层次划分和关联性分析,揭示它们之间的层次和依赖关系,为识别和理解绿色铁路建造能力形成过程中的关键要素和动态关系提供了清晰的层次结构和逻辑关系。结果表明:

(1)在绿色铁路建造能力形成的影响因素中,S_1 绿色建造扶持政策和 S_6 企业社会责任感作为顶层要素,通过引导、激励和约束等多种方式对企业的外部环境、绿色发展技术、绿色综合管理和绿色发展理念等方面的影响因素产生积极的影响,推动绿色铁路建造能力的全面提升。政策的支持和引导为企业提供了良好的发展环境和动力,而企业社会责任感的践行则推动了绿色铁路建造的实践和创新。

(2)企业绿色技术人才培养是绿色铁路建造能力形成的关键,S_{20} 绿色数智化程度是强大的技术支持,S_9 企业绿色发展形象、S_{11} 绿色制度的完善程度、S_{20} 绿色数智化程度和 S_{17} 绿色技术应用程度则直接反映了企业在绿色铁路建造方面的态度承诺、规范化和标准化水平以及实际效果,这些要素受到绿色铁路建造能力其余影响因素的深刻影响,对绿色铁路建造能力产生直接影响,共同推动着绿色铁路建造能力的提升和发展。

(3)从 4 个影响因素类别层面来看,外部环境(EE)类别因素主要分布于 ISM 模型的较高层级,对绿色铁路建造能力起间接影响作用;而企业绿色发展技术(GT)、企业绿色综合管理(GM)、企业绿色发展理念(GC)三个类别因素主要分布于 ISM 模型的较低层级,对绿色铁路建造能力起直接影响作用。

2. 影响因素的影响效应和形成机理

在探明了绿色铁路建造能力影响因素作用关系的内在结构后,通过构建基于 SEM 的铁路工程企业绿色建造能力形成机理模型来量化和分析各影响因素之间及其对绿色铁路建造能力的影响效应,从而更准确地厘清绿色铁路建造能力形成机理的内在逻辑。模型涉及铁路工程企业绿色铁路建造能力的 4 个构成维度,即绿色技术研发与应用能力(GTC)、绿色制度设计与执行能力(GSC)、绿色资源配置与整合能力(GRC)、绿色文化塑造与传播能力(GCC),以及涵盖外部环境(EE)、企业绿色发展理念(GC)、企业绿色综合管理(GM)、企业绿色技术发展(GT)4 个类别的 20 个影响因素,结合 ISM 模型的分析结果假设外部环境因素会对其余三类因素造成直接影响,而对绿色铁路建造能力产生的是间接影响,并假设这三类因素是平行的相关关系。最终揭示了不同影响因素对不同维度的铁路工程企业绿色铁路建造能力的影响效应及形成机理。

(1)绿色铁路建造能力的形成是内外部因素综合作用的结果。外部环境(EE)因素虽然不是最直接最显著的影响因素,但它为绿色技术研发与应用能力(GTC)、绿色制度设计与执行能力(GSC)、绿色资源配置与整合能力(GRC)、绿色文化塑造与传播能力(GCC)的发挥提供了必要的外部条件和机会。随着社会环保意识的提高,以及政府的政策导向和环保法规的实施监管,绿色铁路建造逐渐成为市场需求,从而倒逼铁路建造企业加大研发投入，创新绿色建造技术，以满足市场竞争需求。绿色铁路市场渗透程度、绿色建造规制环境和绿色铁路建造市场需求相互作用，共同推动绿色铁路建造能力的形成和发展。企业绿色发展理念在推动绿色铁路建造能力形成和提升的过程中，可以被视为重要影响因素之一。它涵盖了企业社会责任感、企业家绿色精神、企业绿色发展战略以及企业绿色发展形象等方面。这些因素相互交织，共同构成了企业绿色发展理念的核心，并对企业的绿色建造能力形成和提升产生了深远而重要的影响。

(2)绿色文化塑造与传播能力(GCC)的形成依赖于企业绿色发展理念(GC)。其中企业家绿色精神作为关键因素，可以引领企业不断探索新的绿色技术、绿色材料和绿色管理模式，推动企业绿色文化的形成、传播、发展和创新，不仅有助于企业自身的可持续发展，也对绿色文化的塑造与传播能力产生积极的影响。

(3)绿色制度设计与执行能力(GSC)的形成依赖于企业绿色综合管理(GM)。其中绿色知识管理水平作为关键因素，是绿色制度设计的基础，有助于提升绿色制度设计的创新性和实用性，还能够增强绿色制度执行的效果，对绿色制度设计与执行能力产生长期影响。

(4)绿色技术研发与应用能力(GTC)和绿色资源配置与整合能力(GTC)依赖于企业绿色技术发展(GT)。其中绿色技术引进有助于企业快速获取外部的技术资源和知识，进而加速其内部的绿色技术研发进程。同时，绿色技术的引进和研发往往需要与之相匹配的资源配置，这可以促进企业内部的资源进行合理配置和整合，提高资源利用效率建造能力。

3. 绿色铁路建造能力建设相关启示

通过 ISM-MICMAC 得出影响因素的层次结构与逻辑关系，通过 SEM 揭示影响因素的影响效应和形成机理，可以得出绿色铁路建造能力建设的相关启示。

(1)深化企业绿色发展理念。铁路工程企业应更新发展理念和价值取向，主动承担环境和社会的责任，将绿色元素融入文化、制度和战略中，以潜移默化的方式扩大员工对实施绿色建造的认可度与理解度，让员工在价值观上达成共识，并在长期的生产实践中不断积累、总结和提升绿色建造意识，以促进绿色文化塑造与传播能力的提升，在当前绿色变革的大环境下求得生存和长期可持续的发展。

(2)加快企业绿色技术创新与发展。铁路工程企业绿色建造技术创新的主体应加大绿色技术的研发与引进，扩大新型绿色装备的研发与应用，注重绿色建造人才培育。通过资源合理配置，推动企业内部的技术创新和升级，并形成更加高效、协同的绿色资源整合机制，从而提升企业的绿色技术研发和应用能力。

(3)提升企业绿色综合管理水平。铁路工程企业应制定科学的绿色建造发展目标，提升企业目标管理能力。应注重组织资源动态流通，提升企业资源配置水平。此外,还应注重提升绿色知识管理水平,加强绿色管理制度建设,提升企业组织管理水平和制度执行能力,进而促进企业的绿色发展。

(4)增强企业外部市场环境适应能力。绿色建造的推广不仅仅需要政府和有关部门的支持,更需要企业主动把握绿色建造相关激励政策所带来的市场机遇,积极推进绿色建造。铁路工程企业还应联合其他利益主体积极打造绿色建造全产业链协同,积极构建产学研绿色技术创新联盟,有效整合企业内外部优质人才、技术、资源等生产资料有效整合配置,为铁路工程企业绿色建造注入发展活力。

铁路工程企业作为全面践行绿色发展理念的实施主体,只有不断提高绿色建造能力,才能保持自身高质量发展,并推动铁路工程朝着绿色、可持续的方向转型升级。

8 绿色铁路建造能力成熟度评价

为衡量铁路工程企业的绿色铁路建造能力,提升绿色铁路建造能力成熟度概念,构建铁路工程企业绿色铁路建造能力成熟度模型,建立绿色铁路建造能力成熟度评价指标,确定成熟度评价方法,为科学评价绿色铁路建造能力提供依据。

8.1 绿色铁路建造能力成熟度模型

8.1.1 绿色铁路建造能力成熟度内涵

在创新、协调、绿色、开放、共享的新发展理念下,将绿色低碳发展模式深入贯彻到铁路工程建设的各个环节,以不断推进绿色铁路工程建设的发展。绿色铁路工程是以绿色发展理念为主导的铁路工程建设活动及其成果的总称,包含了生态保护、资源节约与集约利用、全寿命成本视角的质量提升等丰富内涵,具有主动、高效、系统和以人为本的环境友好特征,体现了人民对优质生活和优美环境的更高需求,也是铁路工程实现可持续发展的方向。

现有工程建设模式在理念与措施融合转换、成本与效益平衡以及市场调节方面存在一定的局限,因此,要加强绿色铁路建造能力的建设。绿色铁路建造能力是铁路工程企业合理利用资源、满足用户需求、追求铁路工程建设过程和产品绿色化的能力,包括绿色技术研发与应用能力、绿色制度设计与执行能力、绿色资源配置与整合能力、绿色文化塑造与传播能力 4 个维度的内容,如图 8-1 所示。

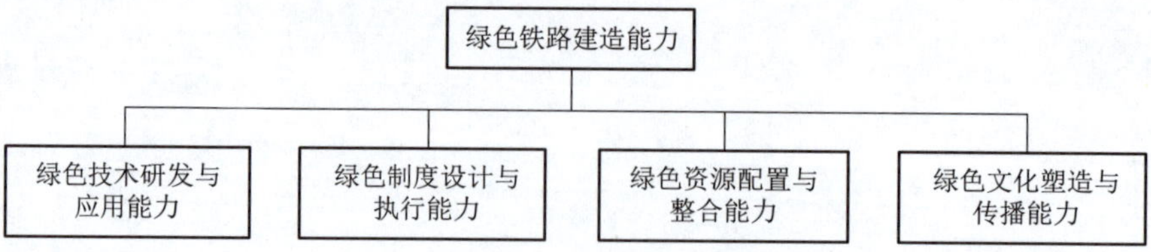

图 8-1 绿色铁路建造能力构成

成熟度可定义为组织执行且一致记录、管理、测量、控制等持续改进已明确流程的程度,可以通过评估进行衡量。能力成熟度代表组织执行特定活动或以可预测且一致的方式实现所需功能的能力,具有不断发展和不断提高的特点。由此,绿色铁路建造能力成熟度可界定为铁路工程企业在绿色铁路工程建设的设计和施工阶段,从技术、制度、资源、文化等方面管理过程能力的增长潜力和可改进的方面。运用绿色铁路建造能力成熟度模型评价铁路工程企业绿色建造能力水平,明确铁路工程企业或项目组织自身当前能力发展阶段,找出绿色铁路建造过程中的不足与缺陷,并采取有效的策略和措施来解决绿色铁路建造过程中出现的问题,促进铁路工程企业绿色建造能力的提升。

8.1.2 绿色铁路建造能力成熟度模型

目前,项目管理成熟度模型的研究大多包含流程、项目和企业三个层面。CMM、OPM3、K-PMMM、PMS-PMMM 模型是目前国际上通用的标准型模型,各模型对项目管理能力层级的界定和应用范围不尽相同。基于对现有模型的对比分析,提出绿色铁路建造能力成熟度模型。

1. CMM 模型

1987 年美国卡内基梅隆大学的软件工程研究所构建软件能力成熟度模型,标志着能力成熟度模型的诞生。能力成熟度模型(capacity maturity model,CMM)源于计算机科学,描述软件组织在确定概念和操作、量化、检测与提升软件过程中的能力,用于完善软件过程能力的方法,以软件开发过程管理及能力评估与提高为核心内容,是一个阶梯式进化的架构。模型自推出以来,经过数年迭代并整合系统安全工程能力成熟度模型(systems security engineering-capability maturity model,SE-CMM)、产品发展能力成熟度模型(integrated product development-capability maturity model,IPD-CMM)和人力资源管理能力成熟度模型(people-capability maturity model,P-CMM),在 2000 年最终形成能力成熟度集成模型(capability maturity model integration,CMMI)。能力成熟度集成模型包含了研发、采购、服务等方面的内容,为过程改进的研究提供了指导和规范。CMM 模型的 5 个渐进等级为初始级、可重复级、已定义级、已管理级和优化级,每一等级由等级特征、关键过程域(key process area,KPA)和关键实践(key practices,KP)来定义,通过实施相应 KP 达到特定目标。

2. OPM3 模型

OPM3(organizational project management maturity model)模型由美国项目管理学会(project management institute,PMI)于 1998 年开发,是一个旨在提高组织战略执行能力和更高效地进行项目管理的新标准,也是一种评估组织通过单个项目、项目群和项目组合来实施战略目标的能力的方法,以帮助组织提高市场竞争力。OPM3 模型经过两阶段的修正与改进,基本结构已得到完善,涵盖了项目管理三大板块并且能与项目管理知识体系(project management body of knowledge,PMBOK)集合使用,是目前运用最广的项目管理评估模型。

3. K-PMMM 模型

2002 年,美国 Kerzner 博士将企业发展与项目管理战略规划联系起来,提出了项目管理成熟度模型(project management maturity model,K-PMMM)。该模型从企业项目管理战略规划角度进行评估,分析项目管理从低成熟度等级到高成熟度等级所要经历的困难和障碍。K-PMMM 模型的 5 个级别为通用术语、通用过程、单一方法、基准比较以及持续改进,某些层级之间存在重叠关系,代表企业在实施战略过程中出现了工作重叠现象,但是从第二层到第三层的过程不可重叠,因为从不成熟到成熟的转变是一种关键性的跃迁,且每一层次的发展顺序均不可逆。

4. PMS-PMMM 模型

为提高公司绩效并通过改进项目管理能力来成功实施其战略,PM Solution 公司的 Crawford 博士于 2001 年提出了一种达到卓越项目管理的途径,即项目成熟度模型(PM solutions-project management maturity model,PMS-PMMM)。该模型在帮助组织提高项目管理能力方面取得了较大成就,成为衡量项目管理成熟度的行业标准之一。PMS-PMMM 模型融合了 CMM 模型和 PMI 项目管理知识体系的九大知识领域,成为一个二维整体,为组织提供了优化项目管理的具体过程和提高组织能力的概念性框架。该模型将成熟度划分为初过程、结构化过程和标准、组织标准和制度化过程、管理过程和优化过程 5 个级别,从项目管理的 9 大范畴评级。

5. 绿色铁路建造能力成熟度模型的提出

CMM、OPM3、K-PMMM 和 PMS-PMMM 这 4 种主要的成熟度模型对比分析见表 8-1。

表 8-1 主要的成熟度模型对比分析

模型名称	模型结构	主要特点	应用范围	缺 陷
CMM	一维 5 级	应用较早,专业化强	软件开发	应用面单一狭窄
OPM3	三维 4 级	综合性强,覆盖面广	项目管理	缺乏针对性
K-PMMM	一维 5 级	理论性强	项目管理	试题与专业术语繁杂
PMS-PMMM	二维 5 级	涉及面广,评价标准严格	项目管理	抽象、可操作性差

通过对上述四个模型对比分析可知,四个模型大多不针对某一具体领域的研究,没有明晰适用项目规模,有必要结合铁路工程企业绿色铁路建造能力的特点,建立适用于铁路工程企业绿色铁路建造能力评价的成熟度模型和方法。鉴于 CMM 模型具有较强的专业性且是一个阶梯式进化的架构,与绿色铁路建造能力的提升路径相契合,主要借鉴 CMM 等成熟度模型,根据现有绿色铁路建造能力的特点,结合国家铁路局发布的《绿色铁路客站评价标准》、《铁路声屏障工程施工质量验收标准》和《铁路旅客车站客运服务信息系统工程施工质量验收标准》等铁路工程建设行业绿色建造相关标准,借鉴绿色施工能力成熟度 GCCMM 模型,构建绿色铁路建造能力成熟度评价模型(green railway construction capacity maturity model ,GRCCMM)。

运用 GRCCMM 模型对绿色铁路建造能力进行评价,一方面可结合能力现状分析确定企业绿色铁路建造能力所处发展水平的能力成熟度等级,得到企业绿色建造能力需改进的环节;另一方面,为企业提供了阶梯发展式的过程能力改进框架。企业可利用构建的 GRCCMM 模型来确定绿色铁路建造能力成熟度等级,制定能力提升的方法和措施,保障企业推动绿色铁路建造能力发展的过程具有明晰性和可控性。

8.2 绿色铁路建造能力成熟度模型等级与结构

8.2.1 绿色铁路建造能力成熟度模型等级划分

绿色铁路建造能力成熟度等级是能力逐步提升的动态衡量,成熟度等级越低说明铁路工程企业建造活动绿色化程度越低,成熟度等级越高说明铁路工程企业绿色制度越完善、绿色目标越清晰、建造活动绿色化程度越高。因此,等级划分是构建成熟度模型要解决的首要问题。绿色铁路建造能力成熟度等级是根据行业特征、工作特点等人为定义出来的,一方面用于描述绿色铁路建造能力不断提升的过程,另一方面也是设置绿色铁路建造能力提升的阶段性目标。

通过对比常用的成熟度模型,基于铁路工程企业绿色铁路建造能力内涵并考虑铁路工程企业绿色铁路建造能力的实际情况,将绿色铁路建造能力成熟度划分为五级:初始级、成长级、规范级、优秀级和卓越级,以有序地衡量铁路工程企业绿色铁路建造能力。同时类比《绿色建筑评价标准》(GB/T 50378—2019)中将绿色建筑的评价等级分为"一星级、二星级、三星级、四星级、五星级",将铁路工程企业绿色铁路建造能力成熟度等级中初始级即为一星级、成长级即为二星级、规范级即为三星级、优秀级即为四星级、卓越级即为五星级,如图 8-2 所示。

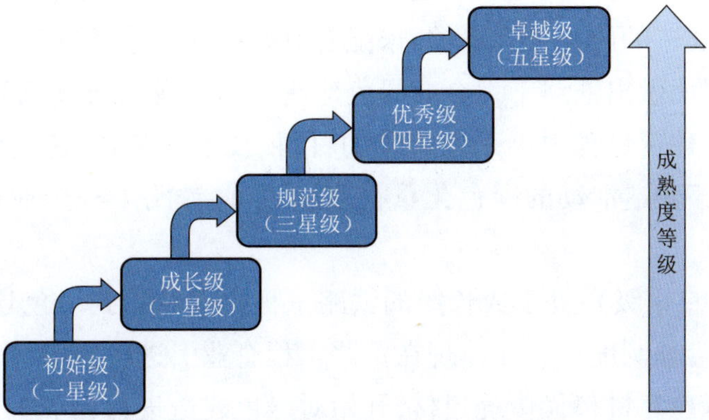

图 8-2 绿色铁路建造能力成熟度模型

第一级为初始级,即一星级,初始级是最低级别的绿色铁路建造能力成熟度,表明铁路工程企业没有意识到绿色建造的重要性,并且没有在技术和管理上进行创新,仍然采用传统的建造方式和粗放式的管理。第二级为成长级,即二星级,表明铁路工程企业因国家政策导向、外部环境压力等原因意识到有必要进行绿色建造,被动地采取行动实现绿色建造。第三级为规范级,即三星级,表明铁路工程企业初步明晰绿色建造目标,铁路工程企业绿色建造活动基本得到规范控制。第四级为优秀级,即四星级,表明绿色建造已贯穿于铁路工程企业管理和项目实施的每个环节,并且实现了定期检查和定量考核。第五级为卓越级,即五星级,卓越级是最高级别的绿色铁路建造能力成熟度,表明铁路工程企业绿色建造能力位于行业前沿,具有绿色意识并贯穿于日常管理工作和建造活动中,同时铁路工程企业持续改进和提升绿色铁路建造能力。

8.2.2 绿色铁路建造能力成熟度等级特征

绿色铁路建造能力是铁路工程企业基于绿色建造理念在工程建造实施过程中通过技术创新与管理创新,对绿色策划、绿色设计、绿色施工的绿色建造全过程进行全面绿色统筹,实现建设项目资源和能源的节约和循环利用,力求减少建造活动对环境的负面影响,从而保证铁路工程企业可持续健康发展的能力。绿色建造能力由 4 个相互影响、相互作用而又相互统一的能力构成:绿色技术研发与应用能力、绿色制度设计与执行能力、绿色资源配置与整合能力、绿色文化塑造与传播能力。成熟度模型将绿色铁路建造能力分成了不同的等级,不同成熟度等级代表能力发展的不同阶段所表现的特点也有所不同。对此,结合前文对铁路工程企业绿色技术研发与应用能力、绿色制度设计与执行能力、绿色资源配置与整合能力、绿色文化塑造与传播能力的分析,得到各成熟度等级的具体特征。

(1)初始级(一星级):处于初始级的铁路工程企业未开展绿色建造技术的研发和制定绿色建造制度来保障铁路工程企业绿色建造活动的实施。具体体现在铁路工程企业对于绿色建造的研发投入不够、未配备科研技术人才、没有与高校展开产学研合作;未从制度层面做出铁路工程企业绿色建造早期发展规划,且不具备绿色建造项目的风险意识;在建造过程中仍采用传统的材料、技术和装备,建造活动能源消耗较多、污染较大;对于建造活动的绿色化重视程度不够,铁路工程企业内部未形成绿色意识。

(2)成长级(二星级):处于成长级的铁路工程企业意识到绿色建造的重要性,着手制定绿色建造管理制度。具体体现在铁路工程企业引进应用市场成熟的绿色建造技术,初步使用绿色建材替代传统建材,开始对绿色建造进行初步的人才、资金储备;铁路工程企业绿色建造相关制度设计未成体系,具有不完善、约束力不强等特点,在实际管理工作中流于形式,不能较好地指导铁路工程企业绿色建造活动的开展;铁路工程企业虽已具备绿色意识,但仍停留在铁路工程企业高层。

(3)规范级(三星级):处于规范级的铁路工程企业明晰绿色铁路建造目标,并能创建规范的绿色铁路建造组织机构,制定明确的绿色铁路建造流程体系和操作规范,铁路工程企业对绿色铁路建造具有执行类似或可重复工作的能力。具体体现在铁路工程企业开始开展绿色技术模仿创新并转化应用至工程实际,但由于铁路工程企业缺乏研发经验和专业的科研技术人才,所获得的研发成果较少,投入产出不平衡;铁路工程企业制定了一定的绿色建造项目管理工作规范和标准,形成了规范合理的执行手册和惩处条例,可进一步激励铁路工程企业内部员工对绿色建造项目的积极性,并实现了铁路工程企业建造活动规范化、流程化;整合行业内可用资源,对绿色铁路建造过程中的资源节约与绿色建材使用提出要求,提升资源利用效率;铁路工程企业全员具备了绿色建造意识,拥有绿色精神与行为文化。

(4)优秀级(四星级):处于优秀级的铁路工程企业积极开展绿色建造技术自主研发,制定了完善的绿色建造管理制度,为绿色建造活动落地实施提供保障和支撑。具体体现在铁路工程企业内部培育科研技术人才,形成了结构合理的人才队伍,取得了大量的研发成果;铁路工程企业绿色建造领导组织进一步改善,用于阶段性的量化目标,并具备绿色建造监管制度、绿色建造激励制度、项目协同管理制度、绩效考核机制等一系列完善制度管理体系,实现产品质量和过程定量控制;铁路工程企业绿色建造资金的来源更加多元,有更多的资金来保障工作的开展,开始以价值共享与风险分担来调动整个行业内的可用资源,并在铁路工程企业内部能够对可用资源进行更细化、可量化的配置;绿色建造深入企业文化,引导和控制绿色铁路建造业务发展,信息化、技术化程度高;可以预测产品的质量,风险可知可控,实现了施工标准,铁路工程企业开展绿色建造相关知识管理,具备了良好的绿色建造品牌形象。

(5)卓越级(五星级):处于卓越级的铁路工程企业已经达到绿色建造能力的最高等级,其将管理重心放在绿色建造能力的持续提升上,持续改进和发展四项绿色建造能力持续跟踪行业对铁路工程企业绿色建造能力的要求,感知自身的薄弱环节进而优化改进,预防不足产生,探索持续提升型绿色建造。具体体现在铁路工程企业所拥有的绿色研发成果、人才、设备数量位于行业前列,积极攻克行业绿色前沿技术,项目建造过程中使用先进的技术、装备和材料,污染排放量远低于国家法律要求,铁路工程企业根据铁路工程企业行业水平,灵活管理铁路工程企业内部并在业内推广自身先进标杆项目和标准规范等成果;健全了完整的绿色铁路产业链条,充分调动行业上、中、下游企业的活力,积极参与绿色铁路建设,提升资源利用效率;铁路工程企业形成了良好的铁路工程企业核心价值观,并向行业推广铁路工程企业独特的绿色建造理念。

8.2.3 绿色铁路建造能力成熟度模型结构

为评价铁路工程企业绿色铁路建造能力,以 CMM 模型为基础构建的绿色铁路建造能力成熟度模型(GRCCMM),由维度、关键过程域(KPA)和关键实践(KP)构成。

1. 维度

GRCCMM 的构成维度用于测评绿色铁路建造能力水平的高低。由于项目管理能力模型的研究大都是二维的,将成熟等级作为第一个维度、其组织系统层面设为第二个维度。基于此,GRCCMM 的第一个维度是其成熟度的五个等级,初始级(一星级)、成长级(二星级)、规范级(三星级)、优秀级(四星级)、卓越级(五星级),第二个维度是构成铁路工程企业绿色铁路建造能力的 4 个子能力,即绿色技术研发与应用能力、绿色制度设计与执行能力、绿色资源配置与整合能力、绿色文化塑造与传播能力。GRCCMM 的构成维度如图 8-3 所示。

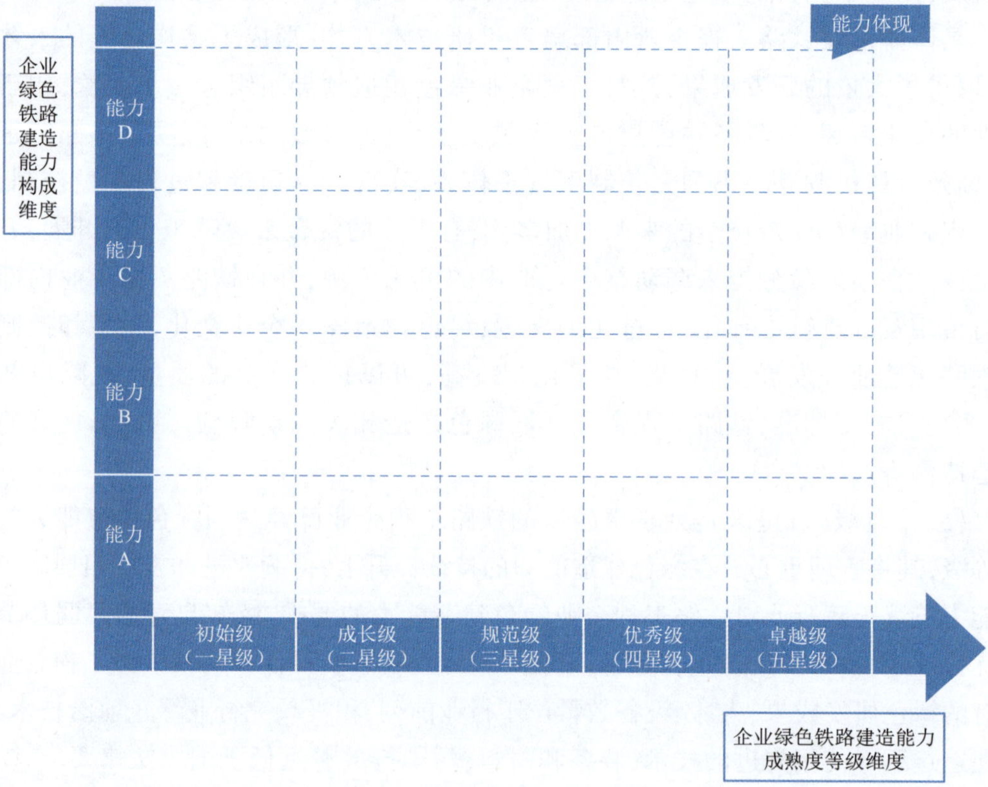

图 8-3 GRCCMM 的构成维度示意

图 8-3 中横坐标为铁路工程企业绿色铁路建造能力成熟度等级维度,各等级之间具有连续性,体现逐步提高、逐步改进的过程;纵坐标为铁路工程企业绿色铁路建造能力构成维度,能力 A、B、C、D 对应四项能力,四个能力没有时间上的连续性,互为并列关系,能力之间可能相互作用、相互影响,可以通过关键实践的完成一同提升。平行于横纵两轴的虚线所构成 20 个方格,表现为 4 项能力在不同成熟度等级的具体体现。

2. KPA 及 KP

KPA 为各等级提供了参考指标,是达到该等级铁路工程企业必须满足的条件。一般除初始级(一星级)以外其他等级都有 KPA。在成长级(二星级),关注绿色铁路建造标准化过程,建立了基本的管理制度和规程,管理工作有章可循,初步实现标准化,为绿色铁路建造能力进一步提升提供支持。在规范级(三星级),注重绿色铁路建造能力的标准化过程,建设过程中,技术工作和管理工作,均已实现标准化。在优秀级(四星级),注重过程管理定量和可预测性。在卓越级(五星级),注重绿色铁路建造能力持续提升。GRCCMM 内部成熟度等级、关键过程域、共同特征、关键实践之间的逻辑关系如图 8-4 所示。

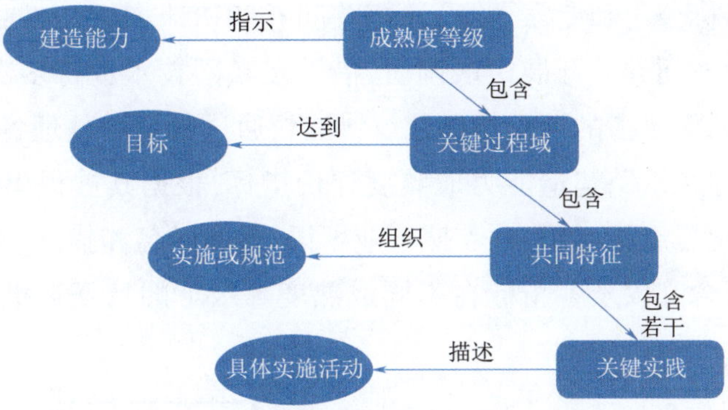

图 8-4 GRCCMM 内部逻辑关系示意

在 GRCCMM 的内部构造中,需要根据其等级特征构建对应的 KPA 和 KP。KPA 将绿色铁路建造能力成熟度等级特征目标化,每一个绿色铁路建造能力成熟度等级都由几个 KPA 构成,指出该等级的目标。KPA 的每个关键实施目标又包含了几个 KP,KPA 通过共同特征指定 KP,KP 是实现每个 KPA 的具体任务。关键实践活动完成后就可以实现关键实施目标,当关键实施目标都完成后可达到相应的成熟度等级要求。成熟级别升高后需通过重新明晰新的 KPA 和 KP,通过施行新 KP 来实现 KPA,从而达到更高级别要求的渐进过程,绿色铁路建造能力成熟度级别由低级别向高级别上升发展。

8.3 绿色铁路建造能力成熟度评价指标与方法

8.3.1 绿色铁路建造能力成熟度评价指标

1. 绿色铁路建造能力成熟度评价指标筛选依据及构建思路

评价指标的制定遵循科学性、系统性、层次性和可操作性的原则,在指标体系评价标准的制定过程中,以绿色设计、绿色施工等相关的法规与标准为依据,在指标体系建立过程中坚持量化指标为主的原则,既可提高评价的客观性和可靠性,又增强了评价指标的说服力。因此,在绿色铁路建造能力成熟度评价指标的选取时,主要采用文献调查、问卷调查和专家访谈的方法,科学、客观地构建绿色铁路建造能力成熟度评价指标体系,以得到具备实用性的定性和定量相结合的指标。

首先,借鉴绿色铁路评价、绿色施工能力成熟度评价和企业绿色铁路建造能力影响因素等方面的研究成果,参考其评价指标体系的划分标准及框架,结合本书第7章绿色铁路建造能力形成机理,从绿色技术研发与应用能力、绿色制度设计与执行能力、绿色资源配置与整合能力、绿色文化塑造与传播能力4个维度出发,初步构建绿色铁路建造能力成熟度评价指标体系;其次,考虑绿色铁路建造的普及程度和应用现状,确定访谈的目标公司和专家,并设计相关问卷和访谈大纲,向调研专家说明调研的目的及步骤,发放问卷并开展访谈调研,借助互联网技术进行多次循环访谈调查,使受调查的专家给出更多的评价指标建议;最后,通过收集和整理各专家意见,补充、剔除和修改初始绿色铁路建造能力成熟度评价指标,根据其被提出的频率大小序列分析和筛选后得出二级指标层,并参照行业术语,重新赋名和描述专家访谈调研得出的评价指标、指标含义以及各指标在不同成熟度等级下的特征。指标体系构建逻辑如图8-5所示。

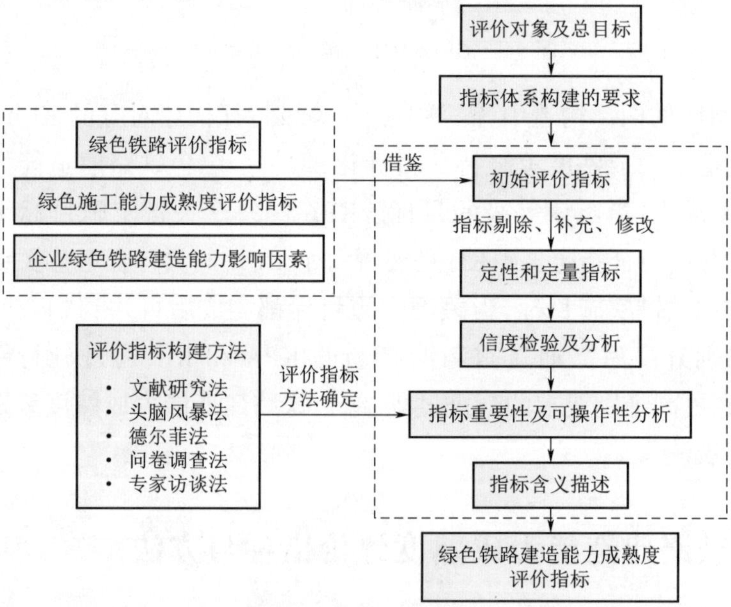

图8-5 绿色铁路建造能力成熟度评价指标体系构建逻辑

国内外学者在绿色铁路建造能力方面的研究主要集中在绿色铁路内涵、绿色铁路设计、绿色施工能力成熟度以及能力影响因素等方面。基于此,从技术、制度、资源和文化4个维度出发,构建绿色技术研发与应用能力、绿色制度设计与执行能力、绿色资源配置与整合能力、绿色文化塑造与传播能力 4 个一级指标，采用文献研究法，基于指标选取的原则，寻找能准确客观反映这 4 个能力的二级指标。根据铁路工程企业实际情况，结合专家意见，采用问卷和访谈等形式，对评价指标进行筛选和修正，构建维度完整、相互独立的指标体系，以适应评价的需求并实现评价的目标。构建的绿色铁路建造能力成熟度评价指标见表 8-2。

表 8-2 绿色铁路建造能力成熟度评价指标体系与含义解释

一级指标	二级指标	指标释义
绿色技术研发与应用能力	研发投入经费占比	定量指标，铁路工程企业每年用于绿色技术研发的经费，占每年用于科技研发经费比率
	绿色建造技术研发人员占比	定量指标，铁路工程企业技术研发人员中，参与绿色建造技术研发人员，占全部研发人员的比例
	绿色材料使用占比	定量指标，铁路工程企业建设项目中绿色材料的数量，占项目所使用全部材料的占比
	绿色技术装备使用率	定量指标，铁路工程企业在建项目中利用应用绿色技术研发的装备，占项目所有技术装备总数的比率
	绿色建造成果数量	定量指标，铁路工程企业当年授权的与绿色技术研发、应用相关的专利数目
	绿色创新绩效	定性指标，工程应用新技术后效益的增加，如单位总投资综合能耗等
绿色制度设计与执行能力	绿色建造领导组织	定性指标，铁路工程企业为保障绿色铁路建设能力的提升所设立的领导与组织部门，所发挥的效力
	企业内部沟通管理机制	定性指标，铁路工程企业为保障绿色铁路建设能力的提升所建立的沟通管理机制，所发挥的效力
	绿色项目风险管理措施	定性指标，铁路工程企业为保障绿色铁路建造能力提升过程，工作能顺利开展提出特有的风险管理措施，所发挥的效力
	企业绿色标准规范	定性指标，铁路工程企业为保障实现绿色铁路建造目标实现，制定的绿色铁路建造标准规范的完善程度及落实情况
	绿色建造人才激励制度	定性指标，为提升研发人员在绿色铁路建造能力研发的积极性所设立的人才激励制度，所发挥的效力
	企业绿色绩效考核机制	定性指标，铁路工程企业为评价绿色创新绩效所设立的特有考核机制，所发挥的效力
绿色资源配置与整合能力	资源循环利用效益	定量指标，周转性材料重复使用量占周转性材料库存总量的比例（%）
	绿色建造增量成本	定量指标，铁路工程企业因使用了绿色建造相应的节能方法和措施而增加的成本（元/m^2）
	绿色建造项目投融资	定性指标，铁路工程企业用于绿色铁路建造项目的投融资额情况
	能源消耗节约	定性指标，铁路工程企业通过采取相关措施降低的能源消耗
	就地取材率	定量指标，项目使用当地材料用量占所有材料使用量的比例（%）

续上表

一级指标	二级指标	指标释义
绿色文化塑造与传播能力	绿色施工宣传与培训	定性指标,铁路工程企业开展的宣传与培训的情况
	企业家绿色精神	定性指标,铁路工程企业高层对于绿色建造文化的认可与支持程度,铁路工程企业绿色思想意识的整体体现
	企业绿色可持续发展战略	定性指标,铁路工程企业针对绿色发展设立可持续发展战略,所发挥的效力
	绿色管理认可程度	定性指标,铁路工程企业绿色建造项目所获得的奖励数量
	公众评价与满意度	定性指标,公众对铁路工程企业绿色项目实施情况的满意程度

2. 成熟度评价指标等级标准

依据《绿色建筑评价标准》《绿色施工导则》并参考相关文献资料,针对定性指标和定量指标采取不同的评判标准,对于定量指标采用具体的数值表示对不同等级的归属情况;对于定性指标,利用文字表述评价指标在 5 个成熟度等级下的具体表现,以便能够对铁路工程企业绿色铁路建造能力成熟度做出客观评价。各评价指标的等级标准见表 8-3。

表 8-3 绿色铁路建造能力成熟度评价指标等级标准

二级指标	初始级(一星级)	成长级(二星级)	规范级(三星级)	优秀级(四星级)	卓越级(五星级)
研发投入经费占比	0~<1.5%	1.5%~<2%	2%~<2.5%	2.5%~<3%	≥3%
绿色建造技术研发人员占比	0~<0.5%	0.5%~<1%	1%~<1.5%	1.5%~<2%	≥2%
绿色材料使用占比	0~<20%	20%~<30%	30%~<50%	50%~<70%	≥70%
绿色技术装备使用率	0~<40%	40%~<50%	50%~<60%	60%~<70%	≥70%
绿色建造成果数量	0~<15	15~<20	20~<25	25~<30	≥30
绿色创新绩效	单位总投资综合能耗大于行业基准值	单位总投资综合能耗与行业基准值持平	单位总投资综合能耗大于行业先进值且小于行业基准值	单位总投资综合能耗与行业先进值持平	单位总投资综合能耗小于行业先进值
绿色建造领导组织	没有设立绿色建造领导与组织部门	设立了绿色建造领导与组织部门,但未能落实并发挥作用	设立了绿色建造领导与组织部门并一定程度上指导绿色建造	设立了绿色建造领导与组织部门并能较好地指导绿色建造	设立了绿色建造领导与组织部门并能有力地指导绿色建造
企业内部沟通管理机制	没有制定铁路工程企业内部沟通管理机制	制定了较为完善的铁路工程企业内部沟通管理机制	制定了完善的铁路工程企业内部沟通管理机制	制定了完善的铁路工程企业内部沟通管理机制,并制定配套的保证措施保障其落实	制定并实施铁路工程企业内部沟通管理机制,并结合铁路工程企业实际情况及时更新完善

续上表

二级指标	初始级（一星级）	成长级（二星级）	规范级（三星级）	优秀级（四星级）	卓越级（五星级）
绿色项目风险管理措施	几乎没有采用风险管理措施，风险管理常以管理层个人经验为根据	采取了一些风险管理措施，但没有覆盖风险管理全流程	采取了较为完善的风险管理措施	采取了完善的风险管理措施并成立专门的风险管理部门	采取了完善的风险管理措施且风险管理部门设置和人员配备精干高效，风险管理权责分配科学合理，风险管理措施全面落实
企业绿色标准规范	铁路工程企业未制定绿色建造标准规范	铁路工程企业制定了绿色建造标准规范，但仍存在缺陷	铁路工程企业制定了较为完善的绿色建造标准规范，但执行性不佳	铁路工程企业制定了相对完善的绿色建造标准规范，且能在一定程度上指导铁路工程企业进行绿色建造活动	铁路工程企业制定了完善的绿色建造标准规范，且可以很好地指导铁路工程企业进行绿色建造活动
绿色建造人才激励制度	没有制定绿色建造人才激励制度	制定了较为完善的绿色建造人才激励制度	制定了完善的绿色建造人才激励制度	制定了完善绿色建造人才激励制度，并制定配套的保证措施保障其落实	制定并实施绿色建造人才激励制度，并结合铁路工程企业实际情况及时更新完善
企业绿色绩效考核机制	没有制定铁路工程企业绿色绩效考核机制	制定了较为完善的铁路工程企业绿色绩效考核机制	制定了完善的铁路工程企业绿色绩效考核机制，但其未落实到位	制定了完善铁路工程企业绿色绩效考核机制，并制定配套的保证措施保障其落实	制定并实施了铁路工程企业绿色绩效考核机制，并结合铁路工程企业实际情况及时更新完善
资源循环利用效益	0～<45%	45%～<55%	55%～<65%	65%～<75%	≥75%
绿色建造增量成本	≥75%	50%～<75%	15%～<50%	5%～<15%	0～<5%
绿色建造项目投融资	未在节能环保措施中投入，或在节能环保措施方面的资金投入较少	重点投资见效快的节能减排改造项目，加大环保科研的资金投入	对各单位的低碳绿色计划进行规划，并保证投入资金在不同改造项目上的投资比例	展开绿色项目试点，增大产学研用的资金投入	开展绿色铁路建设示范项目，形成专业绿色建造项目管理机构
能源消耗节约	优先采用以废弃物为原料的生产材料，其中废弃物含量不少于20%，或采用绿色装备、绿色设计方法使得能源消耗节约不少于20%	采用一种再生建筑材料，且该材料占同类材料总质量比例不小于30%，或采用绿色装备、绿色设计方法使得能源消耗节约不少于30%	采用两种再生建筑材料，占比不小于30%，或采用多种绿色装备、绿色设计方法，使得能源消耗节约不少于35%	采用两种以上再生建筑材料，占比不小于30%，或采用多种绿色装备、绿色设计方法，使得能源消耗节约不少于40%	施工材料可重复利用程度提高，大量再利用施工材料包装，研发并使用Ⅰ、Ⅱ、Ⅲ类混凝土再生骨料，或自主研发绿色装备以及绿色设计方法，能够最大程度重复利用能源

续上表

二级指标	初始级（一星级）	成长级（二星级）	规范级（三星级）	优秀级（四星级）	卓越级（五星级）
就地取材率	0~<40%	40%~<50%	50%~<60%	60%~<70%	≥70%
绿色施工宣传与培训	未宣传绿色施工相关措施，没有建立相关培训制度	建立了绿色施工相关培训制度，但未良好执行	定期对员工进行绿色施工培训	建立并执行了绿色施工相关的完善的奖惩制度	根据项目具体情况，针对性地制定绿色施工培训制度，定期培养员工并进行考核和奖惩
企业家绿色精神	铁路工程企业的高层管理者初步形成了绿色观念和环保意识，但在铁路工程企业内部整体的接受程度低	铁路工程企业自上而下的环保意识高，领导者和员工对绿色价值观的接受程度较高	铁路工程企业制定了员工绿色施工工作手册，约束人员绿色建造行为	铁路工程企业形成了绿色设计、绿色监督、绿色服务等制度规范，实行长期管理	铁路工程企业在传统理念、传统做法上有颠覆性认识，在战略、组织、人力、研发、创新、生产营销、投资决策、资源利用等各个环节上均围绕绿色环保理念展开管理工作
企业绿色可持续发展战略	未制定铁路工程企业绿色发展战略，但组建了铁路工程企业管理层在内的绿色施工领导小组	开始制定铁路工程企业绿色发展战略，并在项目实行绿色施工项目责任制	执行绿色发展战略，建立绿色教育宣传机制，编制绿色设施使用手册	形成铁路工程企业绿色施工管理体系，铁路工程企业绿色项目执行情况较好	贯彻落实铁路工程企业绿色文化可持续发展战略，分阶段执行铁路工程企业短期、中期、长期的发展目标
绿色管理认可程度	达到环境认证体系 ISO 14000 的要求	铁路工程企业制定的绿色管理目标实现程度较好	被评为国家优秀绿色项目	获得世界级绿色管理奖项	同时满足国际、国家、其他绿色组织消费团体等多个组织的绿色标准，并获得其认可和奖励
公众评价与满意度	不满意铁路工程企业绿色项目的产出效果	相对于未开展绿色建造的项目，用户对实行绿色建造项目的满意程度一般	公众对绿色项目执行过程比较满意	项目实施效果满意度高，且用户愿意对项目进行宣传	十分满意，且愿意与铁路工程企业进行长期绿色建造项目的合作

8.3.2 绿色铁路建造能力成熟度评价指标权重

1. 评价指标权重确定方法

通过对常见权重确定方法对比分析，结合铁路工程企业绿色铁路建造能力以及前面章节所构建的指标体系，综合考量选取网络层次分析法（ANP）来确定研究所构建的绿色铁路建造能力成熟度评价指标中各指标的权重。运用 ANP 方法，将绿色铁路建造能力成熟度作为构建 ANP 模型的控制层，将指标体系下的 4 个一级指标与

22个二级指标用以构建模型中的网络层。由于目前对于绿色铁路建造能力相关的研究成果较少,且在前面章节构建时是依据文献对相关评价指标进行识别,对于二级指标之间的相互影响没有考虑,ANP方法可以解决这一问题,ANP方法能够开发出一个“超矩阵”,形成的层次结构之间存在循环与反馈关系,每一层次结构内部存在相互依存结构,从而可以使用该方法计算出复合权重值,以表达元素之间的相互依赖关系序列,因此,选择采用ANP方法确定本评价指标的权重。

2. 网络层次分析法权重确定步骤

(1)成熟度评价指标的相关性分析

为分析绿色铁路建造能力成熟度评价指标间的关系,通过问卷的形式,收集相关工程建设领域实践者和科研人员的意见。本调查问卷采用表格形式,为了简化表格,利用$C_1 \sim C_4$表示各一级指标,$C_{11} \sim C_{45}$表示各二级指标,具体见表8-4。

表8-4 绿色铁路建造能力成熟度评价指标

一级指标	二级指标
C_1 绿色技术研发与应用能力	C_{11} 研发投入经费占比
	C_{12} 绿色建造技术研发人员占比
	C_{13} 绿色材料使用占比
	C_{14} 绿色技术装备使用率
	C_{15} 绿色建造成果数量
	C_{16} 绿色创新绩效
C_2 绿色制度设计与执行能力	C_{21} 绿色建造领导组织
	C_{22} 企业内部沟通管理机制
	C_{23} 绿色项目风险管理措施
	C_{24} 企业绿色标准规范
	C_{25} 绿色建造人才激励制度
	C_{26} 企业绿色绩效考核机制
C_3 绿色资源配置与整合能力	C_{31} 资源循环利用效益
	C_{32} 绿色建造增量成本
	C_{33} 绿色建造项目投融资
	C_{34} 能源消耗节约
	C_{35} 就地取材率
C_4 绿色文化塑造与传播能力	C_{41} 绿色施工宣传与培训
	C_{42} 企业家绿色精神
	C_{43} 企业绿色可持续发展战略
	C_{44} 绿色管理认可程度
	C_{45} 公众评价与满意度

填写问卷时若行元素S_i对列元素S_j有影响关系,则在行元素S_i与列元素S_j的交叉单元格S_{ij}处填写“1”,若无影响关系或者相互关系不明确,则填写“0”。调查共收到50份有效问卷,通过对调查问卷原始数据的处理,得到了评价指标的影响关系,见表8-5。

表 8-5 评价指标的相互影响关系

二级指标	C_{11}	C_{12}	C_{13}	C_{14}	C_{15}	C_{16}	C_{21}	C_{22}	C_{23}	C_{24}	C_{25}	C_{26}	C_{31}	C_{32}	C_{33}	C_{34}	C_{35}	C_{41}	C_{42}	C_{43}	C_{44}	C_{45}
C_{11}	0	1	0	0	1	0	0	0	0	0	0	0	0	0	0	0	0	0	0	0	0	0
C_{12}	0	0	0	0	1	0	0	0	0	0	0	0	0	0	0	0	0	0	0	0	0	0
C_{13}	0	0	0	0	0	1	0	0	0	0	0	0	0	1	0	0	0	0	0	0	1	0
C_{14}	0	0	0	0	0	1	0	0	0	0	0	0	0	1	0	0	0	0	0	0	1	0
C_{15}	0	0	0	0	0	1	0	0	0	1	0	0	1	0	0	1	0	0	0	0	1	0
C_{16}	1	0	0	0	0	0	0	0	0	0	0	1	0	0	0	0	0	0	1	1	1	0
C_{21}	0	0	0	0	0	1	0	1	0	0	0	0	0	0	1	0	0	1	0	0	0	0
C_{22}	0	0	0	0	0	0	0	0	0	0	0	0	0	0	0	0	0	1	0	0	0	0
C_{23}	1	0	0	0	0	1	0	0	0	0	0	0	0	1	0	0	0	0	0	0	0	0
C_{24}	0	0	0	0	0	0	0	0	0	0	0	0	0	0	0	0	0	0	0	0	1	0
C_{25}	0	0	0	0	1	0	0	0	0	0	0	0	0	0	0	0	0	0	0	0	0	0
C_{26}	0	0	0	0	0	1	0	0	0	0	0	0	0	0	0	0	0	0	0	0	0	0
C_{31}	0	0	0	0	0	0	0	0	0	0	0	0	0	1	0	0	0	0	0	0	1	0
C_{32}	1	0	1	1	0	0	0	0	0	0	0	0	0	0	1	0	0	0	0	0	0	0
C_{33}	1	1	1	1	0	0	0	0	1	0	1	0	0	0	0	0	0	0	0	0	0	0
C_{34}	0	0	0	0	0	0	0	0	0	0	0	0	1	0	0	0	1	0	0	0	0	0
C_{35}	0	0	0	0	0	0	0	0	0	0	0	0	1	1	0	0	0	0	0	0	0	0
C_{41}	0	0	0	0	0	0	0	1	0	0	0	0	0	0	0	1	0	0	0	0	0	1
C_{42}	0	0	0	0	0	0	1	0	1	0	1	0	0	0	0	0	0	0	0	1	0	0
C_{43}	0	0	0	0	0	0	0	1	1	0	1	0	0	0	1	0	0	0	0	0	0	0
C_{44}	0	0	0	0	0	0	1	0	0	0	0	0	0	0	0	0	0	0	0	0	0	1
C_{45}	0	0	0	0	0	0	0	0	0	0	0	0	0	0	0	0	0	0	0	0	1	0

ANP 结构模型分为控制层和网络层,控制层由问题目标确定,网络层由控制层支配的元素组成,并对网络层元素进行分类,形成不同的元素组。基于 ANP 结构模型的基本要素,结合以上的相关关系,构建绿色铁路建造能力评价指标体系的 ANP 网络结构示意如图 8-6 所示。

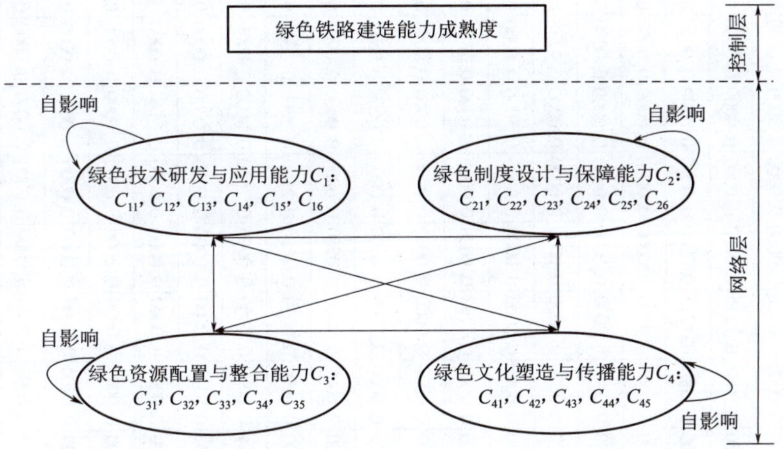

图 8-6　绿色铁路建造能力成熟度评价指标体系的 ANP 网络结构示意

(2)评价指标权重确定

基于绿色铁路建造能力成熟度评价指标体系的 ANP 网络结构图,可运用 Super Decisions 3.2 软件计算评价指标权重。首先,通过调查问卷的方式获得一级指标 C_i 之间及二级指标 C_{ij} 之间的重要程度的评分,并依据问卷调查结果构建判断矩阵。由于在构造判断矩阵时可能会受到主观因素的影响,因此,需要对判断矩阵进行一致性检验,如图 8-7 所示。

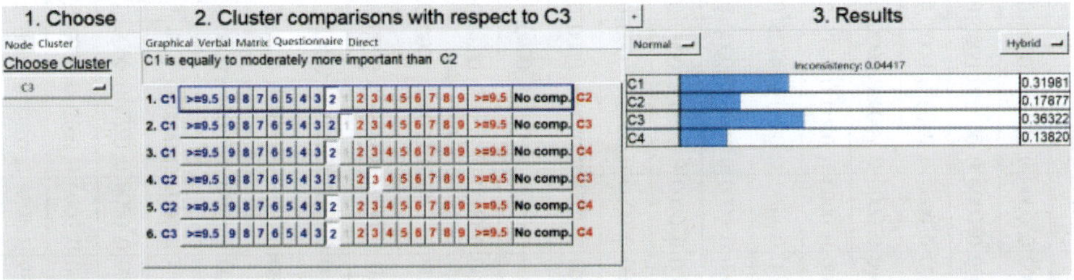

图 8-7　判断矩阵

图 8-7 以一级指标 C_3 为例,在 C_3 作为准则的条件下,C_1 与 C_2、C_1 与 C_3、C_1 与 C_4、C_2 与 C_3、C_2 与 C_4、C_2 与 C_4 相比的重要程度。如图 8-7 所示,在输入完两两比较矩阵的比值之后,矩阵的一致性系数 CR = 0.044 17<0.1,证明判断矩阵通过一致性检验,该评分结果可以接受。依次输完判断矩阵后,软件可以快速计算出加权超矩阵、极限超矩阵见表 8-6 和表 8-7。根据上述矩阵计算,最终得到绿色铁路建造能力的各一级指标权重、各二级指标的局部权重和全局权重,具体见表 8-8。

表 8-6 加权超矩阵

二级指标	C_{11}	C_{12}	C_{13}	C_{14}	C_{15}	C_{16}	C_{21}	C_{22}	C_{23}	C_{24}	C_{25}	C_{26}	C_{31}	C_{32}	C_{33}	C_{34}	C_{35}	C_{41}	C_{42}	C_{43}	C_{44}	C_{45}
C_{11}	0. 0000	0. 0000	0. 0000	0. 0000	0. 0000	0. 6032	0. 0000	0. 0000	0. 5220	0. 0000	0. 0000	0. 0000	0. 0000	0. 0520	0. 3309	0. 0000	0. 0000	0. 0000	0. 0000	0. 0000	0. 0000	0. 0000
C_{12}	0. 2500	0. 0000	0. 0000	0. 0000	0. 0000	0. 0000	0. 0000	0. 0000	0. 0000	0. 0000	0. 0000	0. 0000	0. 0000	0. 0000	0. 0676	0. 0000	0. 0000	0. 0000	0. 0000	0. 0000	0. 0000	0. 0000
C_{13}	0. 0000	0. 0000	0. 0000	0. 0000	0. 0000	0. 0000	0. 0000	0. 0000	0. 0000	0. 0000	0. 0000	0. 0000	0. 0000	0. 2081	0. 1215	0. 0000	0. 0000	0. 0000	0. 0000	0. 0000	0. 0000	0. 7953
C_{14}	0. 0000	0. 0000	0. 0000	0. 0000	0. 0000	0. 0000	0. 0000	0. 0000	0. 0000	0. 0000	0. 0000	0. 0000	0. 0000	0. 2081	0. 1215	0. 0000	0. 0000	0. 0000	0. 0000	0. 0000	0. 0000	0. 0000
C_{15}	0. 7500	1. 0000	0. 0000	0. 0000	0. 0000	0. 0000	0. 1375	0. 0000	0. 0000	0. 0000	1. 0000	0. 0000	0. 0000	0. 0000	0. 0000	0. 0000	0. 0000	0. 0000	0. 0000	0. 0000	0. 0000	0. 0000
C_{16}	0. 0000	0. 0000	0. 4900	0. 0000	0. 4091	0. 0000	0. 4125	0. 0000	0. 1740	0. 0000	0. 0000	1. 0000	0. 0000	0. 0000	0. 0000	0. 0000	0. 0000	0. 0000	0. 0000	0. 0000	0. 0000	0. 0000
C_{21}	0. 0000	0. 0000	0. 0000	0. 0000	0. 0000	0. 0000	0. 0000	0. 0000	0. 0000	0. 0000	0. 0000	0. 0000	0. 0000	0. 0000	0. 0000	0. 0000	0. 0000	0. 0000	0. 4748	0. 0000	0. 8000	0. 0000
C_{22}	0. 0000	0. 0000	0. 0000	0. 0000	0. 0000	0. 0000	0. 0000	0. 0000	0. 0000	0. 0000	0. 0000	0. 0000	0. 0000	0. 0000	0. 0000	0. 0000	0. 0000	0. 5006	0. 0000	0. 1225	0. 0000	0. 0000
C_{23}	0. 0000	0. 0000	0. 0000	0. 0000	0. 0000	0. 0000	0. 0000	0. 0000	0. 0000	0. 0000	0. 0000	0. 0000	0. 0000	0. 0000	0. 1793	0. 0000	0. 0000	0. 0000	0. 1682	0. 1225	0. 0000	0. 0000
C_{24}	0. 0000	0. 0000	0. 0000	0. 0000	0. 1653	0. 0000	0. 0000	0. 0000	0. 0000	0. 0000	0. 0000	0. 0000	0. 0000	0. 0000	0. 0000	0. 0000	0. 0000	0. 0000	0. 0000	0. 0000	0. 2000	0. 0000
C_{25}	0. 0000	0. 0000	0. 0000	0. 0000	0. 0000	0. 0000	0. 0000	0. 0000	0. 0000	0. 0000	0. 0000	0. 0000	0. 0000	0. 0000	0. 1793	0. 0000	0. 0000	0. 0000	0. 0894	0. 3676	0. 0000	0. 0000
C_{26}	0. 0000	0. 0000	0. 0000	0. 0000	0. 0000	0. 2437	0. 0000	0. 0000	0. 0000	0. 0000	0. 0000	0. 0000	0. 0000	0. 0000	0. 0000	0. 0000	0. 0000	0. 0000	0. 0000	0. 0000	0. 0000	0. 0000
C_{31}	0. 0000	0. 0000	0. 0000	0. 0000	0. 0644	0. 0000	0. 0000	0. 0000	0. 0000	0. 0000	0. 0000	0. 0000	0. 0000	0. 0000	0. 0000	0. 7500	0. 2500	0. 0000	0. 0000	0. 0000	0. 0000	0. 0000
C_{32}	0. 0000	0. 0000	0. 3856	0. 7562	0. 0000	0. 0000	0. 0000	0. 0000	0. 3040	0. 0000	0. 0000	0. 0000	0. 7244	0. 0000	0. 0000	0. 0000	0. 7500	0. 0000	0. 0000	0. 3873	0. 0000	0. 0000
C_{33}	0. 0000	0. 0000	0. 0000	0. 0000	0. 0000	0. 0000	0. 2402	0. 0000	0. 0000	0. 0000	0. 0000	0. 0000	0. 0000	0. 5318	0. 0000	0. 0000	0. 0000	0. 0000	0. 0000	0. 0000	0. 0000	0. 0000
C_{34}	0. 0000	0. 0000	0. 0000	0. 0000	0. 2575	0. 0000	0. 0000	0. 0000	0. 0000	0. 0000	0. 0000	0. 0000	0. 0000	0. 0000	0. 0000	0. 0000	0. 0000	0. 3164	0. 0000	0. 0000	0. 0000	0. 0000
C_{35}	0. 0000	0. 0000	0. 0000	0. 0000	0. 0000	0. 0000	0. 0000	0. 0000	0. 0000	0. 0000	0. 0000	0. 0000	0. 0000	0. 0000	0. 0000	0. 2500	0. 0000	0. 0000	0. 0000	0. 0000	0. 0000	0. 0000
C_{41}	0. 0000	0. 0000	0. 0000	0. 0000	0. 0000	0. 0000	0. 2098	1. 0000	0. 0000	0. 0000	0. 0000	0. 0000	0. 0000	0. 0000	0. 0000	0. 0000	0. 0000	0. 0000	0. 0000	0. 0000	0. 0000	0. 0000
C_{42}	0. 0000	0. 0000	0. 0000	0. 0000	0. 0000	0. 0259	0. 0000	0. 0000	0. 0000	0. 0000	0. 0000	0. 0000	0. 0000	0. 0000	0. 0000	0. 0000	0. 0000	0. 0000	0. 0000	0. 0000	0. 0000	0. 0000
C_{43}	0. 0000	0. 0000	0. 0000	0. 0000	0. 0000	0. 0679	0. 0000	0. 0000	0. 0000	0. 0000	0. 0000	0. 0000	0. 0000	0. 0000	0. 0000	0. 0000	0. 0000	0. 0000	0. 2677	0. 0000	0. 0000	0. 0000
C_{44}	0. 0000	0. 0000	0. 1244	0. 2439	0. 1038	0. 0593	0. 0000	0. 0000	0. 0000	1. 0000	0. 0000	0. 0000	0. 2205	0. 0000	0. 0000	0. 0000	0. 0000	0. 0000	0. 0000	0. 0000	0. 0000	0. 2047
C_{45}	0. 0000	0. 0000	0. 0000	0. 0000	0. 0000	0. 0000	0. 0000	0. 0000	0. 0000	0. 0000	0. 0000	0. 0000	0. 0551	0. 0000	0. 0000	0. 0000	0. 0000	0. 1830	0. 0000	0. 0000	0. 0000	0. 0000

表 8-7 极限超矩阵

二级指标	C_{11}	C_{12}	C_{13}	C_{14}	C_{15}	C_{16}	C_{21}	C_{22}	C_{23}	C_{24}	C_{25}	C_{26}	C_{31}	C_{32}	C_{33}	C_{34}	C_{35}	C_{41}	C_{42}	C_{43}	C_{44}	C_{45}
C_{11}	0.1077	0.1077	0.1077	0.1077	0.1077	0.1077	0.1077	0.1077	0.1077	0.1077	0.1077	0.1077	0.1077	0.1077	0.1077	0.1077	0.1077	0.1077	0.1077	0.1077	0.1077	0.1077
C_{12}	0.0308	0.0308	0.0308	0.0308	0.0308	0.0308	0.0308	0.0308	0.0308	0.0308	0.0308	0.0308	0.0308	0.0308	0.0308	0.0308	0.0308	0.0308	0.0308	0.0308	0.0308	0.0308
C_{13}	0.0292	0.0292	0.0292	0.0292	0.0292	0.0292	0.0292	0.0292	0.0292	0.0292	0.0292	0.0292	0.0292	0.0292	0.0292	0.0292	0.0292	0.0292	0.0292	0.0292	0.0292	0.0292
C_{14}	0.0228	0.0228	0.0228	0.0228	0.0228	0.0228	0.0228	0.0228	0.0228	0.0228	0.0228	0.0228	0.0228	0.0228	0.0228	0.0228	0.0228	0.0228	0.0228	0.0228	0.0228	0.0228
C_{15}	0.1347	0.1347	0.1347	0.1347	0.1347	0.1347	0.1347	0.1347	0.1347	0.1347	0.1347	0.1347	0.1347	0.1347	0.1347	0.1347	0.1347	0.1347	0.1347	0.1347	0.1347	0.1347
C_{16}	0.1306	0.1306	0.1306	0.1306	0.1306	0.1306	0.1306	0.1306	0.1306	0.1306	0.1306	0.1306	0.1306	0.1306	0.1306	0.1306	0.1306	0.1306	0.1306	0.1306	0.1306	0.1306
C_{21}	0.0663	0.0663	0.0663	0.0663	0.0663	0.0663	0.0663	0.0663	0.0663	0.0663	0.0663	0.0663	0.0663	0.0663	0.0663	0.0663	0.0663	0.0663	0.0663	0.0663	0.0663	0.0663
C_{22}	0.0163	0.0163	0.0163	0.0163	0.0163	0.0163	0.0163	0.0163	0.0163	0.0163	0.0163	0.0163	0.0163	0.0163	0.0163	0.0163	0.0163	0.0163	0.0163	0.0163	0.0163	0.0163
C_{23}	0.0119	0.0119	0.0119	0.0119	0.0119	0.0119	0.0119	0.0119	0.0119	0.0119	0.0119	0.0119	0.0119	0.0119	0.0119	0.0119	0.0119	0.0119	0.0119	0.0119	0.0119	0.0119
C_{24}	0.0384	0.0384	0.0384	0.0384	0.0384	0.0384	0.0384	0.0384	0.0384	0.0384	0.0384	0.0384	0.0384	0.0384	0.0384	0.0384	0.0384	0.0384	0.0384	0.0384	0.0384	0.0384
C_{25}	0.0141	0.0141	0.0141	0.0141	0.0141	0.0141	0.0141	0.0141	0.0141	0.0141	0.0141	0.0141	0.0141	0.0141	0.0141	0.0141	0.0141	0.0141	0.0141	0.0141	0.0141	0.0141
C_{26}	0.0318	0.0318	0.0318	0.0318	0.0318	0.0318	0.0318	0.0318	0.0318	0.0318	0.0318	0.0318	0.0318	0.0318	0.0318	0.0318	0.0318	0.0318	0.0318	0.0318	0.0318	0.0318
C_{31}	0.0446	0.0446	0.0446	0.0446	0.0446	0.0446	0.0446	0.0446	0.0446	0.0446	0.0446	0.0446	0.0446	0.0446	0.0446	0.0446	0.0446	0.0446	0.0446	0.0446	0.0446	0.0446
C_{32}	0.0765	0.0765	0.0765	0.0765	0.0765	0.0765	0.0765	0.0765	0.0765	0.0765	0.0765	0.0765	0.0765	0.0765	0.0765	0.0765	0.0765	0.0765	0.0765	0.0765	0.0765	0.0765
C_{33}	0.0566	0.0566	0.0566	0.0566	0.0566	0.0566	0.0566	0.0566	0.0566	0.0566	0.0566	0.0566	0.0566	0.0566	0.0566	0.0566	0.0566	0.0566	0.0566	0.0566	0.0566	0.0566
C_{34}	0.0443	0.0443	0.0443	0.0443	0.0443	0.0443	0.0443	0.0443	0.0443	0.0443	0.0443	0.0443	0.0443	0.0443	0.0443	0.0443	0.0443	0.0443	0.0443	0.0443	0.0443	0.0443
C_{35}	0.0111	0.0111	0.0111	0.0111	0.0111	0.0111	0.0111	0.0111	0.0111	0.0111	0.0111	0.0111	0.0111	0.0111	0.0111	0.0111	0.0111	0.0111	0.0111	0.0111	0.0111	0.0111
C_{41}	0.0302	0.0302	0.0302	0.0302	0.0302	0.0302	0.0302	0.0302	0.0302	0.0302	0.0302	0.0302	0.0302	0.0302	0.0302	0.0302	0.0302	0.0302	0.0302	0.0302	0.0302	0.0302
C_{42}	0.0034	0.0034	0.0034	0.0034	0.0034	0.0034	0.0034	0.0034	0.0034	0.0034	0.0034	0.0034	0.0034	0.0034	0.0034	0.0034	0.0034	0.0034	0.0034	0.0034	0.0034	0.0034
C_{43}	0.0098	0.0098	0.0098	0.0098	0.0098	0.0098	0.0098	0.0098	0.0098	0.0098	0.0098	0.0098	0.0098	0.0098	0.0098	0.0098	0.0098	0.0098	0.0098	0.0098	0.0098	0.0098
C_{44}	0.0808	0.0808	0.0808	0.0808	0.0808	0.0808	0.0808	0.0808	0.0808	0.0808	0.0808	0.0808	0.0808	0.0808	0.0808	0.0808	0.0808	0.0808	0.0808	0.0808	0.0808	0.0808
C_{45}	0.0080	0.0080	0.0080	0.0080	0.0080	0.0080	0.0080	0.0080	0.0080	0.0080	0.0080	0.0080	0.0080	0.0080	0.0080	0.0080	0.0080	0.0080	0.0080	0.0080	0.0080	0.0080

表 8-8 绿色铁路建造能力成熟度评价指标权重

一级指标	权 重	二级指标	局部权重	全局权重
C_1 绿色技术研发与应用能力	0.456	C_{11} 研发投入经费占比	0.236 36	0.107 740
		C_{12} 绿色建造技术研发人员占比	0.067 48	0.030 762
		C_{13} 绿色材料使用占比	0.063 97	0.029 162
		C_{14} 绿色技术装备使用率	0.050 03	0.022 804
		C_{15} 绿色建造成果数量	0.295 55	0.134 724
		C_{16} 绿色创新绩效	0.286 60	0.130 644
C_2 绿色制度设计与执行能力	0.179	C_{21} 绿色建造领导组织	0.370 56	0.066 269
		C_{22} 企业内部沟通管理机制	0.091 35	0.016 336
		C_{23} 绿色项目风险管理措施	0.066 63	0.011 916
		C_{24} 企业绿色标准规范	0.214 89	0.038 430
		C_{25} 绿色建造人才激励制度	0.078 54	0.014 045
		C_{26} 企业绿色绩效考核机制	0.178 03	0.031 838
C_3 绿色资源配置与整合能力	0.233	C_{31} 资源循环利用效益	0.191 48	0.044 635
		C_{32} 绿色建造增量成本	0.328 30	0.076 528
		C_{33} 绿色建造项目投融资	0.242 87	0.056 615
		C_{34} 能源消耗节约	0.189 88	0.044 261
		C_{35} 就地取材率	0.047 47	0.011 065
C_4 绿色文化塑造与传播能力	0.132	C_{41} 绿色施工宣传与培训	0.228 72	0.030 242
		C_{42} 企业家绿色精神	0.025 59	0.003 384
		C_{43} 企业绿色可持续发展战略	0.073 92	0.009 774
		C_{44} 绿色管理认可程度	0.611 30	0.080 828
		C_{45} 公众评价与满意度	0.060 47	0.007 995

8.3.3 绿色铁路建造能力成熟度评价方法

1. 评价方法比选

成熟度评价方法有多种，例如层次分析法（AHP）、主成分分析法（PCA）、数据包络法（DEA）、神经网络法、模糊综合评价法等。在能力成熟度评价方面，现有学者主要利用层次分析法和模糊综合评价法的组合方法进行评价，其中层次分析法用来确定评价指标权重，模糊综合评价法用来对指标进行评分，此外，熵权法、灰色综合评价法、物元可拓法等方法也是有效的评分方法。也有学者从一般的评价方法出发，考虑因素的主观性和客观性，衍生出一些方法联用，将不同评价方法的优点相结合。常用指标评价方法的主要特点见表 8-9。

表 8-9 常用指标评价方法的主要特点

评价方法	主要特点	适用情况
层次分析法（含网络分析法）	主观因素影响大，适用于对多层指标的权重进行确定	评价智能制造能力、企业智能制造能力成熟度、文化科技融合能力成熟度、供应链知识管理能力成熟度等

续上表

评价方法	主要特点	适用情况
熵权法	依据客观数据获取资料,降低主观影响,但一手数据获取难度大	评价大数据治理能力、风险管理成熟度、土地市场成熟度等
模糊综合评价法	将定量与定性问题相结合,适用于解决模糊性和不确定问题	评价企业智能制造能力成熟度、文化科技融合能力成熟度、供应链知识管理能力成熟度、大型建筑企业 BT 项目运作能力成熟度等
物元可拓法	通过关联度函数计算指标在各等级的隶属程度,适用于多维和不相容的评价指标体系	评价土地市场成熟度、区域创新系统成熟度、工程咨询成熟度等
BP 神经网络法	运算速度快,能够模拟专家评价的过程,需要大量样本	评价智能制造能力成熟度等
灰色综合评价法	可直接利用原始数据进行计算,不需要大量样本,计算简便快捷	评价风险管理成熟度等
云模型方法	解决定性与定量之间不确定转换问题,可描述随机性与模糊性	评价企业绿色技术创新环境成熟度等

2. 评价方法选取

通过对以上几种评价模型的分析比较,物元可拓法考虑了因素之间的联系和制约,并使因素之间的联系和差异更为清晰,因此,采用物元可拓法对铁路工程企业绿色铁路建造能力成熟度进行评价。

(1)物元可拓法在多因子评价方面的效果较优。首先,铁路工程企业绿色铁路建造能力成熟度评价涉及 4 个一级指标和 22 个二级指标,是一个含有多因素和多层次的复杂评价系统;其次,评价指标多维且关系复杂,物元可拓法显然优于其他方法,因此,借助物元可拓法对铁路工程企业绿色铁路建造能力进行分析和评价。

(2)绿色铁路建造能力成熟度评价指标体系中,同一维度的各个指标相互独立,交叉的内容很少。确定评价指标及其所对应的成熟度等级,对评价的实际量值三种评价要素,可以组成一个物元,采用物元可拓理论对铁路工程企业绿色铁路建造能力成熟度等级进行评价,有利于根据成熟度等级状况有针对性地提出提升策略。

(3)物元可拓法的应用比较成熟,具备一定的可行性和实用性。该方法发展迅速,广泛适应于多个学科的研究,在土地市场成熟度评价、EPC 项目管理成熟度评价、施工总承包商 BIM 能力成熟度评价、绿色管理评价等方面的研究都有采用物元可拓法的实例。

3. 物元可拓法评价步骤

可拓学是我国学者蔡文于 1983 年创立,是将物元理论与可拓集合理论相结合的一门学科,它以矛盾问题为研究对象,用形式化的模型研究事物的可拓性及开拓规律,从定性和定量的角度解决不相容的复杂问题。其特点是扩展了关联度函数的范围,使评价指标的单一性数值转化成区间上的数值,从而更加全面地评价研究对象。

其研究思路是根据累积的数据，按照优劣程度对评价对象划分等级并确定各等级数据范围，并将评价对象的指标数据带入各等级物元中进行综合评价，依据与各等级的综合关联度大小确定评价结果，关联度越大则符合度越好，物元可拓法评价步骤如图 8-8 所示。

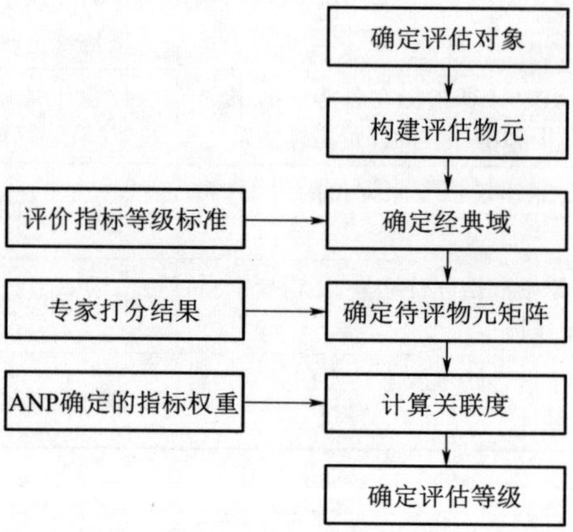

图 8-8　物元可拓法评价步骤

9　绿色铁路建造能力提升

通过制定铁路工程企业绿色铁路建造能力提升目标，剖析铁路工程企业绿色铁路建造能力特点以及优势，明确能力提升重难点，进而明确提升路径以及保障措施，以促进铁路工程企业绿色铁路建造能力的稳定提升。以中国中铁为例进行案例分析。

9.1　绿色铁路建造能力提升目标

9.1.1　绿色铁路建造能力提升的总体目标

“十四五”时期，我国生态文明建设进入以降碳为重点战略方向、推动减污降碳协同增效、促进经济社会发展全面绿色转型，实现生态环境质量改善由量变到质变的关键时期。2020年9月22日，中华人民共和国主席习近平在第七十五届联合国大会一般性辩论上的讲话指出，“中国将提高国家自主贡献力度，采取更加有力的政策和措施，二氧化碳排放力争于2030年前达到峰值，努力争取2060年前实现碳中和”。同时按照我国“交通强国”发展战略以及《新时代交通强国铁路线性规划纲要》中的相关要求，到2035年，我国将率先建成现代化铁路网；到2050年，将全面建成更高水平的现代化铁路强国，全面服务和保障社会主义现代化强国建设。铁路工程企业作为绿色交通的重要执行者，应坚持与时俱进、创新驱动、绿色发展和可持续发展。

1. 生态优先，绿色发展

目标制定应坚持尊重自然、顺应自然、保护自然，把资源能源节约和生态环境保护摆在行业发展的突出位置，严格落实生态环境保护制度，注重铁路工程建设的生态环境保护和建造过程的节能减排，推动铁路工程企业的可持续发展。

2. 系统推进，重点突出

铁路工程企业绿色铁路建造应从全方位、全地域、全过程多角度推进绿色建造，在重点区域、领域和关键环节集中发力、创新驱动、科技赋能，积极采用新材料、新设备、新技术和新工艺，以点带面实现突破性进展，着力解决突出生态环境问题，提升绿色铁路建造能力。

3. 试点先行,典型引路

铁路工程企业绿色铁路建造能力提升要牢固树立试点先行、典型引路的原则,发挥好试点对全局绿色铁路建造能力提升的示范、突破、带动作用。通过试点探索能力提升的实现路径和实现形式,发挥典型引路作用,为全局绿色铁路建造能力提升提供可复制可推广的经验做法。

4. 多方协同,效益提升

强化铁路工程企业节能环保主体责任,发挥公众参与和监督作用,健全法规制度,推动形成政府、企业、公众共治的绿色铁路建造体系。推进铁路建造行业能源消耗、温室气体和常规污染物协同控制,提升铁路建造过程中的绿色治理效果。聚焦资源的综合价值,坚持资源开发、环境保护、生态恢复一体化理念,注重绿色建造成本效益的同时,也要坚持社会效益、经济效益、生态效益高度统一。

5. 循序渐进,强化落实

绿色铁路建造能力提升目标应循序渐进,层层推进,合理设立长期、中期和短期目标,并以可行性和实践性为原则制定目标和绿色管理制度,不仅要从生产过程管理、财务管理、技术研发等具体环节的管理制度中融入绿色管理理念,同样还要从铁路工程企业文化的发展、市场产业链的拓展、智能化生产技术的改革创新等方面为铁路工程企业绿色可持续发展提供保障,做到标本兼治、强化落实,不断促进绿色建造能力的提升。

铁路工程企业绿色铁路建造能力提升的总目标为:在"双碳"目标的指引下,落实"十四五"规划内容,建立完善的绿色低碳科技创新体系,推进新技术、新工艺和新装备研发应用,制定铁路工程企业绿色发展制度标准,实现科技支撑能力进一步提高、绿色材料装配应用比例显著提升、资源消耗水平有效降低,并且形成数个重点低碳零碳技术应用示范工程,实现绿色铁路建造能力的高质量提升。

9.1.2 绿色铁路建造能力提升的分阶段目标

为全面深入推进绿色发展,政府出台了一系列政策文件,指导行业和企业的发展。基于绿色铁路建造能力提升的总体目标,参考2021年9月中共中央、国务院印发的《关于完整准确全面贯彻新发展理念做好碳达峰碳中和工作的意见》,2021年10月国务院印发的《2030年前碳达峰行动方案》,2021年10月交通运输部印发的《绿色交通"十四五"发展规划》,2021年12月国家铁路局印发的《"十四五"铁路科技创新规划》,2022年8月科技部、国家发展改革委、工业和信息化部等9部门印发了《科技支撑碳达峰碳中和实施方案(2022—2030年)》等政府文件,以"十四五"规划、"双碳"目标等政策性文件的时间节点为关键节点,分近期(2027年)、中期(2035年)和长期(2050年)三个阶段制定铁路工程企业绿色铁路建造能力提升的分阶段目标。

1. 近期目标(2027 年)

《绿色交通"十四五"发展规划》载明至 2025 年交通运输领域绿色低碳生产方式初步形成,铁路行业绿色发展法规制度标准体系逐步完善,科技支撑能力进一步提高,绿色交通监管能力明显提升。《"十四五"铁路科技创新规划》提出,"到 2025 年,铁路创新能力、科技实力进一步提升,技术装备更加先进适用,工程建造技术持续领先,运输服务技术水平显著增强,智能铁路技术全面突破,安全保障技术明显提升,绿色低碳技术广泛应用,创新体系更加完善,总体技术水平世界领先"。《科技支撑碳达峰碳中和实施方案(2022—2030 年)》指出,"到 2025 年实现重点行业和领域低碳关键核心技术的重大突破,支撑单位国内生产总值(GDP)二氧化碳排放比 2020 年下降 18%,单位 GDP 能源消耗比 2020 年下降 13.5%"。

在上述规划目标基础上,铁路工程企业应充分发挥绿色建造主体作用,力争以 1~2 年时间扩大当前绿色交通成果,发挥绿色铁路的"引路先锋"作用。因此,到 2027 年铁路工程企业应制定形成较完善的制度标准,创新研发一批绿色技术装备并转化应用于工程实践,实现铁路工程建设项目碳排放及能源消耗下降幅度全国领先,引进应用市场成熟的绿色建造技术,初步使用绿色建材替代传统建材,采取一定的行动进行绿色建造建设,在绿色铁路建造能力成熟度上达到成长级以上水准。

2. 中期目标(2035 年)

2035 年是我国率先建成现代化铁路网的关键时间节点,在《交通强国建设纲要》中提出到 2035 年基本建成交通强国和到 21 世纪中叶全面建成人民满意、保障有力、世界前列的交通强国。这两个阶段目标,与党的二十大作出的全面建成社会主义现代化强国"两步走"的总体战略安排是高度契合的。在 2021 年 1 月 19 日,习近平总书记在京张高铁太子城站考察时强调"要加快形成绿色低碳交通运输方式,加强绿色基础设施建设,推广新能源、智能化、数字化、轻量化交通装备,鼓励引导绿色出行,让交通更加环保、出行更加低碳"。

根据国务院印发的《2030 年前碳达峰行动方案》、交通运输部印发的《绿色交通"十四五"发展规划》以及中国家铁路集团有限公司出台的《新时代交通强国铁路先行规划纲要》,到 2035 年,铁路工程企业应实现的阶段目标为:贯彻新发展理念,构建新发展格局,处理好发展和减排、整体和局部、短期和中长期的关系;能源利用效率达到国际先进水平,强化基础研究和前沿技术布局;科技支撑碳达峰实现;加快先进适用技术研发和推广;完善铁路工程企业标准计量体系,提升铁路工程企业统计监测能力;积极使用新型能源减少化石燃料使用。具备绿色建造监管制度、绿色建造激励制度、项目协同管理制度、绩效考核制度等一系列管理制度体系,绿色建造理念深入铁路工程企业文化,引导和控制绿色铁路建造业务发展,铁路工程企业绿色铁路建造能力成熟度达到规范级以上水准。

3. 长期目标(2050年)

根据国务院印发的《2030年前碳达峰行动方案》、交通运输部印发的《绿色交通“十四五”发展规划》以及国家铁路集团有限公司出台的《新时代交通强国铁路先行规划纲要》的相关要求,到2050年,将我国全面建成更高水平的现代化铁路强国,全面服务和保障社会主义现代化强国建设。铁路服务供给和经营发展、支撑保障和先行引领、安全水平和现代治理能力迈上更高水平,智慧化和绿色化水平、科技创新能力和产业链水平、国际竞争力和影响力保持领先,制度优势更加突出。

我国铁路工程企业能力提升的长期目标为:完善铁路绿色发展政策机制,将生态优化、节约集约、绿色发展理念贯穿到铁路规划设计、建设全过程,从源头上提高绿色铁路建造意识;加快绿色建造技术的创新研发,积极开展低碳零碳负碳新材料、新技术、新装备的科技攻关,打造更多绿色可持续发展的铁路工程;计算碳足迹,建立低碳体系,长期致力于减少建筑直接碳排放、建筑间接碳排放、建筑隐含碳排放,制定一系列有效措施,助力碳中和目标的完成;绿色建造技术全面应用,健全完整的绿色铁路产业链条,充分调动行业上、中、下游企业的活力,铁路工程企业绿色铁路建造能力成熟度达到优秀级或卓越级。

9.2 绿色铁路建造能力特点与优劣势

在经济社会快速发展和绿色低碳的背景下,铁路作为资源节约型和环境友好型的运输方式,绿色建造尤为重要。本节对绿色铁路建造能力的特点与优劣势展开分析,概括出五大特点、三大优势以及三大劣势,为后文展开绿色铁路建造能力提升重难点分析奠定基础。

9.2.1 绿色铁路建造能力特点

1. 追求系统协调整体最优

铁路工程企业的绿色技术研发、绿色制度设计以及资源配置与整合都依赖于组织的系统能力,绿色铁路建造能力的提升与完善需要以铁路工程企业的组织结构为基础,同时考虑到影响各能力提升的因素之间的关系。因此,铁路工程企业不仅重视个别能力是否最优,还着眼于各种因素在进行有机结合后是否可以在整体上达到最优,以实现相互协调与相互促进。

2. 各要素协调管理

铁路工程企业绿色铁路建造能力的发展受到各方面因素的影响,其中包括组织结构、管理制度、资源分配、技术研发等内在因素与社会、经济、政策等外在因素的影响。由于铁路工程实施过程中参建单位众多,协调管理难度较大。因此,绿色铁路建造能力提升需要考虑各种影响因素,协同提升。

3. 遵循能力提升规律

在绿色技术研发与应用能力方面,铁路工程企业以项目为基础进行技术的创新与研发,将研发的技术推广应用并总结其经验,对创新技术进行完善,进行新的创新研发。因此,绿色技术研发与应用能力遵循了"创新—应用与经验总结—发展—再创新"的发展规律。因此,铁路工程企业绿色铁路建造能力应遵循一定的发展规律,推动铁路工程企业绿色铁路建造能力的逐步提升发展。

4. 以项目为导向

项目导向性是指铁路工程企业以项目为基础,结合铁路工程企业特点与项目自身的性质,利用现有的建造技术、资源、组织结构等进行技术创新、制度设计以及资源整合。因此,铁路工程企业的绿色铁路建造能力的提升需要以项目为导向,使铁路工程企业的资源、管理、制度、技术等内容更加符合项目的实施要求,最终使铁路工程企业的绿色铁路建造能力实现有效的提升。

5. 能力发展动态和渐进

铁路工程企业的绿色铁路建造能力不是短时间内可以快速提升与发展的,而需要不断积累与学习才能逐渐逐步实现。例如铁路工程企业的绿色文化塑造与传播能力,通常情况下,铁路工程企业的文化的形成不是一蹴而就,而是循序渐进。铁路工程企业文化的塑造需要结合社会环境、企业发展历程、项目实施等因素进行,并且需要不断地完善与发展,具有动态性和渐进性。因此,铁路工程企业的绿色铁路建造能力需要循序渐进地发展与提升,才能实现从弱到强的质的改变。

9.2.2 企业绿色铁路建造能力优劣势

1. 优势

铁路工程企业绿色铁路建造能力优势体现在以下三个方面:

(1)信息技术应用显著提高

随着铁路工程规模、复杂程度不断提高,在工程实施过程中大量使用BIM、5G、数据库等数字化信息技术。在大数据技术的快速发展下,信息技术应用频率显著提高,从而使铁路工程企业绿色铁路建造技术也在加快发展。

(2)铁路工程企业绿色文化作用突出

绿色文化是铁路工程企业提高绿色铁路建造能力的精神动力,加强绿色文化培育和传播,提高铁路工程企业员工的绿色建造意识,激励铁路工程企业承担绿色发展的社会责任,实现低碳环保的目标。

(3)企业的组织结构完善

铁路工程企业的组织结构是企业提高其绿色铁路建造能力的基本保障。铁路工程企业通过完善组织结构将环境保护责任具体落实到每一个部门、每一个项目甚至员工,有助于绿色铁路建造的顺利实施。

2. 劣势

虽然铁路工程企业绿色铁路建造能力具有一定优势,但仍存在一些劣势,主要体现在:

(1)绿色技术创新效率有待提升

大部分铁路工程企业已经意识到技术研发与应用能力的重要性。但由于工程项目的一次性,项目组织的临时性和技术研发的项目导向性等特点,绿色技术的创新研发会相对缓慢。对于一些特殊的技术则需要更长的时间与更多的资源去进行研发与实验,从而导致一些技术的创新效率较为低下,不能及时应用于工程实践。

(2)绿色建造能力的制度体系不够完善

铁路工程企业在提高绿色建造能力时需要有完善的制度来保障,即铁路工程企业应具有良好的绿色制度设计与执行能力。目前,大部分铁路工程企业的绿色制度体系尚未建立健全,因此,需要将制度体系进一步系统化,才能为绿色铁路建造能力提升提供良好的制度保障。

(3)绿色技术研发与创新人才缺乏

人才是铁路工程企业发展的重要动力,也是绿色铁路建造能力提高的根本保障。目前,大多数铁路工程企业绿色技术研发机构有待完善,专业性绿色技术研发与创新人才缺乏,优秀人才外流严重。这样的状况若不改变,将严重制约绿色技术、绿色材料的创新研发,对绿色铁路工程发展产生不利影响。

9.3 绿色铁路建造能力提升重难点

9.3.1 技术维度重难点

1. 绿色铁路设计技术

(1)铁路绿色选线

通过“绿色选线”实现环境影响最小化是绿色铁路设计技术的重难点,因此在进行绿色铁路选线时结合应用景观提升设计、空间设计技术有效规划铁路景观,通过对不同植物及各类辅助工具的应用,使铁路设计更加有层次感和代入感,在提升整体的美观程度的同时保证空间中各板块的协调性与立体性。

(2)结构耐久性技术

结构耐久性关系铁路工程的使用寿命、运营安全与维护养护资源投入,是必须具备的一项基础性能。与部分发达国家相比,我国铁路工程结构耐久性技术水平还存在一定差距,应加强研究提高混凝土结构的设计水平的方法,以减缓混凝土碳化、钢筋锈蚀,提升铁路工程的结构耐久性,从而确保铁路工程项目的安全性,提升工程质量。

(3)结构韧性技术

铁路工程的结构韧性包括钢结构等内容,以钢结构韧性为例,钢结构对于铁路发展起着不可替代的作用。伴随着国民经济的快速发展,钢结构的设计、加工制造和施工技术水平显著提高,在铁路大跨度钢桥、高速铁路车站屋架结构等工程中获得广泛应用。但随着应用地域和环境的多样化,铁路钢结构仍然面临一系列有待攻克的技术难题,如海洋恶劣环境施工、高原维护措施较少等,需持续加大研究投入以保障关键技术突破与运用。

(4)绿色通道系统设计

为了提高铁路通道绿化建设工程质量,在铁路施工过程中,要运用一套较系统全面的绿色通道系统设计技术。铁路绿色通道系统设计技术不单是植树、种草技术,还要充分调查研究以掌握所需的基础资料,仔细研究整体与局部、与周围自然环境、与沿线居民生活环境的协调性,要注意荒山荒地、低质低效林地、灌木林地、灌丛地、难利用地和火烧迹地,植物选择及植物种植密度等重难点。和若铁路地处塔克拉玛干沙漠南缘,其中有近半线路受到风沙的影响。为防止沙害对施工造成影响,在铁路建设初期就提出“治沙先行”的理念,且风沙防护工程与铁路建设同步进行,这在全国铁路建设中尚属首次。建设者在沿线共修建草方格近 5 000 万 m^2,种植梭梭树、红柳、沙棘等灌木和乔木近 1 300 万株,形成了一道道防风治沙的天然屏障。

(5)路基路堑绿色设计

在铁路施工过程中路基路堑工程的绿色设计十分重要,要在保证路基边坡稳定的同时,进行生态修复和植被恢复,减少水土流失;利用工程废弃物(如土石方、废弃路面材料),减少资源浪费和环境污染;同时要控制好路基工程对地下水、地表水的影响,避免破坏水文平衡,处理好软土、膨胀土、湿陷性黄土等特殊地质条件下路基的稳定性问题,减少对环境的影响。

2. 绿色施工技术

(1)水土保持技术

铁路工程建设活动在一定程度上对植被造成破坏、扰动原生地貌及土层结构,造成水土流失。但水土保持技术可以预防和治理水土流失、保护和改善水土资源,提高森林覆盖率,增加物种,绿化、净化的美化铁路沿线环境。因此,在进行水土流失保护技术研发时,要注意路基填筑、路堑、隧道洞口开挖及取土场取土、弃土场位置选择、铁路站场、路基的修建和铁路桥梁、涵洞的修建等重难点。

(2)污染防治技术

传统铁路建造过程中,会产生一定程度的污染,对周边居民的健康造成危害。但在新型节能与能源利用技术的引入中,绿色环保建材和工艺的使用,大大减少了对环境的污染,达到了环境保护和资源回收利用的目的。在新型节能与能源利用技术应用过程中,要注意生态系统的有效隔离及施工区域和周边环境的有效区分问题、场地清理工作问题、废弃垃圾回收问题、产生挥发性气体的化学产品及化学成分过多的施工材料使用问题、残留的化学产品处理问题等重难点。

(3)水资源利用技术

在绿色施工技术的使用中,节水与水资源利用的技术占据关键的位置,在铁路项目施工的应用有以下重难点。首先,施工场地临时搭建的生活区域、办公区域应利用节水型的水龙头、卫生用品。其次,将雨水应用在工程的施工现场,在施工的过程中运用水泥预制块替换传统的混凝土地面作业的方式,使用方格块铺建人行道路,使雨水能够渗入土壤中。再次,工程深基坑的施工过程中,地下水可能会涌上地面,影响施工的进度,可利用深井降水技术,在施工中设置水位检测井,对水头的位置应进行严格掌控,最佳的位置为高于地基 0.7~0.9 m 处,可达到对降水状况进行监督、检测的目的。最后,在混凝土进行保养的过程中,为了减少用水量,应挑选浇水与覆盖相融合的作业方式。在浇水过程中应对水管道进行合理安置,同时需要针对水管道进行定期的检修,避免发生渗透的情况。

(4)土地资源修复技术

铁路建设占用大量的土地资源,如路基和场站占压土地,取土采石挖毁土地,施工临时占用土地辅道、作业场、施工队伍住区等。铁路占地后,沿线地区进行拆迁安置,另辟房基也可能造成耕地减少。此外铁路分割土地,使零碎土地无法耕种,对土地资源也造成影响。这些用地分为永久性和临时性两种,其中施工便道、取弃土渣场用地、施工工具和材料堆放地等属临时工程用地。工程永久性用地为铁路主体工程所占地,一经征用,其原有土地功能的改变大多将贯穿于施工期及运营期,使沿线地区宝贵的土地资源受到一定损失。临时用地则在主体工程施工完毕后要还原地方使用,其功能的改变主要集中于施工期,施工后大部分土地可采取措施,逐步恢复至原有功能。不合理的土地占用会导致耕地减少和土地资源的破坏,因此,在应用土地资源保护技术时,应注意永久用地破坏性及临时用地的修复问题,预制场、混凝土搅拌场等容易造成永久性破坏耕地的临时用地,不得占用永久基本农田;不符合临时用地规定的,要限期拆除,恢复土地原状。

(5)能源利用技术

在铁路建造中要大力重视能源利用效率的问题。在开发能源利用技术时,加大技术与建筑的融合程度及对可再生能源的开发利用,如超低能耗建筑施工综合技术、季节性蓄能、相变材料蓄能、废水余热回收、地下高效换热与蓄能等是重难点。

(6)材料节约与集约利用技术

在铁路建设时,应注意在全寿命期内减少对资源的消耗。因此为了实现有效控制,应采用节材与材料资源利用技术节省材料使用量,实现节约资源的目的。主要有两个重难点:一是用技术手段合理地进行材料选购工作,在确保质量达标的基础上,实现材料的稳定供应。二是在运输及保存阶段都要实现日常管理,做好防火、防潮、防水的处理工作,按照材料的储存条件进行堆放管理,提升材料的管理水平及应用效率。除此之外,使用装配式桥梁施工技术、桥梁再生混凝土循环利用技术、路基装配式构件施工技术、装配式轨道工程建造技术等降低材料的消耗损耗。

(7)桥隧施工安全保障技术

在铁路施工过程中,桥梁隧道施工过程中的安全是最先要解决的问题。根据近些年来的数据分析,在桥梁隧道施工过程中,因为自然灾害、施工方式不规范、工作人员安全意识低下等因素造成了大量安全事故的发生。为了更好地防止施工过程中出现安全故障,大力发展桥梁隧道施工安全评估监控技术是非常必要的。及时发现问题、预防问题能从根本上避免人员的伤亡和资源的浪费。桥梁隧道施工安全评估监控技术已经有了很长时间的发展历史,但对于我国的交通行业来说,这项技术在很长一段时间内都没有得到广泛的应用。在发展初期,由于我国能够完整掌握相关理念的专业人才较少,各项设备都比较落后,这一系统在应用过程中并不能做到完善的安全评估和监控,完善桥梁隧道施工安全评估监控技术成为亟待解决的问题。

3. 施工装备技术

(1)装配式施工装备

目前在铁路建造过程中最为关键的装备问题为预制装配式结构的配套技术及装备发展。装配式施工技术虽然现在已经成熟,但是由于标准化程度不高,影响了配件、配品的标准化和配套技术的集成,阻碍了质量的提高。在研究和开发预制装配式结构相关施工工艺的同时,也必须认识到配套技术及装备发展同样至关重要,在铁路建造进行预制装配式施工时需要多种配套装备的研究与开发,目前已有高精度预制构件测垂传感尺、预制墙板快速支撑体系、无脚手架多功能安全防护体系、施工升降平台等,大大提高了施工效率。但对于进一步提高铁路的产品质量、生产效率、管理水平,还需要加大研发力度。

(2)智能化施工装备

随着我国铁路建造的发展,劳动力紧缺、自然资源、环境保护等问题越来越显著,铁路建造工业化成为未来发展新趋势。工业化生产是集设计标准化、构件生产预制化、施工机械化、组织科学化和管理信息化于一体的高效生产方式。预制构件的工业化生产是铁路建造工业化的核心之一,其关键技术的研究直接影响着铁路建造工业化的发展。为改变落后生产方式,实现设计、生产、施工、管理等整个产业链的整合和建筑全生命周期价值最大化可持续发展,可在铁路建造过程中将 BIM 技术应用于工业化生产环节,进而提高工业化生产的产品质量、生产效率、管理水平。

(3)低排放与节能化施工装备

在我国铁路建设的快速推进中,面对劳动力资源紧张、自然资源约束加剧及环境保护要求日益提高的挑战,推动铁路建造的工业化、低排放与节能化发展不仅是行业转型升级的必然选择,也是实现绿色交通体系、助力碳中和目标的重要途径。工业化生产模式下,预制构件的广泛应用为节能减排提供了契机。通过BIM技术深度融入设计与生产过程,实现构件精准预制与高效组装,大幅降低现场作业量,减少材料浪费与能源消耗。同时,引入环保材料与清洁能源设备,优化施工工艺,减少施工过程中的碳排放与污染物排放,提升施工效率与资源利用率,促进了节能降耗。但在实际操作中仍面临技术瓶颈限制、成本高、施工习惯与培训体系滞后等问题,需在技术创新、成本控制、施工习惯转变及政策引导等方面克服重重困难,方能实现可持续发展目标。

(4)低噪声与低振动化施工装备

低噪声与低振动化施工成为保障周边环境和谐与居民生活质量的重要方向。铁路建造工业化进程中,通过优化施工机械选型、采用隔音降噪材料与减振装置,以及精细化施工管理,可有效降低施工过程中的噪声与振动影响。同时,BIM技术的应用为低噪声与低振动化施工提供了新途径,通过模拟分析施工活动对周边环境的影响,提前优化施工方案,减少不必要的噪声与振动产生。但低噪声与低振动化施工的发展面临诸多挑战。一方面,现有施工机械与设备在降噪与减振技术上存在局限,难以满足日益严格的环保要求。另一方面,采用低噪声、低振动的新型施工设备与工艺往往伴随着高昂的成本,对铁路建设项目的预算构成压力。因此,推动铁路建造低噪声与低振动化施工的发展,需在技术创新、成本控制、施工管理等方面寻求突破。

(5)装备的适应性与灵活性

装备的适应性与灵活性成为提升生产效率与应对复杂施工环境的关键。随着铁路线路多样化与地理环境复杂化,施工装备需具备高度的适应性,能够灵活应对不同地形、气候与施工条件,确保施工任务的顺利完成。但在我国铁路建造工业化进程中,装备适应性与灵活性的提升面临多重挑战。复杂多变的地理环境要求施工装备具备高度适应性,但现有装备往往难以满足所有施工条件,特别是在极端气候与复杂地形下,装备的性能与稳定性受到严峻考验;装备灵活性的增强需依赖技术创新与模块化设计,但这往往伴随着高昂的研发与生产成本,对铁路建设项目的预算构成压力;施工人员对新装备的熟悉程度与操作技能也直接影响装备适应性与灵活性的发挥,培训体系的完善与人员技能的提升成为亟待解决的问题。因此,装备适应性与灵活性的发展需在技术创新、成本控制与人员培训等方面寻求突破,以推动铁路建造工业化的深入发展。

9.3.2 制度维度重难点

1. 绿色管理制度

绿色铁路项目对于现有铁路工程企业的管理制度提出了全新的困难与挑战,重难点在于建立健全绿色管理制度体系。

以环境污染风险管理制度的完善为例。企业需要明确环境污染风险管理制度编制的责任人,需要在项目开始前制定好环境污染风险管理制度,明确环境污染风险防控措施,以及在发现新的风险点后不断地修改完善管理制度。同时要组建环境污染风险应急预案小组,负责制定环境污染风险管理应急预案,减少影响时间。

2. 人才培养制度

绿色铁路是我国铁路行业未来发展的大基调,而对铁路工程企业所拥有的绿色铁路相关人才培训是否到位、储备是否充足、激励是否充足成为影响绿色铁路发展成效的重难点。

(1)绿色技能培训

对铁路工程企业的相关人员进行绿色铁路相关知识与技能的培训是提高现有员工工作能力和素质的重要途径和手段,也是提高铁路工程企业绿色铁路建造能力的必经之路。但是部分铁路工程企业的管理者由于一些原因,忽视了对于现有员工的培训,进而影响了铁路工程企业绿色铁路建造能力的提升。

首先,铁路工程建设周期长、环境差、条件艰苦等特点,造成了铁路行业的不规范就业以及从业人员流动性较大,部分铁路工程企业认为对这些员工进行培训教育是资源浪费。其次,铁路工程企业对员工培训需要消耗大量的时间与资源,但铁路工程施工具有工期限制,为保证工程按期完成,及时将人力资源投入下一个项目,部分铁路工程企业的员工培训流于形式。其三,由于缺少绿色铁路对于铁路工程企业的具体要求规范,现有的人员培训体系不健全,人员培训不具备针对性、缺乏目的性,造成培训成果较差,从而使得绿色铁路理念无法通过一线工人落实到项目实体上,进而影响到铁路工程的绿色建造和企业绿色铁路建造能力的提升。

(2)人才激励制度

绿色铁路建造人才是铁路工程企业的核心资源,拥有绿色铁路建造人才、用好绿色铁路建造人才是企业提高绿色铁路建造能力的必然选择,而有效的人才激励则是核心手段。

铁路工程企业受自身因素的制约,其工作环境呈现出较为艰苦的状况,工作周期、工作地点、工作压力等存在较大的波动性,参建人员的日常工作及生活比较单一。同时铁路工程企业的绿色铁路建造人才激励的制度不健全,提供的继续教育机会不足,绩效奖励不足,一定程度上忽视了对人才的培养和激励。这些原因导致了铁路工程企业的人才在不断地流失,造成铁路工程企业的绿色铁路建造能力提升缓慢。因此,缺少有效的绿色铁路建造人才激励制度,不仅会影响到铁路工程企业的核心竞争力,同时还会降低铁路工程企业绿色建造技术的研发效率较低,从而影响到铁路工程企业绿色铁路建造能力的提升。

3. 绿色评价制度

绿色评价制度是对绿色铁路建设工作以及铁路工程企业绿色铁路建造能力提升成效的有效评价工具,在不断推进绿色铁路发展的同时,铁路工程企业应对发展情况、发展趋势有足够的了解,并做出相应的把控,对铁路工程企业绿色铁路发展战略及时做出动态调整。

(1)绿色评价体系

完善的绿色评价体系是能够对铁路工程企业绿色铁路建造能力提升进行客观评价的重要保障。绿色评价体系的不完善会导致评价结果与实际产生偏差,不能准确反映铁路工程企业绿色铁路建设能力发展状况。要将绿色理论、可持续发展等理论应用于绿色铁路的建设实践,在目前已经颁布实施的环境影响评价、相关技术标准的基础上,结合绿色铁路项目前期决策、设计、施工等,建立一套全面的且有可行性,包含有关评价目标、原则、组织、人员、内容、方法、技术等要素相互关联的绿色铁路评价指标体系。通过该体系选择可行的评价方法,能准确反映铁路工程企业绿色铁路建设能力发展状况,为调整发展战略提供可靠依据。

(2)绿色评价标准

想要把握绿色铁路发展的总体状况,需要定期对一个阶段的成果进行评价,这就需要铁路工程企业拥有相对成熟的技术指标与评价体系,但是当前尚未形成统一的绿色铁路建造评价体系。

若绿色评价标准缺失,缺少绿色铁路建造示范项目,铁路工程企业无法对绿色铁路建造能力自身发展现状做出客观评价,影响下一步发展计划的设立,进而影响铁路工程企业绿色铁路建造能力的持续提升。

9.3.3 资源维度重难点

1. 资源合理投入

资金、人才是铁路工程企业的有形资源,创新信息是铁路工程企业的无形资源。资金作为开展绿色铁路建造的经济资源,是进行绿色技术研发、绿色装备应用、培养绿色建造人才,拉动铁路工程企业绿色建造积极性,全面展开绿色施工的重要基础。人才作为绿色铁路建造能力提升的重要影响因素之一,将成为推动铁路工程企业绿色建造技术创新、研究和应用的重要资源。然而,当前铁路工程企业在绿色铁路建造的资源投入方面仍存在绿色建造人才占比较少等问题。

（1）绿色建造人才

铁路工程的绿色、可持续建造则需要更多的专业人才来参与，主要包括绿色意识与绿色技能两方面。绿色意识需要由领导者自上而下灌输并落于实处，绿色技能则需要参与者自下而上创新升级并投入应用。但不少铁路工程企业的绿色建造管理人员知识结构难以满足现阶段铁路工程建造绿色、可持续发展理念的要求。

（2）绿色技术创新信息

信息作为影响绿色建造技术创新绩效以及成果转换的重要资源，存在信息不对称的问题。技术持有者不清楚建造过程中急需的技术，技术转化方不知道建造过程中已经使用的技术，从而使技术持有者在一开始确定选题的时候就偏离了绿色铁路建造需求，且在研究过程中仍无法察觉需求变化，导致花费了大量资源得到的成果却得不到应用，造成极大资源浪费；另一方面技术转化方获取科技成果的对象、途径有限，并且自身的技术创新能力较弱、技术沉淀不足、管理能力不够，尤其是中小铁路工程企业更难以承接、吸纳和判断技术持有者所提供成果的技术先进性与未来的市场价值，使双方在成果转化合作洽谈过程中很难找到一个合作点，使技术创新难以产出满意的成果并造成资源浪费，影响社会效益和经济效益。

2. 资源利用效益

资源利用的效益是指铁路工程企业开展绿色建造过程中的实施效果，投入的资金、人才、设备等资源的应用是否达到预期，对于质量、安全、工期、成本以及创新等目标是否起到积极的作用，是铁路工程企业提升绿色铁路建造能力的重要保障。然而，当前铁路工程企业在绿色铁路建造的资源利用效益方面仍存在绿色材料研发与应用不足、可再生能源占比有待提高、弃渣回收利用水平不高、铁路污水处理率较低等问题。

（1）绿色材料研发与应用

在绿色新材料的应用方面，由于建筑材料与施工工艺、施工技术之间是相辅相成的关系且创新的建筑材料和特种材料的应用可以极大地促进施工工艺和技术的发展。近年来虽然我国建筑绿色新材料有了快速发展，在品种规格、质量及应用技术等方面有了很大的进步，但较之工业发达的国家，无论是应用规模、材料品种、配套材料，还是生产设备、新材料的开发、施工技术，均存在着不小的差距。另外新型材料产业配套也不完善，如缺乏配件及附件与主产品的配套、缺乏施工技术、施工机具与主产品的配套，缺乏原材料的生产供应及机械设备的生产供应与化学建材生产的配套。进而出现产品技术性不能完全满足使用功能的要求，产品标准也不够完善，质量检测能力不强，价格也比较高等诸多问题。

（2）可再生能源占比

目前，对比国外铁路建造过程中的可再生能源应用方面，日本、荷兰等国已将太阳能、风能发电应用于铁路机车牵引，而我国铁路主要在铁路客运站及部分物流基地、园区、动车段建筑屋顶铺设应用光伏发电系统，但光伏安装容量和自用比例不高，在铁路牵引用电领域缺乏新能源技术的实际应用，可再生能源占我国铁路整体用能的比例有待提高。

(3)弃渣回收利用水平

随着我国铁路运营规模及客运量的持续增加，铁路固体废弃物总量增长显著，成为铁路站段重要的环境污染源。目前，对于距离城市较近和城市垃圾处理设施较完善的铁路站段，站车生活垃圾一般采取车上收集、站台定点投放、车下并入市政系统集中处理的模式，而偏远站段的生活垃圾多采用自行处理方式，如焚烧、填埋等。虽然铁路站段或列车人员已对部分生产和生活垃圾进行了资源可回收利用处理，但总体而言，我国铁路的固体废弃物资源回收利用水平仍然不高，管理较为粗放，存在一定程度的资源浪费现象。

(4)铁路污水处理率

铁路污水的回收利用是绿色铁路建造过程中的重要评价要素，但目前我国在铁路建造过程中的污水回收利用水平与其他拥有铁路建造先进技术的国家相比，仍存在一定差距。以色列的污水处理技术在国际上处于领先行列，非常重视污水再利用，2012年的污水处理率已达到93%，其污水处理回收利用技术研究应用对于我国铁路污水治理研究具有参考意义。此外，德国铁路对于污水处理的达标排放要求较为严格，德国柏林动力段建立了专用污水处理厂，对整备场车辆洗刷废水实现回用。我国铁路站段是主要用水单元，新鲜用水成本高，污水回收利用率较低，而且采用的污水处理技术与国外先进技术相比有一定差距，主要存在工艺流程针对性不强、设备设施运行不稳定、剩余污泥产量大、维护要求高等问题。

3. 资源优化配置

资源配置的优化是落实投入资源、提升资源利用效益的重要途经，通过优化人员、设备、材料、方法以及资金等各类资源，可以促进铁路工程企业铁路工程建设环保、工期、成本、创新等多方面的目标实现，推动资源的可持续应用，以铁路工程企业战略目标的形式提升绿色建造企业的核心竞争力。当前铁路工程企业在绿色铁路建造的资源优化配置方面仍存在绿色技术创新动力不足、信息技术应用水平待提升等问题。

(1)绿色技术创新动力

目前铁路工程企业绿色技术创新缺少开放包容的绿色技术研发平台，绿色技术创新缺乏资源整合、资源调配、多方创新主体协同的途径较少，呈现绿色技术创新动力不足的局面。技术创新平台是技术创新的基地，是加快实施创新驱动发展战略、全面提升产业自主创新能力的重要抓手。技术创新平台可利用自身的技术和科研优势,加强与政府、高校、科研院所、铁路工程企业以及中介服务等部门的合作,使产业的前期研发工作与产业化生产紧密结合,实现社会、经济和生态效益同步增长的良性循环。通过创新技术研发平台的打造,实现绿色铁路建造的产业化、绿色化、智能化,形成产业层面上技术创新资源共享的、系统化的、集成的绿色铁路建造支撑体系。

(2)信息技术应用水平

铁路智能建造技术的应用改变了既有的生产组织方式和建设管理方式。路基自动压实技术、预制拼装技术、箱梁自动监测技术、隧道机械化配套技术、轨道板(枕)智能化工厂生产技术、安全空间自动监测技术等先进技术和工艺的应用改善了工程资源组合方式、降低了安全质量控制成本和工程资源利用成本,为建立多目标决策下工期与经济双优管理模式奠定了基础。但当前铁路工程建设的信息技术应用还停留在技术研发和试运行阶段,暂时停留在呈现信息的初级阶段,未来还需结合人工智能和物联网技术,研发建材资源全生命期溯源和跟踪技术,推动建材部品的社会流通和资源共享,促进资源循环利用,进而真正帮助解决建造垃圾资源化利用等难点问题。

综上所述,我国铁路建设的总体规划提出了铁路建设要坚持绿色发展,提高资源利用率,建设资源节约、环境友好的绿色铁路。通过分析铁路工程企业绿色铁路建造能力在资源维度的重难点,得知在铁路工程绿色建造背景之下,铁路工程企业需要从资源的投入、利用效益和优化配置等方面入手,积极参与到绿色铁路建造中。由于铁路建造的独特性,用于其他建筑领域的绿色施工技术往往不适合直接复制,国家、行业协会和企业应积极组织和参加相关技术交流活动,并能运用以 BIM 技术为代表的信息技术手段,开发出适应铁路隧道工程实际状况的绿色施工体系,克服技术障碍并努力提升资源利用效益,促进铁路工程企业可持续发展,从而逐步提高铁路工程企业的绿色铁路建造能力。

9.3.4 文化维度重难点

1. 精神文化

(1)文化建设力度

在“双碳”目标背景下,当前铁路工程企业基本都已将绿色、可持续等理念融入铁路工程企业文化中,但部分铁路工程企业虽已进入铁路工程企业绿色文化的实施阶段,但其趋于形式化、虚假化,没有真正领悟铁路工程企业绿色文化的深刻内涵。首先,由于铁路工程企业人员众多,从集团公司到子分公司再到施工项目一线,人员对铁路工程企业文化的知悉了解程度存在上热、中温、下冷的情况,基层普通员工甚至从未听说过铁路工程企业文化,更难对铁路工程企业文化形成认同感并以此指导个人行为。其次,部分铁路工程企业的企业精神流于形式,在实际操作中仅仅为口号,犹如一纸空文,为了经济效益等目标,铁路工程企业行为往往与其绿色文化背道而驰。

(2)企业绿色文化理念

铁路工程企业选择建设铁路工程企业绿色文化主旨在于激发员工的绿色环保理念、减少对环境的污染、加强对环境的保护,从而实现绿色可持续发展。目前我国部分铁路工程企业已经开始重视铁路工程企业的绿色文化的建设,但是还未形成完善的铁路工程企业绿色文化体系。其主要原因是铁路工程企业的绿色文化理念薄弱,对实施成功的绿色建造经验未进行总结并形成一套绿色建造模式应用于其他项目建造中。并且部分铁路工程企业认为绿色文化是对铁路工程企业实现利润最大化的一种约束,从而一味地追求利润,未重视铁路工程企业绿色文化的形成与传播,从而导致铁路工程企业的绿色建造能力在文化方面无法得到快速的提升,同时在建造过程中出现了环境破坏、资源浪费等现象。

2. 行为文化

(1)绿色施工宣传与培训

由于铁路工程企业人员众多,综合素质参差不齐,加强生态环境意识和可持续发展理念的宣传和绿色施工培训,是顺利实施绿色施工的关键手段。而当前铁路工程企业绿色施工宣传培训常停留在铁路工程企业层面,甚至流于形式,宣传、培训形式单一,效果不佳。铁路工程企业应采用多形式、多渠道进行宣传,注重宣传教育的时效性,使人员无形中形成一种定性思维,使节约资源、保护环境的理念深入人心。对技术和管理人员以及一线人员的分类培训,使其了解资源综合利用知识,理解并接受绿色生态观念,保障铁路工程企业绿色施工的效率。

(2)绿色资金投入

铁路工程企业为实现可持续发展、走绿色发展的道路,逐步在绿色研发、绿色教育等方面投入资金,但相较于绿色发展的需要,铁路工程企业绿色资金的投入仍存在严重的不足。由于绿色教育、绿色研发等是一个长期的过程,其收益较慢,造成绿色资金投入有限,绿色教育常常难以付诸实施,绿色技术、材料等创新研发工作受到资金的困扰,绿色营销与绿色管理运行难以得到资金保障,因而制约了铁路工程企业的整体发展。为树立铁路工程企业绿色文化,走绿色可持续发展道路,铁路工程企业应加大绿色专项资金投入,落实绿色教育,推动绿色技术研发创新。

9.4 绿色铁路建造能力提升途径

为实现铁路工程企业绿色铁路建造能力提升目标,解决铁路工程企业绿色铁路建造能力提升重难点问题,结合第 7 章绿色铁路建造能力形成机理以及第 8 章绿色铁路建造能力成熟度评价,从铁路工程企业绿色建造能力的 4 个维度出发,探寻铁路工程企业绿色铁路建造能力提升途径,使低等级成熟度向更高级成熟度跃进。

9.4.1 开展绿色技术创新以实现绿色技术应用

(1)形成绿色铁路技术创新工作室,加大企业对绿色技术研发的支持力度

为集聚创新资源,发挥集群效应,形成协同创新合力,扎实推进绿色铁路人才工作室联盟建设,在助力培养高素质产业工人队伍、推动企业高质量发展,实现绿色铁路建造能力提升中发挥了重要作用。因此铁路工程企业应积极实施《创新工作室联盟试点工作实施方案》《创新工作室管理细则》《创新工作室联盟管理办法》,建立创新工作机制,明确绿色技术创新的路线图和时间表,建立年度会议、学习培训、交流研讨、协作互助和经费管理制度,确定研讨绿色技术创新方向、交流创新成果、培养优秀团队的联盟任务。规范绿色铁路技术创新经费来源,保障活动使用,由股份公司工会补助、联盟牵头单位工会补助和行政资助组成,经费专款专用,用于联盟日常的会议组织、研讨交流、学习培训。

(2)掌握绿色技术,提升绿色建造水平

学习绿色先进技术,了解材料优越性及适用范围,通过开展培训等方式,使设计人员了解行业先进绿色技术及材料,学习绿色材料的力学特性及结构设计并在设计方案中合理利用。在设计方案中积极采用新技术及新工艺,如废旧材料再生技术、碳汇建设技术、敏感区径流收集与处置技术等,促进建设过程中资源节约,节能降碳。同时设计单位应在其内部推广应用 BIM 技术,帮助企业实现绿色设计水平的提升。其可以学习借鉴京张高铁 BIM 设计的先进经验,组建 BIM 技术团队,培养应用新技术的队伍,提高 BIM 技术应用水平,积极利用 BIM 技术进行精细化设计,对铁路建造过程进行数字化和虚拟化模拟,帮助优化建造方案,实现全线、全专业、全生命周期 BIM 设计与应用,为绿色施工奠定良好基础。

(3)研发前沿绿色技术,提高铁路工程企业绿色创新绩效

加强生态环保与修复技术研发,深化铁路基础设施网络生态规划、绿色廊道设计、生态修复等技术的研究,推动铁路工程建设与生态系统相协调、与资源环境承载力相适应;开展提升土地节约技术研究,加大永临结合技术研发力度,减少铁路工程占地面积,提高土地资源利用效能;推动绿色选线技术研究,从数据来源和选线决策两方面开展研究,为获取精确的地形地貌数据,开展激光扫描技术等数据收集技术的创新完善,并基于数字技术,开展铁路绿色选线决策技术的研究,能够定量分析线路对环境的影响,有助于更加科学、合理地决策线路方案;提高绿色建造成果数量,保证铁路工程企业研发投入经费的使用效果,提高企业绿色创新绩效。

9.4.2 完善绿色制度设计以落实绿色制度执行

(1)形成完善的绿色设计评价标准,指导企业进行绿色设计活动

结合绿色铁路的技术指标与评价指标,制定好绿色铁路项目的设计标准,明确勘设、施工、运营等各阶段的绿色标准衔接接口,编制《铁路项目绿色水平评价标准》等标准,联合政府职能部门和行业协(学)会颁布《绿色铁路项目评价标准》《绿色铁路建造导则》等,征求意见并及时更新现有标准规范,完善安全耐久、资源环境、创新协调、科学发展、舒适便捷、综合效益等方面的绿色建造评价标准,形成行业准则,以卓越企业为代表推动铁路行业绿色发展。同时根据铁路工程企业和行业绿色铁路建造项目发展状况,实时对标国内外先进技术和项目,不断调整新形势下铁路工程企业内部的考核管理办法,单位内执行差异化奖励办法,创新绿色铁路项目评比考核制度,依据项目碳排放监测的结果,量化项目低碳标准;设置绿色建造优秀人才的专项奖金,充分调动人员参与绿色铁路项目的积极性,不断完善铁路工程企业的绿色绩效考核制度。

(2)完善人才激励政策,提高其绿色建造能力

建立学习激励制度,优先安排人才参加劳模先进培训研修活动,优先推荐绿色牵头人参加各级学习培训和交流研讨;建立推优激励制度,优先推荐绿色人才的创新成果参加各级职工优秀创新成果交流和申报公司科技进步奖、管理创新奖;建立荣誉激励制度,将绿色牵头人优先列为中国中铁劳动模范、中国中铁工匠或更高荣誉推荐对象,对创效成果明显的绿色人才,优先评聘高级技师、特级技师和工匠技师;建立经费激励制度,定期评选优秀绿色建造创新成果,依据优秀绿色创新成果的实际应用情况给予不同的经费支持。

(3)设立绿色建造项目领导小组,强化项目绿色建造的风险管理

铁路工程企业应以形成绿色铁路建造项目风险管理体系为目标,通过建立绿色建造领导工作小组,以项目经理为组长,项目副经理为副组长,其他技术人员、施工人员为组员来开展铁路工程企业绿色建造项目。此外,以风险意识为导向,强化铁路绿色建造项目的风险管理。制定建筑工程项目绿色建造与环境管理制度,从组织机构和人员管理等方面同步保障和规范铁路工程企业绿色建造项目的实施,形成绿色建造手册,确立相关负责人员及其职责,规范绿色建造项目实施流程,夯实管理基础,进一步推动铁路工程企业绿色建造项目的开展。

规范铁路工程企业制度的运行流程,建立健全监督管理体系并发挥效力。制度主管部门要充分发挥职能作用,加强对各级各单位贯彻执行铁路工程企业制度情况的监督,拓宽监督渠道,使任何一项制度的贯彻落实都有主管部门、责任部门和责任人,并由绿色建造项目领导小组每月对项目绿色施工情况进行检查。整合政府、企

业、项目等多方监督力量,形成监督合力,共同发挥作用、产业效力。

9.4.3 优化绿色资源配置以提高资源整合能力

铁路工程企业可以通过对绿色铁路建造有关的上、中、下游企业建设过程中的信息、价值、风险等进行统一整合与调配,从而完善绿色资源链条,加强对整个行业相关资源的利用,提升资源利用效率的同时,降低绿色建造增量成本。

铁路工程企业应首先健全信息协同链条,与上、中、下游铁路工程企业均建立合作伙伴关系,与各参建单位之间建立的交流与沟通链条,做到及时与各单位了解工程建设要求,避免出现方案不符合要求、建设过程中修改图纸等问题的出现。因此各参建单位可以明确项目的沟通负责人,采用线上或线下的方式,定期进行交流与沟通,及时修正设计中存在的问题,并通过识别绿色铁路建造过程中上、中、下游铁路工程企业所需要素相关的信息内容与形式,借助互联网技术打造贯通上、中、下游铁路工程企业的信息协同链条,促进信息协同应用。在健全信息协同链条的基础上,打造价值共享链条,将绿色铁路建造过程中所需的绿色、环保、节能、高效等价值传递给上、中、下游铁路工程企业,做到从源头绿色、过程绿色、结果绿色。更进一步,开辟风险分担链条,将绿色铁路带来的效益分享到上、中、下游铁路工程企业的同时,将绿色铁路建设过程中的风险分摊到产业链条的各个层级,各层级进行风险管理,降低风险造成的损失和风险管理成本。

9.4.4 加强绿色文化塑造以推动绿色文化传播

铁路工程企业应以企业现有的企业精神为基础,积极学习绿色建造精神,提高铁路工程企业家绿色建造的意识与能力,最终形成铁路工程企业家绿色精神,铁路工程企业领导者整体把握绿色管理思想和要求,在一定程度上提升项目各阶段的绿色装备研发与使用水平。在高层形成企业家绿色精神的基础上,铁路工程企业需要通过对绿色精神文化体系以及绿色行为文化体系的梳理以及绿色知识的管理,形成其独特的核心价值观和企业战略文化。在形成绿色建造理念和树立员工意识后,设立专门的机构进行信息搜集、提取,再对数据进行分析,凝练出有用的信息,经过总结、判断等过程形成一套知识体系,从而辅助决策。通过构建出一套信息完备、传递效率高、可操作性强的知识管理系统,形成绿色知识信息的有效反馈和流通渠道,更好地帮助员工理解绿色建造相关信息,并在运转的过程中不断补充工作人员的绿色经验,形成铁路工程企业绿色文化组织知识体系记忆,可为今后的工程提供参考借鉴。构建知识管理系统的同时,铁路工程企业要通过制定绿色品牌形象形成计划,加强对外新闻宣传报道与舆情管理,强化铁路工程企业自办媒体宣传,以精品绿色工程为抓手,辅以形象推广宣传,有力提升铁路工程企业的社会美誉度和认知度,促进铁路工程企业绿色品牌形象的树立,助力铁路工程企业提升至更高层级。树立绿色品牌形象后,铁路工程企业更应承担起龙头铁路工程企业应有的社会责任,积极向社会传播绿色建造理念文化,并始终坚持建造产品绿色化,以生态环境保护为重要建造目标之一,规避或减少建造过程中对环境的损害,进一步促进铁路工程企业绿色铁路建造社会效益的提升,同时提升行业、公众等对铁路工程企业在绿色建造管理方面的认可程度。

9.5 绿色铁路建造能力提升保障

本节从组织、资源、评价三方面,研究提出绿色铁路建造能力提升的实施保障措施,促进铁路工程企业绿色铁路建造能力的提升。

9.5.1 加强组织统筹

组织统筹是铁路工程企业从战略规划、制度机构完善顶层设计,推动绿色铁路建造能力稳步有效提升的重要保障。加强组织统筹来保障铁路工程企业绿色铁路建造能力稳步提升主要包括以下三个方面。一是建立开放系统环境,铁路工程企业畅通人才、技术引进渠道、搭建铁路工程企业信息交流平台,同时制定人才技术引进制度、技术文化推广制度,保证铁路工程企业外部环境中的人才、信息、技术等资源能够“引进来”并被铁路工程企业有效地吸收利用,铁路工程企业内部的优秀做法能够“走出去”提高铁路工程企业影响力。二是制定有效战略规划,铁路工程企业分析技术、资源、制度、文化的发展路径,结合铁路工程企业总体发展战略,制定符合行业发展趋势和能够有效落实的铁路工程企业绿色发展战略,明确铁路工程企业绿色建造能力的提升方向,制定铁路工程企业绿色铁路建造能力提升计划和指标。三是调整铁路工程企业组织结构,增设铁路工程企业绿色发展部门,统筹铁路工程企业绿色铁路建造能力提升任务,设立铁路工程企业绿色科创专员、绿色文化专员等,具体负责各项提升任务的规划管理。

9.5.2 强化资源保障

资源是铁路工程企业发展的基础,铁路工程企业的发展本质就是资源的发展。为实现铁路工程企业绿色铁路建造能力的提升,在发展所需资源方面必须要得到充分的保障,铁路工程企业管理者要制订严密的资源保障计划,确保人才、资金、信息等资源的供应能满足绿色铁路建造能力发展的需求。一是制定资源严密使用计划,明确绿色铁路建造能力提升所需资源数目、种类、投入时间,确定资源供给形式,绘制资源用量动态曲线与资源累计曲线,明确各阶段任务。二是资源计划精准执行,将资源使用、资源供给相关任务与责任逐级分解、不断细化,落实到相关具体工作人员上,确保计划开展的精准性。三是资源计划严格落实,采用定期与不定期结合的方式对资源使用计划的执行进行检查,对出现问题部分做出相应的应对措施,确保资源使用计划能够满足发展的需求。

9.5.3 完善评价机制

健全的铁路工程企业绿色铁路建造能力提升效果评价机制是开展全面考核检查的基础,是衡量铁路工程企业绿色铁路建造能力提升措施成效的重要依据。铁路工程企业绿色铁路建造能力提升的效果评价机制应基于系统的评价方法和标准,促进铁路工程企业对绿色建造技术、制度、资源和文化方面能力提升的高效实践和积极的自我反思,通过评价和反馈,确保铁路工程企业绿色铁路建造能力从 4 个维度稳步上升。一是建立健全能力提升效果的评价反馈制度,规范考核评价工作程序,并制定详细的考核办法实施细则,指导评价考核的开展,保障铁路工程企业绿色铁路建造能力从 4 个维度提升措施的检查和落实。二是改进绿色铁路建造能力提升工作的考核方式,引导铁路工程企业各组织机构和人员积极开展绿色建造活动。三是创新评奖评优评价体系,完善铁路工程企业内部绿色铁路建造优秀标杆的评选办法,引导铁路工程企业绿色铁路建造技术的研发和更新,提高制度设计的匹配和适应程度,加速铁路工程企业资源的循环利用效益,促进绿色文化效益价值的最大化。

9.5.4 统一绿色认识

统一绿色认识是各单位开展绿色铁路建造能力提升的思想基础,通过统一各单位对绿色建造以及绿色铁路的认识,确保各单位可以高效提升其能力。一是开展绿色建造培训,通过培训的方式促进单位员工对绿色建造以及绿色铁路有更加深刻的印象,有利于统一单位员工对绿色的认识。二是开展绿色知识竞赛,采用“以赛促学”的方式,帮助单位员工形成绿色思想意识,并促进其统一对绿色建造与绿色铁路的认识。三是严格落实各单位的绿色文化培养计划,将各培训任务落实到专门部门或者个人负责,并且采用定期抽查的方式检查培训计划的落实情况,对未严格落实的部门或者个人进行惩罚,对严格落实的进行奖赏,促进单位员工统一绿色思想认识。

9.6 实证研究

中国中铁股份有限公司(以下简称中国中铁)作为世界企业 500 强,是一家具有代表性的铁路工程企业。通过分析中国中铁绿色铁路建造能力现状,评价绿色铁路建造能力成熟度等级,针对性地提出能力提升措施,助力中国中铁绿色铁路建造能力逐步上升,同时为其他铁路工程企业的绿色铁路建造能力的提升提供参考。

9.6.1 企业概况

中国中铁是集勘察设计、施工安装、工业制造、房地产开发、资源利用、金融投资和其他新兴业务于一体的特大型企业集团,持续18年跻身于世界企业500强,2022年在《财富》世界500强企业排名第34位,在中国企业500强排名第5位。中国中铁铁路工程建设经验丰富,先后参与建设的铁路占我国铁路总里程的三分之二以上;建成的电气化铁路占我国电气化铁路的90%;参与建设的高速公路约占我国高速公路总里程的八分之一;建设了我国五分之三的城市轨道工程。

中国中铁在持续提升经济效益的同时,全力打造"低碳环保"绿色品牌,入选了全球500绿色企业,同时响应国家生态文明建设要求,结合自身发展方式转型的内在需求,确立了"一个核心、两个方面、三个环节"的绿色发展管理思路,推动企业绿色发展,提高绿色铁路建造能力。

1. 组织架构

中国中铁主要是由股东大会、董事会、监事会、董事会秘书、经理层以及三个具体的职能系统组成,具体的组织架构如图9-1所示。

中国中铁下设46家子公司和7家区域总部。以子公司是否获得与绿色铁路建造相关的奖项(例如:詹天佑奖、鲁班奖、国家优质工程奖等)为标准,参与绿色铁路建造的子公司名单见表9-1。

2. 所获奖项

中国中铁作为科技部、国务院国资委和中华全国总工会授予的全国首批"创新型企业",共获国家科技进步和发明奖127项,其中特等奖5项,一等奖16项;中国土木工程詹天佑奖167项;荣获省部级(含国家认可的社会力量设奖)科技进步奖4 253项;拥有专利24 973项,其中发明专利5 157项,海外专利157项;拥有国家级工法166项,省部级工法4 609项(数据来源:中国中铁官网,统计数据截至2024年8月)。中国中铁拥有"高速铁路建造技术国家工程研究中心"、"盾构及掘进技术国家重点实验室"和"桥梁结构健康与安全国家重点实验室"三个国家实验室,以及"数字轨道交通技术研究与应用国家地方联合工程研究中心";拥有10个博士后工作站、36个省部级研发中心(实验室)、19个国家认定的技术中心和107个省部级认定的企业技术中心,先后组建了20个专业研发中心。

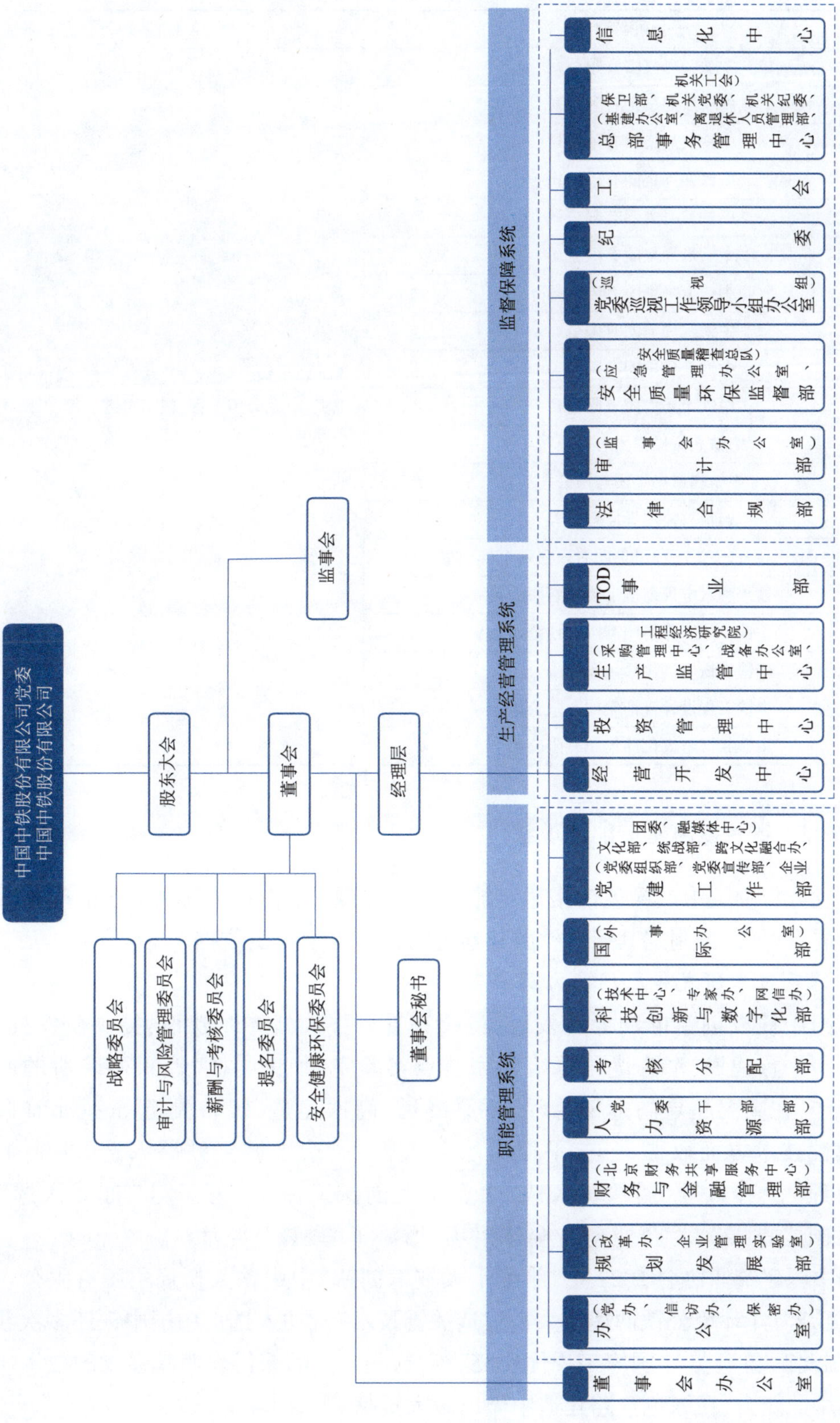

图 9-1 中国中铁股份有限公司总部组织机构

表 9-1 参与绿色铁路建造子公司及工程领域

子公司名称	工程领域
中铁一局集团有限公司	铁路工程、公路工程、桥梁工程、隧道与地下工程、市政公用工程、城市轨道工程、工民建工程等
中铁二局集团有限公司	
中铁三局集团有限公司	
中铁四局集团有限公司	
中铁五局集团有限公司	
中铁六局集团有限公司	
中铁七局集团有限公司	
中铁八局集团有限公司	
中铁九局集团有限公司	
中铁十局集团有限公司	
中铁大桥局集团有限公司	
中铁隧道局集团有限公司	
四川铁科建设监理公司	
中铁上海工程局集团有限公司	
中铁水利水电规划设计集团有限公司	
中铁二院工程集团有限责任公司	
中国中铁电气化局集团有限公司	
中铁工程设计咨询集团有限公司	
中铁武汉电气化局集团有限公司	

9.6.2 绿色铁路建造能力现状

通过分析中国中铁绿色铁路建造能力的发展现状，采用绿色铁路建造能力成熟度模型进行评价，为制定其绿色铁路建造能力提升方案提供依据。

1. 绿色技术研发和应用能力现状

中国中铁以创新推动绿色发展，持续完善科技创新体系建设，提高研发投入，加快科研平台建设，牵头优化重组国家重点实验室，加大与高校、科研院所的产学研用合作，在高温超导高速磁悬浮、桥梁隧道、高铁建造、装备制造等一批前瞻性和关键性技术方面取得突破，平潭海峡公铁大桥、京雄城际铁路入选“央企十大超级工程”，“春风号”盾构机入选“央企十大创新工程”，“彩云号”TBM 入选“央企十大国之重器”，为企业搏击全球市场，增添了“硬核”实力。

在中国建筑业协会 2022 年“年度十大技术创新”中中铁大桥局集团有限公司申报的“复杂海洋环境公铁两用特大桥建造关键技术”成功入选。中国中铁还多次获得“詹天佑奖”“鲁班奖”“国家工程优质奖”等，这些奖项的获得表明其强大的技术研发以及应用的能力，在绿色铁路建造中做出重大贡献。

在绿色技术研发与应用方面，中国中铁始终坚持习近平总书记“科学技术是第一生产力，创新是引领发展的第一动力”的重要指示精神，加强科技创新，持续打造科技创新中心，成立了高质量发展科学研究院，推进产学研合作，积极开展低碳零碳负碳新材料、新技术、新装备、新工艺的科技攻关，并在工程规划设计施工全过程中大力推广绿色施工技术和节能低碳技术。

2. 绿色制度设计与执行能力现状

中国中铁从理念氛围、法规政策、过程控制和能力技术等多方位综合考虑，对原有项目管理体制进行提升和改进，完善企业的绿色制度与组织结构，形成与绿色建造相匹配的项目创新管理体制机制和计价依据体系，促使绿色建造尽快落地。同时，全面推进绿色建造、绿色生产、绿色运输，增强绿色科技支撑，推进行业标准建设，规范从业行为；加强在科技攻关、平台建设、工程应用等方面的政策倾斜和经费支持；全面深化改革，推动工程项目精细化管理，创新绿色制度设计与保障。

中国中铁将节能减排作为企业转变生产方式，实现绿色生产的重要手段，先后制定了《节能减排标准化工地建设实施意见》和《节能减排标准化工地评选办法》，指导所属单位积极推行以“节材、节能、节水、节地和环保”为主要内容的节能减排标准化工地建设，进一步提升全公司绿色施工标准化、制度化水平，实现节能环保、降本增效的可持续发展目标；建立了自上而下、全面监控的绿色环保管理体系，积极做好生态环境的保护工作。中国中铁各项目部坚持“建优质工程，创文明生态”原则，落实公司高标准的环境保护和水土保持措施，把“工程质量和环保水保双优”作为奋斗目标，努力实现优质工程与优美环境的高度和谐统一，参与建设的青藏铁路、京津城际、武广客专等一大批举世瞩目的绿色精品工程受到全球环境保护专家的高度肯定。

在绿色管理制度上，中国中铁积极推动完善创新体制机制，建立健全创新领导体系，推动建立务实开放、协同高效的创新工作格局，通过对工程建设项目全过程，绿色化水平进行梳理，逐步建立和完善覆盖设计、生产、施工、验收、交付等全过程的绿色建造标准体系。但绿色建造全过程涉及多部门，职能分割现象普遍，各监督执法部门分立，监督人员分别开展监督工作，容易出现越位、缺位、错位和重叠，再加上各部门监督人员，特别是专业人才的紧缺，影响绿色建造工作成效。基于此问题，中国中铁注重顶层设计，加大组织架构、运营模式、经营机制变革力度。完善企业的绿色组织领导架构，理顺总部与各经营单元的分类分级、授权受控的管理机制，做好统筹规划、政策保障、监督评估和业务指导，协调解决跨部门重要事项，推动相关业务快速突破，协调推进绿色建造产业化发展。

在人才培养制度上，中国中铁牢固确立人才引领创新的发展理念，研究掌握人才成长的规律，围绕推动企业高质量发展和建立世界一流企业，探索健全人才选拔培养、评价考核的工作机制;探索建立鼓励创新、宽容失败的多种激励机制,激发员工干事创业、担当作为的热情,激发人才创新活力,鼓励所属单位制定创新激励政策和规范,激发中国中铁创新发展活力,营造强大的正向激励氛围。

3. 绿色资源配置与整合能力现状

中国中铁大力推进企业绿色产业布局优化和结构调整,其子公司中铁商业保理公司服务绿色发展,推出“中铁E信”供应链金融产品,加大对绿色低碳产业的资金投放,获评“2022年绿色发展优秀金融企业品牌”。在优化产业结构、培育新增长方面,围绕投建营一体化发展,针对城市轨道交通运营业务整合开展可行性和必要性课题研究,形成“中国中铁轨道交通运营管理模式研究报告”;制定《关于整合高速公路项目运营业务推进中铁交通差异化专业化实体化发展的改革方案》,以中铁交通投资集团有限公司为试点,启动全公司高速公路项目运营业务整合工作,在推进中铁交投差异化专业化实体化发展的同时,探索创新中国中铁资产经营新模式。

中国中铁聚焦区域总部和投资公司两类关键的市场化组织,大力实施系统、深入的体制改革,为企业高质量发展注入强大动能。在区域总部改革中,将其功能定位由经营职能的延伸提格为总部职能的延伸,聚焦高端经营、统筹协调、支持服务和公共关系维护四大职能,将原有的“8+1+1”结构优化为“5+2”总体布局,与投资公司全面脱钩,为进一步强化企业重点区域高端经营资源整合力度和全产业链经营协调奠定了基础。在投资公司改革中,基于高速公路项目运营业务整合,将现有14家投资公司优化为五大综合型和三大专业型的“5+3”布局,并对各投资公司的业务定位和发展方向作了进一步明确,切实促进了投资公司的产业协同、均衡发展,优势突出、资源集中。同时,启动投资公司利润形成和资金回收机制,推动形成自主经营、自负盈亏、自我积累、自力更生的滚动发展能力。

绿色建造实施方面,中国中铁全力整合绿色资源同时助推数字化绿色建造。立足新发展阶段,编制了《“十四五”节能减排规划》,明确提出各板块绿色发展的主要任务,引入全生命周期绿色设计模式,把绿色、低碳、生态设计理念融入工程规划设计的全过程。此外,公司还积极参与环保产业发展,以污水处理、海绵城市、环境综治等产业为突破口,积极布局低碳经济商业机会。在建设中,提升能源综合使用效能和清洁能源、可再生能源使用率,推广施工材料、废旧材料等回收循环利用,推进建设渣土、污泥、污水等资源化利用。

为推动企业数字转型和绿色建造,中国中铁陆续开展了信息贯通工程、数智升级工程和“双碳”专项行动部署。以中铁一局集团有限公司为例,其依托国家促进大数据发展重大工程项目(“城市地下空间工程大数据智能分析与公共服务平台建设及示范应用”项目),自主研发了盾构集群远程监控与智能决策支持系统、智慧工地综合管理平台、BIM+集成应用平台等数字化、智能化产品,助力企业数字施工和绿色建造。

4. 绿色文化塑造与传播能力现状

在"双碳"背景下,中国中铁坚持跳出高能耗增长模式,向低碳发展转型;跳出高投入增长模式,向循环发展转型;跳出高污染增长模式,向绿色发展转型,将"坚持绿色发展、促进低碳经济"作为企业的核心发展理念,积极转变企业发展方式,坚持走低碳发展之路,推行绿色发展模式,创新绿色科技,打造绿色品牌,取得了明显成效。

中国中铁积极肩负起绿色发展的社会责任,在追求经济利益的同时重视对生态环境的保护,牢固树立环境保护"红线""底线"意识,时刻远离环保红线,不触环保底线。建立生态环保督察问题清单和督查机制,开展生态环保"依法合格"和投诉、举报、检查处罚风险排查治理,按照适用、经济、安全、绿色、美观的要求,加强绿色技术研发应用,推广智能和智慧建筑,全心全意建造绿色工程,持续改善交通环境、生活环境和物理环境。

价值观是企业文化的核心,树立绿色价值观是企业文化的现代境界与创新追求,中国中铁将树立绿色价值观作为企业文化创新的根本着眼点,形成了以尊重自然、顺应自然、保护自然为前提,以生存价值观、发展价值观、生态价值观为基础,以人类社会的科学发展、和谐发展、永续发展为目标的绿色价值观。在绿色价值观的引导下,中国中铁改变传统的思维方式及发展方式,推动企业绿色发展、循环发展、低碳发展。

为塑造绿色形象,中国中铁以杰出人物亮品牌,积极选树先进人物,以名人效应亮化品牌形象。通过媒介传播推广来扩大和提升企业品牌影响力,重视发挥企业在绿色建造的主体作用和行业社团的桥梁纽带作用,加强绿色建造宣传,强化工程项目绿色建造意识,培育围绕工程建造全过程的懂策划、能设计、会施工、善管理的复合型人才队伍,提升工程项目绿色策划、绿色设计与绿色施工的协同能力和专业技术水平。

9.6.3 绿色铁路建造能力评价

为全面深入分析中国中铁绿色建造能力的现状和实际情况,采用调查问卷的方式,对能力成熟度评价各个指标进行评分,给出便于计量的数值。打分规则,按照初始级分值 40~<60 分,成长级分值 60~<70 分,规范级 70~<80 分,优秀级 80~<90 分,卓越级 90~100 分进行打分。

1. 问卷设计

所设计问卷结构包含三个部分:一是标题与说明,对调研目的、主要内容、调研对象范围,以及填写方式与信息保密性进行介绍,便于受访者了解调研目的,以配合填写问卷;二是基本信息,包括受访者从事的相关领域、从业年限以及对绿色铁路工程的了解程度;三是对中国中铁绿色铁路建造能力成熟度评价,该部分是问卷的核心内容。

为确保中国中铁绿色铁路建造能力成熟度评价结果的可靠性与权威性,选取了具有铁路建造实践经验的管理者、项目管理人员和高校从事绿色建造能力研究人员等进行问卷调查。专家访谈采用问卷调查的形式,请绿色建造领域相关专家按照附录四的评分标准,对绿色铁路建造能力成熟度进行评价。

2. 问卷数据收集

在发放的29份问卷中删除答案具有规律性的问卷,共收到有效问卷24份,问卷回收率82.76%。具体的调查对象情况见表9-2。

表9-2 调查对象情况

从业年龄	人数	企业类型	人数
3年以下	2	建设单位	3
3~5年	4	设计单位	4
6~10年	10	施工单位	11
10年以上	8	科研院校	6

其中受访者的从业时间在3年以下的占8.33%,3~5年的占16.67%,6~10年的占33.33%,10年以上的占41.67%。来自建设单位的3名占12.50%,设计单位的4名占16.67%,施工单位的11名占45.83%,科研机构的6名占25.00%。

3. 问卷数据统计

将调查问卷中被调查者对每个指标的打分结果进行算术平均求值后确定为该指标的最终得分,具体得分见表9-3。

表9-3 绿色铁路建造能力成熟度评价指标得分表

要素层	指标	权重	评价分数
C_1:绿色技术研发与应用能力	C_{11}	0.108	85.3
	C_{12}	0.031	82.6
	C_{13}	0.029	76.2
	C_{14}	0.023	74.3
	C_{15}	0.135	91.5
	C_{16}	0.131	85.1
C_2:绿色制度设计与执行能力	C_{21}	0.066	66.5
	C_{22}	0.016	76.2
	C_{23}	0.012	83.2
	C_{24}	0.038	75.2
	C_{25}	0.014	59.2
	C_{26}	0.032	59.6

续上表

要 素 层	指 标	权 重	评价分数
C_3:绿色资源配置与整合能力	C_{31}	0.045	76.3
	C_{32}	0.077	72.6
	C_{33}	0.057	87.8
	C_{34}	0.044	85.6
	C_{35}	0.011	85.3
C_4:绿色文化塑造与传播能力	C_{41}	0.030	85.7
	C_{42}	0.003	86.9
	C_{43}	0.010	72.6
	C_{44}	0.081	75.2
	C_{45}	0.008	82.8

4. 评价结果分析

采用物元可拓综合评价方法,基于问卷调研获得的关于各个维度能力成熟度水平的量值,构建铁路工程企业绿色铁路建造能力成熟度的待评价物元矩阵。铁路工程企业绿色技术研发与应用能力(C_1)、绿色制度设计与执行能力(C_2)、绿色资源配置与整合能力(C_3)、绿色文化塑造与传播能力(C_4)的待评价物元矩阵。

$$\boldsymbol{R}_{C_1}=\begin{bmatrix} C_1 & C_{11} & 81.3 \\ & C_{12} & 82.6 \\ & C_{13} & 76.2 \\ & C_{14} & 74.3 \\ & C_{15} & 81.5 \\ & C_{16} & 85.1 \end{bmatrix} \quad \boldsymbol{R}_{C_2}=\begin{bmatrix} C_2 & C_{21} & 76.5 \\ & C_{22} & 76.2 \\ & C_{23} & 83.2 \\ & C_{24} & 75.2 \\ & C_{25} & 70.2 \\ & C_{26} & 75.2 \end{bmatrix}$$

$$\boldsymbol{R}_{C_3}=\begin{bmatrix} C_3 & C_{31} & 76.3 \\ & C_{32} & 72.6 \\ & C_{33} & 87.8 \\ & C_{34} & 84.6 \\ & C_{35} & 85.3 \end{bmatrix} \quad \boldsymbol{R}_{C_4}=\begin{bmatrix} C_4 & C_{41} & 85.7 \\ & C_{42} & 86.9 \\ & C_{43} & 72.6 \\ & C_{44} & 75.2 \\ & C_{45} & 82.8 \end{bmatrix}$$

基于绿色铁路建造能力成熟度评价指标权重和评分值,依次计算 22 个评价指标的值隶属于五个等级的关联度,确定 22 个指标在指标层和要素层成熟度等级,见表 9-4,通过分析铁路工程企业绿色技术研发与应用能力、绿色制度设计与执行能力、绿色资源配置与整合能力、绿色文化塑造与传播能力的成熟度等级,最后确定铁路工程企业绿色铁路建造能力整体成熟度水平,见表 9-5。

表 9-4 铁路工程企业绿色铁路建造能力要素层和指标层成熟度等级

要素层	指标层									
	指标	权重	评价分数	关联度					最大值 $K_i(V_i)$	判定等级
				K_1 (V_1)	K_2 (V_2)	K_3 (V_3)	K_4 (V_4)	K_5 (V_5)		
C_1:绿色技术研发与应用能力	C_{11}	0.108	85.3	−0.633	−0.510	−0.265	0.470	−0.242	0.470	优秀级
	C_{12}	0.031	82.6	−0.565	−0.420	−0.130	0.260	−0.298	0.260	优秀级
	C_{13}	0.029	76.2	−0.405	−0.207	0.380	−0.138	−0.367	0.380	规范级
	C_{14}	0.023	74.3	−0.358	−0.143	0.430	−0.182	−0.379	0.430	规范级
	C_{15}	0.135	91.5	−0.788	−0.717	−0.575	−0.150	0.150	0.150	卓越级
	C_{16}	0.131	85.1	−0.628	−0.503	−0.255	0.490	−0.247	0.490	优秀级
C_2:绿色制度设计与执行能力	C_{21}	0.066	66.5	−0.163	0.350	−0.095	−0.287	−0.412	0.350	成长级
	C_{22}	0.016	76.2	−0.405	−0.207	0.380	−0.138	−0.367	0.380	规范级
	C_{23}	0.012	83.2	−0.580	−0.440	−0.160	0.320	−0.288	0.320	优秀级
	C_{24}	0.038	75.2	−0.380	−0.173	0.480	−0.162	−0.374	0.480	规范级
	C_{25}	0.014	59.2	0.013	−0.019	−0.209	−0.338	−0.430	0.013	初始级
	C_{26}	0.032	59.6	0.007	−0.010	−0.205	−0.336	−0.429	0.007	初始级
C_3:绿色资源配置与整合能力	C_{31}	0.045	76.3	−0.408	−0.210	0.370	−0.135	−0.366	0.370	规范级
	C_{32}	0.077	72.6	−0.315	−0.087	0.260	−0.213	−0.388	0.260	规范级
	C_{33}	0.057	87.8	−0.695	−0.593	−0.390	0.220	−0.153	0.220	优秀级
	C_{34}	0.044	85.6	−0.640	−0.520	−0.280	0.440	−0.234	0.440	优秀级
	C_{35}	0.011	85.3	−0.633	−0.510	−0.265	0.470	−0.242	0.470	优秀级
C_4:绿色文化塑造与传播能力	C_{41}	0.030	85.7	−0.643	−0.523	−0.285	0.430	−0.231	0.430	优秀级
	C_{42}	0.003	86.9	−0.673	−0.563	−0.345	0.310	−0.191	0.310	优秀级
	C_{43}	0.010	72.6	−0.315	−0.087	0.260	−0.213	−0.388	0.260	规范级
	C_{44}	0.081	75.2	−0.380	−0.173	0.480	−0.162	−0.374	0.480	规范级
	C_{45}	0.008	82.8	−0.570	−0.427	−0.140	0.280	−0.295	0.280	优秀级

表 9-5 铁路工程企业绿色铁路建造能力目标层和要素层成熟度等级

目标层	要素层	权重	关联度					最大值 $K_i(V_i)$	判定等级
			K_1 (V_1)	K_2 (V_2)	K_3 (V_3)	K_4 (V_4)	K_5 (V_5)		
C:企业绿色铁路建造能力成熟度	C_1	0.456	−0.294	−0.239	−0.122	0.094	−0.067	0.094	优秀级
	C_2	0.179	−0.038	0.007	0.007	−0.039	−0.071	0.007	规范级
	C_3	0.233	−0.117	−0.078	−0.001	0.015	−0.068	0.015	优秀级
	C_4	0.132	−0.060	−0.036	0.030	0.001	−0.044	0.030	规范级
	目标层	—	−0.176	−0.131	−0.051	0.040	−0.065	0.040	优秀级

此外,以 x 轴代表指标判定等级,y 轴代表权重,对铁路工程企业绿色铁路建造能力成熟度评价的三级指标进行分析。将 x 轴划分为初始级、成长级、规范级、优秀级

和卓越级 5 个部分。经计算，所有三级指标的平均权重为 0.045，从该值出发，绘制平行于 x 轴的实线，从而将图划分为 10 个区域，根据判定等级和权重将指标标注在图 9-2 中对应位置。

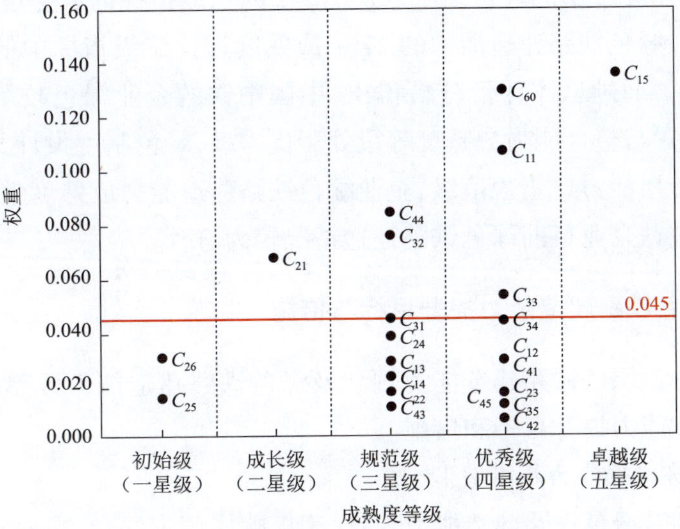

图 9-2 三级指标的成熟度等级分布示意

基于图 9-2 中的结果，对中国中铁企业绿色铁路建造能力的 22 个成熟度评价三级指标情况如下：

（1）初始级指标

处于初始级的指标有 2 个，分别是绿色建造人才激励制度（C_{25}）和企业绿色绩效考核机制（C_{26}）；处于成长级的指标有 1 个，为绿色建造领导组织（C_{21}）。

（2）规范级指标

处于规范级的指标有 8 个，分别是绿色材料使用占比（C_{13}）、绿色技术装备使用率（C_{14}）、企业内部沟通管理机制（C_{22}）、企业绿色标准规范（C_{24}）、资源循环利用效益（C_{31}）、绿色建造增量成本（C_{32}）、企业绿色可持续发展战略（C_{43}）、绿色管理认可程度（C_{44}）。

（3）优秀级指标

处于优秀级的指标有 10 个，分别是研发投入经费占比（C_{11}）、绿色建造技术研发人员占比（C_{12}）、绿色创新绩效（C_{16}）、绿色项目风险管理措施（C_{23}）、绿色建造项目投融资（C_{33}）、能源消耗节约措施（C_{34}）、就地取材率（C_{35}）、绿色施工宣传与培训（C_{41}）、企业家绿色精神（C_{42}）、公众评价与满意度（C_{45}）。

（4）卓越级指标

处于卓越级的指标 1 个，为绿色建造成果数量（C_{15}），指标集中在规范级和优秀级两个等级，占比 81.8%。从权重均值（0.045）划分来看，指标权重高于均值的有

7个，分别为研发投入经费占比(C_{11})、绿色建造成果数量(C_{15})、绿色创新绩效(C_{16})、绿色建造领导组织(C_{21})、绿色建造增量成本(C_{32})、绿色建造项目投融资(C_{33})、绿色管理认可程度(C_{44})。

根据表9-6和表9-7的评价结果以及图9-2的三级指标的成熟度等级分布图，可知中国中铁企业绿色铁路建造能力的22个成熟度评价三级指标中低于均值的有15个，占比68.2%。通过总体评价分析得出，中国中铁的企业绿色技术研发与应用能力、绿色资源配置与整合能力成熟度等级处于优秀级，绿色制度设计与执行能力和绿色文化塑造与传播能力处于规范级，企业绿色铁路建造能力成熟度整体处于优秀级，该结果与中国中铁企业目前绿色铁路建造情况较为符合。

9.6.4 绿色铁路建造能力提升目标与措施

基于中国中铁绿色铁路建造能力现状及绿色铁路建造能力成熟度评价结果，提出绿色铁路建造能力提升目标和措施。

1. 绿色铁路建造能力提升目标

基于中国中铁绿色铁路建造能力现状，积极响应国家绿色交通"十四五"规划和"交通强国"战略的要求，制定中国中铁绿色铁路建造能力提升目标，分为总体目标与具体目标。

(1)总体目标

坚持贯彻落实创新、协调、绿色、开放、共享的新发展理念以及《绿色交通"十四五"发展规划》《"十四五"铁路科技创新规划》等要求，在"十四五"规划末期，努力实现在"交通基础设施+城市建设+生态环保"领域成为行业领先、国内一流以及国际知名的综合服务商。在组织内部，持续研发绿色建造低碳技术，降低碳排放量；完善绿色建造制度及绿色施工示范工程评比标准，形成绿色建造文化理念，打造绿色建造品牌形象。在工程项目中，实现周转材料的重复使用率超90%、施工废弃物回收利用率超50%、节水设备(设施)配置率达到100%等，科学合理安排施工组织，坚持安全可靠优先、工期服从质量，降低对环境产生的不利影响。

(2)具体目标

①开展技术攻关，积极开展低碳零碳负碳新材料、新技术、新装备的科技攻关，形成一批科技创新成果和新的工艺工法，同时加快绿色建造技术应用，并根据新时代发展需求提出未来引领铁路绿色发展技术创新的策略和思路，形成绿色建造技术规范化体系，加强对中国中铁绿色铁路建造能力的指导性，为整体提升绿色铁路建造能力提供技术保障。

②完善绿色建造领导组织，制定绿色建造实施指南和评价标准，完善绿色建造标准化管理和标准化作业，推行精细管理和精益建造，构建形成绿色建造精品工程管

理、监督、评价等全套绿色铁路建造能力制度体系,积极开展绿色建造示范工程。完善绿色创新人才培养制度及绿色评价制度,形成与绿色铁路建设目标匹配、简洁清晰的组织架构,完善环境污染风险管理制度;加大人才储备、加强人才培训,形成良好的人才激励政策。

③提升能源综合使用效能和清洁能源、可再生能源使用率,推广施工材料、废旧材料等回收循环利用技术,推进建设渣土、污泥、污水等资源化利用。严格实施生态环境修复、地质环境治理恢复和土地复垦,推进铁路沿线生态绿化,建设绿色铁路廊道。注重铁路在建造全生命期各阶段资源的利用水平、积极促进铁路工程企业绿色建造资源利用方式的转变。

④顺应低碳经济发展的客观要求,强化铁路工程企业绿色建造理念与意识,制定铁路工程企业绿色可持续发展战略,积极承担社会绿色发展责任,打造绿色建造品牌、树立铁路工程企业绿色形象。

2. 绿色铁路建造能力提升措施

从成熟度等级和权重两方面确定各工作任务的优先级别,结合中国中铁绿色铁路建造能力成熟度评价结果,可以得出绿色技术研发与应用能力权重大且成熟度等级高,位于第一象限,应采取措施保持现有优势;绿色资源配置与整合能力权重小且成熟度等级高,处于第二象限,应适当关注;绿色文化塑造与传播能力权重小且成熟度等级低,处于第三象限,应适当关注;绿色制度设计与执行能力权重大且成熟度等级低,处于第四象限,应优先改善。由此绘制中国中铁绿色铁路建造能力提升路径图,如图 9-3 所示。

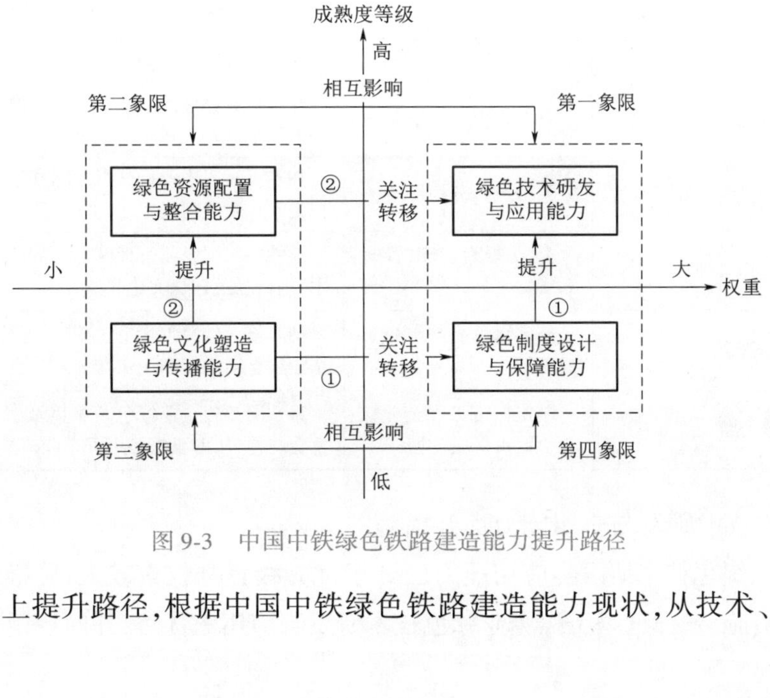

图 9-3 中国中铁绿色铁路建造能力提升路径

围绕以上提升路径,根据中国中铁绿色铁路建造能力现状,从技术、制度、资源、文化四个层面提出符合中国中铁发展现状的能力提升措施，保障中国中铁在绿色铁路建造能力的各方面逐步提升，见表 9-6。

表 9-6 中国中铁绿色铁路建造能力提升措施

阶段	KPA	KP	具体措施
技术层面	绿色前沿技术攻关	正确进行创新决策	探索行业绿色建造技术缺口，做出铁路工程企业创新决策
		开展产学研用合作	以市场与应用为导向，联合高校、科研院所开展产学研用合作
	自主创新技术市场份额增加	市场化推广自主创新技术	积极参与省市开展的绿色技术征集活动，争取纳入绿色技术推广目录
		申请创新专利	通过技术创新不断取得科技创新成果，获得行业领域更多创新专利，从而完成关键专利甚至全产业链专利布局
制度层面	绿色建造领导组织搭建	成立绿色建造发展综合管理部门	进一步成立绿色建造发展委员会，将绿色建造发展规划融入战略管理和日常运营
	企业绿色绩效考核机制优化	制定绩效考核制度	制定明确、全面的绩效考核制度和管理办法，用于对比绿色建造目标实现的程度
		细化绩效考核标准	设置对比基准值，明确考核的对象、内容和方法，构建可量化和便于操作的考核指标，并制定详细的奖惩措施
	企业绿色标准规范推广	更新和创优铁路工程企业绿色建造标准	不断更新铁路工程企业编制的绿色设计和绿色施工等相关的绿色建造标准，开创先进性局面，积极在行业内广泛推广
	企业绿色绩效严格考核	提高绿色建造考核标准	针对铁路工程企业绿色建造项目发展情况，及时更新和完善相关考核和管理办法，充分发挥考核机制的引导和激励反馈效益
资源层面	绿色资源链条完善	健全信息协同链条	鼓励绿色铁路建设相关信息在全产业链条内流通，协调相关工作的开展
		打造价值共享链条	在绿色铁路建设全产业链条内推行价值共享，鼓励上下游铁路工程企业积极参与
		开辟风险分担链条	在建设过程中实行分担，降低风险发生后造成的损失和风险管理成本
文化层面	绿色知识管理	建立绿色知识管理系统	与铁路工程企业管理融合，引进绿色知识管理技术，进行绿色知识文化共享
	绿色品牌形象塑造	制定绿色品牌形象形成计划	精心培育铁路工程企业品牌文化，提升铁路工程企业社会美誉度和认知度
	企业核心价值观形成	制定铁路工程企业核心价值观形成计划	对铁路工程企业绿色精神以及行为文化体系的整合与提升，形成铁路工程企业核心价值观

（1）绿色技术研发与应用能力提升措施

中国中铁绿色技术研发与应用能力已处于优秀级且其权重较大，可继续在技术层面采取相关措施，发挥铁路工程企业绿色技术研发与应用的优势，并向卓越级跃进。

在技术层面,搜集整理现有绿色技术清单,探寻行业绿色技术缺口,制定绿色技术创新指南。并以技术应用为出发点,联合科研机构、高校等构建产学研用协同创新联盟,依托重点研究专项建立实验室和研发中心,进行产学研用合作,开展具有前瞻性的绿色关键技术攻关,推动行业绿色技术发展。同时发挥企业主导作用,根据实际应用需求对研发过程进行控制,保障技术能够落地应用,增加绿色技术的现场使用率。此外,通过技术创新不断取得科技创新成果,获得行业领域更多创新专利,从而完成关键专利甚至全产业链专利布局。积极参与省市开展的绿色技术征集活动,争取纳入绿色技术推广目录,加快技术市场化推广。

(2)绿色制度设计与执行能力提升措施

中国中铁绿色制度设计与执行能力处于规范级且其权重较大,可作为当前中国中铁绿色铁路建造能力提升的重点工作,积极采取相关措施保障其逐步迈向卓越级。

可成立绿色建造发展委员会或绿色建造发展事业部,拓展业务管理范围,积极调动企业内外部资源,从组织领导层面成立绿色建造的综合管理部门,完善铁路工程企业绿色建造相关领导组织,保障绿色建造活动的实施。以绩效考核制度和人才激励制度为抓手,制定铁路工程绿色度评价标准和管理办法,针对工程项目、工程项目承担的子公司,管理并实施考核,设立考核的基准值,项目及其承担的子公司等进行考评和奖惩,做到全过程考核、全员覆盖、精准奖惩和晋升空间可视,促进铁路工程企业绿色铁路建造的制度的执行效果可依可量。此外,应聚焦绿色标准规范的更新和创优,打造行业内的标杆项目和先进规范标准,并在相关项目上推广。根据铁路工程企业和行业绿色铁路建造项目发展状况,实时对标国内外先进技术和项目,不断调整新形势下铁路工程企业内部的考核管理办法。在外部联合政府职能部门和行业协(学)会,建立健全绿色设计、绿色施工相关标准和规范,联合颁布绿色铁路绿色度评价标准、绿色施工导则等,形成行业标准,以卓越铁路工程企业为代表推动铁路行业绿色发展。

(3)绿色资源配置与整合能力提升措施

中国中铁绿色资源配置与整合能力处于优秀级,虽权重小于技术和制度的两个指标,但需重点关注,制定相关措施实现绿色资源配置与整合能力逐步达到卓越级。

目前,中国中铁已拥有足够的能力对绿色铁路建造有关的上、中、下游铁路工程企业,建设过程中的信息、价值、风险等进行统一整合与调配,完善绿色资源链条,加强对整个行业相关资源的利用,提升资源利用效率,同时进一步降低绿色建造增量成本。可健全信息协同链条,明确绿色铁路建造过程中,上、下游铁路工程企业所需要素相关的信息内容与形式,借助互联网技术打造贯通上、中、下游铁路工程企业的信息协同链条,促进信息协同使用。打造价值共享链条,将绿色铁路建造过程中所需的绿色、环保、节能、高效等价值传递给上、中、下游铁路工程企业,做到从源头绿色、过程绿色、结果绿色。开辟风险分担链条,将绿色铁路建设过程中的风险分摊到产业链条的各个层级,减少风险发生概率,降低风险发生后造成的损失和风险管理成本,达到互惠互利、共赢的目标。

(4)绿色文化塑造与传播能力提升措施

中国中铁绿色文化塑造与传播能力处于规范级,虽权重较小,但文化具有内在驱动力,仍需采取有效措施实现绿色文化塑造与传播能力达到卓越级。

推行绿色建造理念,构建一套信息完备、传递效率高、可操作性强的知识管理系统,形成绿色知识信息的有效反馈和流通渠道,并形成铁路工程企业绿色文化组织知识体系记忆,为今后的工程提供参考借鉴。积极树立绿色品牌形象,制定绿色品牌形象形成计划,加强对外新闻宣传报道与舆情管理,强化铁路工程企业自办媒体宣传,全力打造绿色品牌,精心培育铁路工程企业品牌文化。同时需要通过对绿色精神文化体系以及绿色行为文化体系的梳理以及绿色知识的管理,形成其独特的核心价值观和铁路工程企业战略文化,承担起龙头铁路工程企业应有的社会责任,积极向社会面传播绿色建造理念文化,并始终坚持建造产品绿色化。

本书基于对绿色铁路工程发展现状的分析,提出绿色铁路工程发展所面临的问题,分析绿色铁路建造能力内涵与构成要素分析,明确了绿色铁路建造能力主要包括绿色技术研发与应用能力、绿色制度设计与执行能力、绿色资源配置与整合能力和绿色文化塑造与传播能力,并阐述了绿色铁路建造能力影响因素作用关系,构建了绿色铁路建造能力成熟度模型。同时以中国中铁为例,利用能力成熟度模型进行能力评价,验证了模型的可操作性和实用价值。并根据模型评价结果从技术、制度、资源以及文化 4 个方面提出绿色铁路建造能力提升目标和措施,助力中国中铁实现绿色铁路建造能力的提升,也为其他铁路工程企业提供示范和参考。

参考文献

[1] 傅志寰,孙永福．交通强国战略研究[M]．北京:人民交通出版社股份有限公司,2019.

[2] 黄民．新时代交通强国铁路先行战略研究[M]．北京:中国铁道出版社有限公司,2020.

[3] 孙永福等．铁路工程项目管理理论与实践[M]．中国铁道出版社,2016.

[4] 《青藏铁路》编写委员会．青藏铁路:综合卷[M]．中国铁道出版社,2016.

[5] 《青藏铁路》编写委员会．青藏铁路:科学技术卷[M]．北京:中国铁道出版社,2016.

[6] 卢春房．四电工程[M]．北京:中国铁道出版社．2015.

[7] 《京沪高速铁路建设总结》编写组．京沪高速铁路建设总结:建设卷[M]．北京:中国铁道出版社,2014.

[8] 崔俊杰,马国友,邢军朝 ,等．京张高铁绿色设计与技术[M]．北京:人民交通出版社股份有限公司,2021.

[9] 殷瑞钰,汪应洛,李伯聪 ,等．工程哲学[M]. 3 版. 北京:高等教育出版社,2018.

[10] 何继善,等．工程管理论[M]．北京:中国建筑工业出版社,2017.

[11] 杨立中,贺玉龙,熊春梅,等．绿色铁路理论及评价[M]．成都:西南交通大学出版社,2014.

[12] 卿三惠,杨立中,魏永幸,等．绿色铁路理论与工程技术[M]．北京:中国铁道出版社,2015.

[13] 深圳市地铁集团有限公司,中国电建深圳地铁 7 号线 BT 项目建设指挥部,铁道第三勘察设计院集团有限公司．城市轨道交通生态文明建设:深圳地铁 7 号线建设实践[M]．北京:中国铁道出版社．2015.

[14] 习近平．决胜全面建成小康社会夺取新时代中国特色社会主义伟大胜利:在中国共产党第十九次全国代表大会上的报告[EB/OL]．(2017-10-18)[2024-03-06]．https://www.gov.cn/zhuanti/2017-10/27/content_5234876.htm.

[15] 孙永福,唐娟娟,王孟钧,等．绿色铁路工程的内涵探析与研究展望[J]．铁道科学与工程学报,2021,18(1):1-11.

[16] 肖绪文．绿色建造发展现状及发展战略[J]．建筑,2018(23):20-23.

[17] 王青娥,成雅婷,唐娟娟,等．绿色铁路工程现状综述及其发展关键问题辨析[J]．铁道科学与工程学报,2023,20(11):4344-4355.

[18] 赵国杰,王海峰．物理事理人理方法论的综合集成研究[J]．科学学与科学技术管理,2016,37(3):50-57.

[19] 欧宁．京张高铁清河站站房绿色设计研究[J]．铁道勘察,2020,46(1):1-6.

[20] 熊风,杨立中,罗洁,等．可持续发展的“绿色铁路”系统研究[J]．铁道工程学报,2007(5):43-46.

[21] 陈兴华,王桂玲,苗冬梅,等．绿色建造的机遇、挑战与对策[J]．工程质量,2010,28(12):5-7.

[22] 王霞．重庆市绿色建筑驱动因素及发展路径研究[D]．重庆:重庆大学,2015.

[23] 刘学之．绿色建造产业链协同评价研究[D]．北京:北京建筑大学,2020.

[24] HOFFMAN A J,HENN R. Overcoming the social and psychological barriers to green building[J]. Organization & Environment,2008,21(4):390-419.

[25] KARKANIAS C,BOEMI S N,PAPADOPOULOS A M,et al. Energy efficiency in the Hellenic building sector:an assessment of the restrictions and perspectives ofthe market[J]. Energy Policy,2010,38(6):2776-2784.

[26] LAM PATRICK T I,CHAN EDWIN H W,POON C S,et al. Factors affecting the implementation of green specifications in construction[J]. Journal of Environmental Management,2010,91(3):654-661.

[27] QI G Y,SHEN L Y,ZENG S X,et al. The drivers for contractors' greeninnovation:an industry perspective[J]. Journal of Cleaner Production,2010,18(14):1358-1365.

[28] MOKHLESIAN S,HOLMEN M. Business model changes and green construction processes[J]. Construction Management and Economics,2012,30(9):761-775.

[29] ISA M,ABD RAHMAN M M G M,SIPAN I,et al. Factors affecting green office building investment in Malaysia[J]. Procedia-Social and Behavioral Sciences,2013,105:138-148.

[30] CHOE J M. Influence Factors for the Construction of Green Supply-ChainManagement Systems,and the Identification of Relevant ConstructionApproaches[J]. Journal of the Korean Production and Operations ManagementSociety,2017,28(2):157-177.

[31] WANG W,TIAN Z,XI W J,et al. The influencing factors of China's green building development:an analysis using RBF-WINGS method[J]. Building and Environment,2021,188.

[32] 邵传林,段博．绿色金融与创新驱动发展的耦合机制研究[J]．西安财经学院学报,2019,32(5):5-12.

[33] 亓爽．基于可持续发展的建筑企业绿色化研究[D]．济南:山东建筑大学,2015.

[34] 张凯,陆玉梅,陆海曙．双碳目标背景下我国绿色建筑高质量发展对策研究[J]．建筑经济,2022,43(3):14-20.

[35] 王彤宙．当低碳发展主力军打绿色发展主动仗[J]．施工企业管理,2021(12):43-45.

[36] 高芬．基于生命全周期的大型装备制造企业绿色竞争力评价研究[D]．镇江:江苏大学,2017.

[37] 杨秋．建筑业高质量发展绩效影响因素及其重要性研究[D]．成都:西华大学,2021.

[38] 董丹申,莫洲瑾,高天宇．诗意表达与绿色建造:浙江大学建筑设计研究院装配式建筑 B1 楼实践[J]．世界建筑,2022,(1):104-107.

[39] 李丛笑,张常杰,张爱民,等．建筑业"双碳"与绿色建造[J]．施工企业管理,2021(12):26-29.

[40] 肖绪文．以绿色建造引领和推动建筑业高质量发展[J]．建筑,2021(4):22-23.

[41] 范德成,张修凡．绿色金融改革创新对低碳企业可持续发展能力的影响研究[J]．科学管理研究,2021,39(3):85-90.

[42] 孙宝连,闫秀霞．企业全面绿色管理战略竞争能力研究[J]．山东理工大学学报(社会科学版),2018,34(4):10-13.

[43] 孟晓飞,刘洪．绿色管理塑造企业绿色竞争优势[J]．华东经济管理,2003(4):77-79.

[44] 张小雨,王凯．我国建筑业绿色发展的基础前提、能力结构与提升路径[J]．天津城建大学学报,

2021,27(6):442-446.

[45] 袁佳佳,孙占琦．建造的绿色化与绿色化的建造[J]．住宅与房地产,2021(20):62-65.

[46] 王照平．绿色建造理念下创新建筑施工管理研究[J]．房地产世界,2021(23):87-89.

[47] 郑学选．提升绿色建造水平加快实现低碳发展[J]．施工企业管理,2021(12):23-25.

[48] 傅志斌．绿色建造目标与评价[J]．施工企业管理,2021(12):30-33.

[49] 张爱民,薛艳青,张常杰,等．建筑业企业绿色化表现影响因素及对策研究[J]．建设科技,2021(21):68-73.

[50] 张守军．绿色建造能源减碳综合管理探讨[J]．建筑施工,2021,43(10):2159-2161.

[51] 毛志兵,李云贵,黄凯．关于建筑企业践行新型建造方式的策略研究[J]．施工技术(中英文),2021,50(18):1-6.

[52] 姜德龙,孙国帅,陈行行．影响绿色建造企业发展的人力资源问题及解决对策[J]．辽宁工业大学学报(社会科学版),2022,24(5):47-49.

[53] 邵传林,段博．绿色金融与创新驱动发展的耦合机制研究[J]．西安财经学院学报,2019,32(5):5-12.

[54] 孙国帅,姜德龙,张小令,等．基于系统动力学的绿色建造企业生产力影响因素研究[J]．建筑经济,2021,42(10):99-104.

[55] 尤完,刘学之．基于 ISM 的绿色建造产业链协同影响因素研究[J]．建筑经济,2020,41(1):100-103.

[56] 沈诗洋．基于绿色建造的建筑废弃物全过程管理研究[D]．锦州:辽宁工业大学,2021.

[57] 戴川．企业绿色能力提升对策研究[J]．商场现代化,2015(28):97.

[58] 种孟楠．企业绿色技术创新能力评价研究[D]．青岛:中国海洋大学,2015.

[59] 敬枝平,赵瑞．铁路工程企业工艺创新能力评价指标体系及评价模型的研究 [J]．当代经理人,2006,(11):116-117.

[60] BRAUN E, WIELD D. Regulation as a means for the social control of technology [J]. Technology Analysis & Strategic Management, 1994, 6(3): 259-72.

[61] FREEMAN C, SOETE L. The economics of industrial innovation [J]. The Economics of Industrial Innovation, 1997.

[62] ZHOU H B, HU H H. Sustainability evaluation of railways in China using a two-stage network DEA model with undesirable outputs and shared resources [J]. Sustainability, 2017, 9(1): 150.

[63] ZHANG Y. Research on Evaluation of Enterprise Core Competence Based on Grey System Theory [Z]. Advances in Information Technology and Industry Applications, 2011.

[64] 李元旭,谭云清．国际服务外包下接包企业技术创新能力提升路径:基于溢出效应和吸收能力视角[J]．中国工业经济,2010,(12):66-75.

[65] 许晓燕,赵定涛,洪进．绿色技术创新的影响因素分析:基于中国专利的实证研究[J]．中南大学学报(社会科学版),2013,19(2):29-33.

[66] 杨朝均,杨文珂,朱雁春．中国省际间对内开放对驱动工业绿色创新空间趋同的影响[J]．中国环境科学,2018,38(8):3189-3200.

[67] TAN Y, SHEN L Y, YAO H. Sustainable construction practice and contractors'competitiveness: A pre-

liminary study [J]. Sustainable construction practice and contractors' competitiveness: a preliminary study, 2011, 35(2): 225-30.

[68] LIDELÖW H SIMU K. Understanding construction contractors and their operations strategies [J]. Procedia Economics and Finance, 2015, 21: 48-56.

[69] KACZOREK K, KRZEMIŃSKI M, IBADOV N. The problem of choosing risk management methodology at the example of railway construction: XXVI R-S-P Seminar Theoretical Foundation of Civil Engineering (RSP 2017) [C]//MATEC Web of Conferences, 2017.

[70] LAM PATRICK T I, CHAN EDWIN H W, CHAU C K, et al. Environmental management system vs green specifications: how do they complement each other in the construction industry? [J]. Journal of Environmental Management, 2011, 92(3): 788-795.

[71] AHN Y H, JUNG C W, SUH M, et al. Integrated construction process for green building [J]. Procedia Engineering, 2016, 145: 670-676.

[72] TOFFOLO C, GENTILI R, BANFI E, et al. Urban plant assemblages by land use type in Milan: Floristic, ecological and functional diversities and refugium role of railway areas [J]. Urban Forestry & Urban Greening, 2021, 62: 127-175.

附录一　绿色铁路工程发展问题访谈问卷

一、个人基本信息

1. 您是否在铁路工程建设领域工作

□是　　□否

2. 您从事铁路工程建设的工作时间

□5 年以下　　□5~10 年　　□10~15 年　　□15 年以上

3. 您对绿色铁路的熟悉程度

□非常熟悉　　□熟悉　　□比较熟悉　　□不熟悉

4. 您的技术职称

□高级(高级工程师及以上,副研究员及以上,副教授及以上)

□中级(工程师、助理研究员、讲师)

□初级(其他)

5. 您的工作性质

□技术　　□管理　　□科研

6. 您所在单位性质

□设计单位　　□施工单位　　□工程装备制造单位　　□科研单位

7. 您的联系方式(非必填,如需要反馈问卷调查结果,请填写)

姓名:__________　　单位:__________

电话:__________　　邮箱:__________

8. 打分规则

分　　值	5 分	4 分	3 分	2 分	1 分
重要程度	非常重要	重要	一般	不重要	完全不重要
关 注 度	非常关注	关注	一般	不关注	完全不关注
需求程度	非常需要	需要	一般	不需要	完全不需要
效　　果	非常好	好	一般	不好	非常差
完 备 性	非常完备	完备	一般	不完备	非常欠缺

二、绿色铁路工程建设现状

(一)意愿与行动

1. 贵单位对绿色铁路工程开展研究(或推广实施)的意愿:

□积极主导:企业有详细的绿色建造科研规划,已取得部分研究成果,在工程实施中承担主导性工作(如牵头申报课题、自主立项)

□积极参与:企业有绿色建造科研需求,积极跟随行业龙头企业行动,参与绿色建造研究

□被动参与:企业没有相关科研规划,主要在工程实施中配合其他单位开展行动

2. 贵单位参与绿色铁路工程实践动因的重要程度:

动因重要程度	分值				
	5分	4分	3分	2分	1分
工程处于生态敏感区					
重点工程绿色关注度高					
绿色建造有助于效益提升					
绿色建造有助于新兴市场开拓					
其他补充					

3. 下列绿色铁路工程措施对绿色铁路工程实践的重要程度:

绿色铁路工程措施重要程度	分值				
	5分	4分	3分	2分	1分
环境监控(如环境数据监测、环境信息预警、视频图像监控、环境自动化控制等)					
污染防治(如水体污染、土壤污染、大气污染、声源性污染、电磁污染等防治)					
水土保持(如表土收集、植草覆膜、渣土利用、水资源保护、场地恢复、永临结合设计等)					
动植物保护(如动物通道设置、珍稀动植物异地保护、绿化植被选育、现场红线管理等)					
资源节约(如机械设备能耗管理、节能减排新技术应用、新能源技术应用、节材新技术应用、固废回收与再利用等)					
工业化生产(如数字化模型、装配式技术、标准化构件、机械化施工、智能化测控、信息化管理等)					
制度文化管理(如建立环保制度体系,明晰责任主体、开展环保工作创优活动、定期培训与考核、开展环保主题文娱活动等)					
其他补充					

4. 下列绿色铁路工程措施的创新需求程度:

绿色铁路工程措施创新需求程度		分值				
		5分	4分	3分	2分	1分
设计技术	耐久性技术					
	土地节约技术					
	景观设计技术					
	生态保护技术					

续上表

绿色铁路工程措施创新需求程度		分值				
		5分	4分	3分	2分	1分
施工技术	污染防治技术					
	水土保持措施					
	动植物保护措施					
	资源节约与集约利用措施					
	工业化生产措施					
施工管理	制度文化措施					
	环境监控措施					
工具装备	数字化模型(如BIM)					
	装配式技术配套装备					
	工程机械智能化					

(二)现状与效果

5. 贵单位采取的各类绿色行动效果：

绿色行动效果	分值				
	5分	4分	3分	2分	1分
环保要求满足程度					
绿色标杆效应					
创新水平(形成典型技术工法专利)					
荣誉奖励情况					
对同行参观学习的吸引程度					
其他补充					

6. 请您判断绿色铁路工程实施依据的完备性：

实施依据完备性	分值				
	5分	4分	3分	2分	1分
国家标准					
行业标准					
企业标准					
其他标准					

(三)典型工程经验(选填)

7. 您认为目前是否存在有代表性的绿色铁路工程(工段)项目

□有(请填写名称)　　□无

8. 该工程(工段)突出的绿色表现

□污染防治　□水土保持　□动植物保护　□资源节约(能源、材料等)

□制度文化　□智能建造技术　□工业化生产

□永临结合措施丰富　□其他补充

三、绿色铁路工程建设面临的问题

1. 您在绿色铁路工程项目实施中曾遇到哪些问题？

绿色铁路工程项目实施面临的问题		显著	一般	少数	无
政策指导性不够	绿色铁路工程战略不够清晰，行业主管部门（或企业）没有专门制定行动计划与实施路线				
	缺乏实施指南，科研规划缺乏系统性，遇到问题才解决问题				
	评价标准和激励机制不完善，做得好没有奖励，做得不好也没有惩罚				
参与方共识不够	对绿色需求的认识程度不一致，沟通困难				
	绿色目标不明确				
	各方绿色责任不清晰，需要承担其他参与方的额外工作				
	各方缺乏互动与协同				
资源投入不足	造价不足，绿色措施资金缺乏保障				
	物质条件欠佳，现有物资材料难以满足绿色需求，如缺乏新材料、新能源等				
	创新条件欠佳，难以对创新活动提供支持，如缺乏联合攻关合作单位、试验条件匮乏等				
实现能力问题	组织保障能力不足，人员思想意识不统一，认识不够深入，缺乏向心力				
	组织机构不健全，没有专人专职				
	绿色技术、装备欠缺，绿色措施效果难以达标				
	绿色专业人才匮乏，知识储备不足，教育培训需求较高，难以完成项目需要解决的科研创新项目				
	产业链协作能力欠缺，物资供应不足				
成本收益问题	绿色成本过高，措施费用不足或成本超支				
	研发成本高，专项资金难以为继				
	配套成本高，技术无法落地				
	成果转化率低，解决当前问题后缺乏工程应用				
	经济收益低，市场化前景欠佳				

2. 开展绿色铁路工程研究的原因：

开展绿色铁路工程研究的原因（重要程度）		分值				
		5分	4分	3分	2分	1分
技术方面	现有绿色技术不成熟，需要深化研究					
	绿色技术体系不完善，亟须建构系统化的研究框架，减少重复工作					
	绿色技术尚有空白，亟须创新					
	现有绿色技术与绿色铁路工程不匹配，需要针对性深化研究					
管理方面	提高资源利用效率					
	提升铁路工程建造品质					

续上表

开展绿色铁路工程研究的原因(重要程度)		分值				
		5分	4分	3分	2分	1分
管理方面	提高生产建造效率					
	改善生产作业环境					
产业链方面	研发绿色装备					
	研发绿色建材					
	研发绿色指标监测技术					

3. 核心参与方责任对绿色铁路工程建造结果的重要程度:

绿色铁路工程各方责任(重要程度)		分值				
		5分	4分	3分	2分	1分
业主责任	提供实施标准/指南					
	提供科研规划					
	设置激励政策(评奖、评优、以奖代补等)					
	提供资金(设立专项资金等)					
	提供资源(不含资金)或拓展资源渠道					
设计单位责任	生态景观和谐设计					
	结构物节能降耗					
	结构安全耐久					
	环保设施完善					
	明确绿色施工需求					

4. 您认为绿色设计与绿色施工的关系应该是

□各有侧重,但衔接紧密,设计与施工存在良性互动

□各有侧重,衔接需求不高,绿色设计单方面为绿色施工创新研究提供方向指导

□各有侧重,互不干涉,双方均自主决策

四、问卷原始数据表及得分计算公式

1. 工作时间得分矩阵 $\boldsymbol{T}$

$$\boldsymbol{T}=(2,3,1,4,4,2,4,3,2,1,2,4,4,2,3,3,3,2,3,4,4,1,1,1,1,1,1,1,1,1,1,1,1,1)$$

2. 熟悉程度得分矩阵 $\boldsymbol{A}$

$$\boldsymbol{A}=(3,3,2,2,4,2,4,3,1,3,3,3,3,3,3,1,4,1,3,3,3,3,2,2,2,3,1,2,2,2,2,2,2,2)$$

3. 技术职称得分矩阵 $\boldsymbol{P}$

$$\boldsymbol{P}=(4,4,2,4,4,2,4,4,2,4,4,4,4,2,4,4,4,2,4,4,4,2,1,1,1,1,1,1,1,1,2,1,1,1)$$

4. 得分计算公式

平均分 $=\sum \boldsymbol{Q}(i)/$总人数

加权分 $1=\boldsymbol{Q}(i)\boldsymbol{T}^{\mathrm{T}}/\sum \boldsymbol{T}$,反映工作时间对分值的影响

加权分 $2=\boldsymbol{Q}(i)\boldsymbol{A}^{\mathrm{T}}/\sum \boldsymbol{A}$,反映熟悉程度对分值的影响

加权分 3 = $\boldsymbol{Q}(i)\boldsymbol{P}^{\mathrm{T}}/\sum\boldsymbol{P}$，反映技术职称对分值的影响

方差 $\boldsymbol{S}^2=\dfrac{(x_1-\bar{x})^2+(x_2-\bar{x})^2+\cdots+(x_n-\bar{x})^2}{n}$，反映每项的平均分、三个加权分的离散程度

符号说明：$\boldsymbol{Q}$ 表示问题赋值矩阵，$\boldsymbol{Q}(i)$ 为问题 $\boldsymbol{Q}$ 的第 i 行数值矩阵；$\boldsymbol{T}^{\mathrm{T}}$、$\boldsymbol{A}^{\mathrm{T}}$、$\boldsymbol{P}^{\mathrm{T}}$ 分别为矩阵 $\boldsymbol{T}$、$\boldsymbol{A}$、$\boldsymbol{P}$ 的转置矩阵。

5. 问题赋值矩阵

行数 i = 题项数，列数 j = 答题人数

(1)问题 $Q2\text{-}2$ 赋值矩阵 $\boldsymbol{Q}22$

$\boldsymbol{Q}22(4\times34)$																																	
5	4	5	5	5	5	4	5	3	5	4	5	3	4	3	3	4	4	5	5	4	5	4	4	4	5	5	5	4	4	5	5	4	3
4	5	5	3	5	3	4	5	3	5	4	4	4	5	3	3	5	4	5	4	5	4	4	4	4	3	4	5	4	4	5	5	4	4
3	5	5	3	4	3	4	5	3	3	4	4	4	5	5	4	2	4	5	4	3	4	5	4	5	4	5	5	3	5	5	5	4	4
5	5	5	3	4	4	4	5	3	3	4	5	4	5	5	4	3	4	5	4	5	4	4	4	4	4	5	5	3	5	5	3	3	4

(2)问题 $Q2\text{-}3$ 赋值矩阵 $\boldsymbol{Q}23$

$\boldsymbol{Q}23(7\times34)$																																	
4	4	4	3	5	4	4	5	3	4	5	5	5	5	5	4	3	2	5	4	4	4	5	4	4	5	3	5	4	4	5	5	4	4
4	5	5	4	5	4	4	5	3	5	5	5	4	5	5	5	5	4	5	5	5	5	5	4	4	5	5	5	4	4	5	5	4	4
5	5	5	5	5	4	4	5	3	5	5	5	5	5	5	5	5	4	5	5	5	5	5	4	4	5	5	5	4	4	5	5	4	4
5	5	5	4	5	4	4	5	3	4	5	4	4	5	5	5	3	3	5	5	5	5	5	4	4	5	5	5	5	4	5	5	4	4
4	5	5	4	5	4	4	5	3	4	5	4	4	5	5	4	5	5	5	4	5	4	5	4	5	4	5	5	5	4	5	5	4	4
3	5	4	4	4	4	4	5	3	4	5	4	4	5	5	5	5	4	5	4	5	5	4	4	5	5	5	5	4	4	5	5	4	4
3	4	5	4	4	4	4	5	3	5	5	4	4	5	5	4	3	2	5	4	5	4	4	4	4	4	4	5	4	3	5	5	4	4

(3)问题 $Q2\text{-}4$ 赋值矩阵 $\boldsymbol{Q}24$

$\boldsymbol{Q}24(14\times34)$																																	
4	5	5	3	5	4	4	5	3	4	4	4	4	5	5	4	5	4	5	4	5	5	4	4	4	5	3	5	5	4	5	4	4	4
5	5	5	5	5	4	4	5	3	4	4	5	3	5	5	4	3	4	5	4	4	4	5	4	5	5	5	5	4	4	5	4	4	4
4	5	4	4	5	4	4	5	3	4	4	5	3	4	5	4	3	3	5	4	4	3	4	4	4	4	4	5	4	3	5	3	4	4
5	5	5	5	5	4	4	5	3	5	4	5	5	5	5	4	4	4	5	5	5	4	5	4	5	5	5	5	5	4	5	5	4	4
5	5	5	4	5	4	5	5	3	5	5	5	5	5	5	5	5	5	5	5	5	5	5	4	5	5	5	5	5	4	5	4	4	4
5	5	5	4	5	4	4	5	3	5	5	4	5	5	5	4	4	4	5	5	4	5	5	4	5	5	5	5	5	4	5	5	4	4
5	5	5	4	4	4	4	5	3	5	5	4	4	5	5	4	3	4	5	5	4	5	5	4	5	5	5	5	5	4	5	5	4	4
4	5	5	4	5	4	4	5	3	4	5	5	3	5	5	5	5	5	5	5	5	5	5	4	5	5	4	5	5	4	5	4	4	4
3	5	4	4	4	4	4	5	3	4	5	4	4	5	5	5	5	5	5	4	5	4	4	4	4	5	5	5	4	4	5	4	4	3

续上表

Q24(14×34)																																	
4	5	4	4	4	4	4	5	3	5	5	4	4	5	5	3	3	3	5	4	4	4	4	4	4	4	4	5	3	3	5	5	4	4
5	5	4	4	5	4	4	5	3	5	5	5	5	5	5	4	5	4	5	4	4	5	4	4	5	5	4	5	4	5	5	5	4	5
4	5	4	4	4	4	3	5	3	4	5	4	3	5	4	3	3	4	5	4	5	5	5	4	4	5	5	5	4	5	5	5	4	5
4	5	4	4	4	4	2	5	3	3	5	5	5	5	5	5	5	5	5	4	5	5	5	4	5	5	5	5	4	5	5	5	4	4
5	5	4	4	4	4	4	5	3	3	5	5	4	5	5	5	4	4	5	4	5	5	5	4	4	5	5	5	5	5	5	4	4	4

(4)问题 *Q*3-1 赋值矩阵 ***Q***31

Q31(20×34)																																	
2	4	2	2	2	2	2	4	2	4	2	4	4	2	2	4	1	4	4	4	2	2	2	2	2	1	4	4	2	2	4	4	4	2
2	4	2	4	2	2	2	4	2	4	2	4	2	2	2	4	4	4	4	4	2	4	2	2	2	2	4	4	4	4	4	4	4	2
2	4	2	2	2	2	2	4	2	4	2	2	4	2	2	4	0	4	4	2	4	4	4	2	2	1	2	2	4	2	4	2	4	2
4	4	2	4	4	2	2	1	2	4	2	4	1	4	2	4	4	2	4	4	4	4	2	2	2	2	4	4	2	4	4	4	4	2
4	2	2	4	2	2	2	2	2	4	2	2	1	2	2	2	4	4	4	4	4	2	2	2	4	2	4	4	2	4	4	4	4	2
2	2	2	4	4	2	2	1	2	4	2	2	1	4	2	2	0	2	4	4	4	2	2	2	4	1	4	2	4	4	4	4	4	1
2	4	2	2	4	2	2	2	2	4	2	4	0	4	2	2	2	2	4	4	4	4	2	2	2	2	4	4	2	4	4	2	4	2
4	4	4	4	4	2	2	4	2	4	4	4	4	2	2	4	4	4	4	4	4	4	2	2	2	1	4	4	2	2	4	4	4	2
2	2	2	1	4	2	2	2	2	2	4	2	2	4	2	1	0	2	4	2	2	2	2	2	2	4	2	4	2	2	4	2	4	4
4	2	2	2	4	2	2	2	2	4	4	4	1	2	2	1	0	2	4	4	2	2	2	2	4	2	2	4	2	2	4	4	4	2
4	4	2	2	4	2	2	4	2	4	1	4	1	4	2	2	4	1	4	4	4	4	2	2	2	2	2	4	2	4	4	4	4	2
2	2	2	2	4	2	2	2	2	4	1	2	1	4	2	2	0	4	4	2	4	2	2	2	2	1	4	2	4	4	4	4	4	2
4	2	2	2	4	2	2	4	2	4	2	4	1	4	2	2	2	2	4	2	2	2	2	2	2	2	4	4	2	2	4	4	4	2
4	4	2	2	4	2	1	2	2	4	2	2	2	4	2	2	2	4	4	2	4	4	4	2	1	4	4	2	2	2	4	4	4	2
2	2	2	2	4	2	2	2	2	4	2	4	4	2	2	2	2	2	4	4	2	2	2	2	1	4	2	4	2	4	4	4	4	2
2	2	4	4	2	2	2	2	2	4	4	2	4	4	4	4	4	2	4	4	2	4	4	2	2	2	4	4	2	2	4	4	4	2
2	2	2	2	2	2	2	4	2	4	4	2	4	4	4	4	2	4	4	4	4	4	4	2	2	4	4	2	2	2	4	4	4	2
2	2	2	2	2	2	2	2	2	4	4	2	2	2	4	4	2	2	4	4	4	4	2	2	2	4	2	4	2	2	4	4	4	2
2	1	4	2	2	2	2	2	2	4	4	4	1	2	2	2	2	4	4	4	4	4	4	2	1	4	2	4	1	4	4	4	4	2
2	1	2	4	2	2	2	2	2	4	4	2	1	2	2	2	4	2	4	4	4	4	2	2	1	2	2	2	2	2	4	4	4	2

(5)问题 *Q*3-2 赋值矩阵 ***Q***32

Q32(11×34)																																	
5	5	4	4	4	5	4	5	4	4	4	5	4	4	4	3	5	5	5	5	5	5	5	4	4	5	5	5	4	5	5	5	4	4
4	5	5	4	4	5	4	5	4	4	4	4	5	4	4	3	5	4	5	4	5	5	5	4	4	5	5	5	3	5	5	5	4	4
5	4	4	3	4	4	3	5	4	4	4	4	4	4	4	3	5	4	5	4	5	4	5	4	4	5	4	5	4	5	5	5	4	4
5	5	4	4	5	5	3	5	4	5	4	5	4	5	4	3	5	4	5	5	5	4	5	4	5	5	4	4	3	5	5	5	4	4

续上表

***Q*32(11×34)**																																	
5	4	4	4	5	5	4	5	3	4	4	5	5	5	4	4	5	4	5	5	5	5	5	4	4	5	5	5	4	5	5	5	4	4
5	5	5	4	5	5	4	5	3	5	4	4	5	4	4	4	4	4	5	4	4	5	5	3	5	5	4	5	4	5	5	5	4	4
5	5	5	4	5	5	4	5	4	5	4	4	3	5	4	4	3	5	5	4	5	4	5	4	4	5	5	4	4	5	5	5	4	4
4	4	5	4	5	5	5	5	4	4	4	5	4	5	4	4	3	5	5	4	3	4	5	4	5	5	4	5	4	5	5	5	4	5
5	5	5	4	5	5	4	5	3	5	4	5	4	5	4	4	4	5	5	4	5	5	5	4	5	5	5	5	4	5	5	5	4	4
5	5	5	4	5	5	4	5	4	5	4	4	4	5	4	4	3	5	5	4	5	5	5	4	5	5	5	5	4	5	5	5	4	4
4	5	5	3	5	5	4	5	3	5	4	4	4	4	4	4	2	4	5	4	5	4	5	4	5	5	5	5	4	5	5	5	4	4

(6)问题 Q3-3 赋值表矩阵 **Q33**

***Q*33(16×34)**																																	
5	5	5	4	5	5	4	4	4	5	4	4	5	5	4	4	3	4	5	4	5	4	5	4	4	5	5	5	4	5	5	5	4	3
5	5	4	4	5	4	4	4	4	4	4	4	5	5	4	4	3	4	5	5	5	4	4	4	4	4	4	5	4	4	5	4	4	4
4	4	5	4	5	4	4	4	4	5	4	3	5	5	4	4	3	5	5	5	5	5	4	4	4	4	5	5	4	5	5	4	4	4
4	4	5	4	5	5	4	5	3	5	5	5	5	5	4	4	5	5	5	5	5	5	4	4	5	5	5	5	4	5	5	4	4	4
5	4	5	4	5	4	4	4	4	5	5	4	4	5	4	4	5	4	5	4	4	4	4	4	5	5	4	5	3	5	5	4	4	4
5	5	4	5	5	4	4	5	3	3	4	4	4	4	3	4	4	4	5	5	4	4	5	4	4	5	5	5	4	5	5	4	4	4
5	5	5	4	5	5	4	5	4	5	4	5	4	5	4	3	4	4	5	5	5	5	5	4	5	5	5	4	4	5	5	4	4	4
3	5	5	4	5	5	4	5	4	5	4	5	4	5	4	3	4	4	5	4	5	5	5	4	5	5	4	5	4	5	5	4	4	4
5	5	5	4	5	5	4	5	3	5	4	5	5	5	4	4	4	4	5	5	5	5	5	4	5	5	5	5	4	5	5	4	4	4
5	5	5	4	5	4	4	5	4	4	4	5	5	5	4	4	4	5	5	4	4	4	4	4	5	5	5	5	4	5	5	4	4	5
5	5	5	4	5	5	4	5	4	5	4	5	5	5	5	4	5	4	5	5	5	5	5	4	4	5	5	5	4	5	5	5	4	5
4	5	4	4	5	4	4	5	4	5	4	5	4	5	4	4	4	3	5	3	5	5	5	4	5	5	5	5	4	5	5	5	4	5
5	5	4	3	5	4	4	5	4	5	4	4	3	5	5	4	3	4	5	4	5	5	5	4	4	5	4	5	4	4	5	5	4	4
5	5	5	4	5	4	4	5	3	5	4	5	5	5	5	4	5	5	5	4	4	5	5	4	4	5	5	5	4	5	5	4	4	4
5	5	5	4	5	4	4	5	4	4	4	4	4	4	4	4	3	4	5	4	4	5	5	4	5	5	5	5	4	5	5	4	4	4
5	5	5	4	5	4	4	5	4	4	4	5	4	5	5	4	4	4	5	4	5	4	5	4	4	5	5	5	4	5	5	4	4	5

附录二　绿色铁路建造能力构成要素和影响因素调查问卷

一、基本信息

1. 您目前所在单位的类型为：

□设计单位　　□施工单位　　□供应商　　□科研单位

□咨询单位　　□监理单位　　□政府职能部门

□高校　　□其他________

2. 您的学历情况是：

□大专及以下　　□本科　　□硕士研究生　□博士研究生及以上

3. 您从事绿色铁路建造领域相关工作的年限(包括科研)：

□3 年以下　　□3~5 年　　□6~10 年　　□10 年以上

4. 您目前在单位中担任的职务是：

□高层管理人员　□中层管理人员　□基层管理人员□现场技术人员

□普通职员　　□研发人员　　□其他________

二、绿色铁路建造能力构成要素

1. 下述题项是对绿色铁路建造能力构成的描述，请您根据您所在企业和个人工作经验，判断其与绿色铁路建造能力的符合程度，1 分表示“完全不符合”，2 分表示“不符合”，3 分表示“一般”，4 分表示“比较符合”，5 分表示 “完全符合”。请您在最符合的重要程度上打“√”。

序号	题　　项	分　　值				
		1 分	2 分	3 分	4 分	5 分
1	绿色建造技术研发能力					
2	绿色建造技术创新投入能力(例如：人力、物力和资金等的投入)					
3	绿色技术创新成果转化能力					
4	绿色材料研发与应用能力					
5	绿色装备研发与应用能力					
6	绿色制度设计能力(例如：企业将一些文明施工管理办法完善为绿色建造制度管理办法，使其范围更广，内容更丰富)					
7	绿色制度执行能力					

续上表

序号	题 项	分 值				
		1分	2分	3分	4分	5分
8	绿色制度监督能力(例如:企业调动各项资源完成绿色建造的各项目标)					
9	绿色人才资源培养能力					
10	绿色金融资源支持力(例如:通过影响企业融资决策和资源配置,建立绿色产业、项目优先通道,从而为工程项目的绿色建造产生支撑作用的能力)					
11	绿色组织资源配置能力(例如:优化绿色资源配置,提高绿色资源使用效率,促进生产要素合理流通等)					
12	绿色产业链协同能力(例如:企业同这些上、下、中游利益相关方间信息协同、价值共享、风险分摊等)					
13	绿色建造领导力					
14	绿色文化传播能力(企业充分重视绿色文化的塑造和传播)					
15	绿色品牌形象塑造力(企业能打造出绿色的企业品牌形象)					
16	绿色知识管理能力(企业能对绿色的相关知识及时进行收集和更新)					

2. 若您认为以上的题项中绿色建造能力构成要素的指标不完整,请另外补充在下面的空白栏中,并写明其符合程度,感谢您的支持。

三、绿色铁路建造能力影响因素调查问卷

1. 下述题项是对绿色铁路建造能力影响因素的描述,请您根据您所在企业和个人工作经验,判断其对铁路工程企业绿色建造能力影响因素的重要程度,1 分表示"非常不重要",5 分表示"非常重要",每增加 1 表示绿色建造能力重要程度增加一个单位,请您从 1~5 中选择绿色建造能力影响因素的重要程度。

序号	题 项	分 值				
		1分	2分	3分	4分	5分
1	绿色建造扶持政策(政府对绿色铁路建造项目采取重点倾斜、优先扶持等政策措施)					
2	绿色建造技术标准(政府为推动铁路行业绿色建造高质量发展制定的技术标准)					
3	绿色建造规制环境(政府出台的用于加强绿色铁路建造过程中的对于绿色建造目标的落实与监督管理的相关规制政策)					
4	铁路建造承包方式变革(比如趋向于采取有助于绿色建造目标与责任的落地总承包模式)					
5	绿色金融发展状况(对环保、节能、清洁能源、绿色交通、绿色建筑等领域的项目投融资、项目运营、风险管理等提供金融服务)					
6	铁路建造产业链发展(建立研发、设计、建材和部品部件生产、施工、资源回收再利用等一体化协同的绿色建造产业链)					

续上表

序号	题　项	分　值				
		1分	2分	3分	4分	5分
7	绿色制度保障(企业建立完善的绿色建造管理制度体系,确保在实践中贯彻绿色建造理念)					
8	绿色发展战略(对绿色铁路建造有着指导性、发展性和计划性的作用)					
9	绿色建造意识(为绿色建造的实施提供重要的精神支柱和动力源泉,是无形的激励力量,是绿色建造的灵魂)					
10	企业社会责任感(企业承担对环境和社会的责任,积极在工程建造过程中保护环境、节能减排)					
11	企业目标管理水平(企业在绿色建造过程中规范建设好企业目标管理水平、设置明确可行的绿色建造目标)					
12	企业风险管控水平(企业在认识绿色铁路项目建造风险的基础上合理使用各种风险应对措施、管理方法技术和手段对绿色铁路项目的建造风险实行有效的控制)					
13	企业管理组织建设(企业通过设置统一标准化的流程、制度体系、方法标准等有效配置企业内部的有限资源)					
14	企业关联主体的集成与协作(项目关键主体聚集在一起,以整体方式确定建筑系统和绿色建造解决方案之间的协同作用,来高效实现绿色铁路的设计、建造和运营)					
15	资源配置水平(企业进行资源的集中采购和统一调配,从而有效降低项目成本、减少原材料质量隐患、优化资源配置、提高资源的利用效率)					
16	绿色知识管理水平(企业利用现代化信息技术,开发企业绿色建造知识资源,调动人力资源学习绿色建造知识的潜能)					
17	绿色技术研发投入(企业绿色铁路建造过程中形成绿色技术研发创新能力的重要保障)					
18	绿色技术创新水平(企业依靠绿色技术上的创新推动绿色铁路建造发展的能力,是企业专业技术实力的重要组成部分)					
19	绿色建材和设备的应用程度(企业在绿色建造过程中对节能减排安全便利和可循环的绿色建材产品以及清洁能源或高等级能效、减排降噪、提高工程效率等新型绿色设备的应用)					
20	信息化技术水平(企业以 BIM 和信息化技术为基础,通过项目全过程的信息数据传递和共享实现绿色铁路建造过程中的协同设计、协同生产、协同装配)					
21	绿色建造人才队伍建设(企业优化绿色创新人才引进和选拔人才机制,实施有效的绿色技术创新人才的激励措施,加速培养绿色建造人才队伍)					
22	人才绿色理念的培养(绿色建造人才在绿色建造的工程实践中充分应用绿色建造理念)					
23	产学研联盟意愿与程度(企业在绿色建造关键共性技术研发方面,不单纯地依靠企业自身研发力量推动,积极参与到产学研联盟当中的意愿与程度)					
24	绿色技术研发和应用能力(铁路工程企业依靠绿色技术上的创新推动企业绿色建造活动开展的能力)					

续上表

序号	题　　项	分　值				
		1分	2分	3分	4分	5分
25	绿色制度设计与执行能力（铁路工程企业顺应绿色建造理念，设计、制定并执行在绿色建造过程中起到制度保障与监管作用的管理制度的能力）					
26	绿色资源配置与整合能力（铁路工程企业在绿色建造过程中，通过对所积累的内外部资源识别、整合、统筹及调配，实现资源最优配置以确保绿色建造顺利开展的能力）					
27	绿色文化塑造与传播能力（铁路工程企业塑造传播绿色建造相关的理念意识、知识管理等绿色文化，并将其渗透融入员工价值观和各项工作中的能力）					

若您认为以上的题项中绿色建造能力影响因素的指标不完整，请另外补充在下面的空白栏中，并写明其符合程度，感谢您的支持。

附录三　绿色铁路建造能力影响因素关系调查问卷

请您根据您的科研经验或工作经验，参考附表 3-1 影响因素概念介绍表，判断这 20 个绿色铁路建造能力影响因素之间是否相互影响。若第 i 行因素 S_i 对第 j 列因素 S_j 有影响，请您在附表 3-2 对应方格中写 1。若 S_i 对 S_j 没有影响，请您在对应方格中写 0。

附表 3-1　影响因素概念介绍

影响因素类别	影响因素指标	影响因素	影响因素解释
外部环境	绿色建造扶持政策	S_1	国家或各级政府对绿色铁路建造项目采取优先扶持的措施
	绿色建造规制环境	S_2	国家或各级政府出台的绿色铁路政策文件、相关规范、评价标准等
	绿色铁路建造市场需求	S_3	市场对绿色铁路建造有需求且具备支付能力
	绿色铁路市场渗透程度	S_4	绿色铁路建造在铁路建造业中的占比
	铁路建造产业链完善状况	S_5	企业与绿色铁路建造产业链上其他利益相关者彼此联系且形成技术经济联系的链条
企业绿色发展理念	企业社会责任感	S_6	企业积极承担对环境和社会的责任并采取实际行动
	企业绿色建造意识	S_7	企业在铁路建造过程中的绿色节能减排意识
	企业绿色发展战略	S_8	企业以绿色观念为指导，沿着绿色化发展方向，明确未来发展目标
	企业绿色发展形象	S_9	企业在发展过程中，建立企业经济发展与自然和谐共生的发展形象
企业绿色综合管理	绿色管理体系建设	S_{10}	企业设置绿色铁路建造统一标准化的流程和方法标准，并建立完备的管理体系
	绿色制度完善程度	S_{11}	企业建立可规范员工行为和保障经营活动体制的完善绿色铁路建造制度体系
	绿色资源配置模式	S_{12}	企业结合各绿色铁路建造项目的整体情况和优先级，进行资源的集中采购和统一调配
	企业绿色融资水平	S_{13}	企业融通资金的水平，为绿色铁路建造提供长期优质资本
	绿色知识管理水平	S_{14}	企业利用现代化信息技术对绿色铁路建造知识资源进行管理，并调动企业人员学习
企业绿色技术发展	绿色技术研发投入	S_{15}	企业在绿色铁路建造过程中研究和创新所投入的财力、物力以支撑绿色技术研发
	绿色技术人才培养	S_{16}	企业培育不仅拥有良好知识结构、专业能力，还具有注重环保理念的绿色技术人才

续上表

影响因素类别	影响因素指标	影响因素	影响因素解释
企业绿色技术发展	绿色技术应用程度	S_{17}	企业在绿色铁路建造过程中推广应用绿色技术的程度
	绿色技术引进配置	S_{18}	企业在绿色铁路建造技术引进之后,有相应装置和专业人员与其进行配置
	绿色技术研发成果	S_{19}	企业经过绿色铁路建造技术研发,投入各种有形及无形资源,使企业得到预期研发成果
	绿色数智化程度	S_{20}	企业结合数字化技术和智能化设备提高铁路绿色建造效率的程度

附表 3-2 影响因素关系填写表

影响因素		S_j																			
		S_1	S_2	S_3	S_4	S_5	S_6	S_7	S_8	S_9	S_{10}	S_{11}	S_{12}	S_{13}	S_{14}	S_{15}	S_{16}	S_{17}	S_{18}	S_{19}	S_{20}
S_i	S_1																				
	S_2																				
	S_3																				
	S_4																				
	S_5																				
	S_6																				
	S_7																				
	S_8																				
	S_9																				
	S_{10}																				
	S_{11}																				
	S_{12}																				
	S_{13}																				
	S_{14}																				
	S_{15}																				
	S_{16}																				
	S_{17}																				
	S_{18}																				
	S_{19}																				
	S_{20}																				

附录四　铁路工程企业绿色铁路建造能力成熟度评价专家调查问卷

第一部分　基 本 信 息

在您认为合适的选项中打"√"(各题项无对错之分,仅作研究数据参考。)

1. 您从事的相关领域

○建设单位管理人员

○施工单位现场管理人员

○设计单位现场管理人员

○科研院校人员

○政府部门监督管理人员

○其他

2. 您的从业年限

○3 年以下

○3~5 年

○5~10 年

○10 年以上

3. 您对绿色铁路工程的了解程度

○不了解　　○一般　　○了解　　○熟悉　　○精通

第二部分　绿色铁路建造能力成熟度评价

序号	类别层	指标层	评价标准					评分
			初始级	成长级	规范级	优秀级	卓越级	
			[40,60)	[60,70)	[70,80)	[80,90)	[90,100]	
1	绿色技术研发与应用能力	研发投入经费占比	0~<1.5%	1.5%~<2%	2%~<2.5%	2.5%~<3%	≥3%	
2		绿色建造技术研发人员占比	0~<0.5%	0.5%~<1%	1%~<1.5%	1.5%~<2%	≥2%	
3		绿色材料使用占比	0~<20%	20%~<30%	30%~<40%	40%~<50%	≥50%	
4		绿色技术装备使用率	0~<40%	40%~<50%	50%~<60%	60%~<70%	≥70%	
5		绿色建造成果数量	0~<15	15~<20	20~<25	25~<30	≥30	
6		绿色创新绩效	单位总投资综合能耗大于行业基准值	单位总投资综合能耗与行业基准值持平	单位总投资综合能耗大于行业先进值且小于行业基准值	单位总投资综合能耗与行业先进值持平	单位总投资综合能耗小于行业先进值	
7	绿色制度设计与应用能力	绿色建造领导组织	没有设立绿色建造领导与组织部门	设立了绿色建造领导与组织部门，但未能落实并发挥作用	设立了绿色建造领导与组织部门并一定程度上指导绿色建造	设立了绿色建造领导与组织部门并能较好地指导绿色建造	设立了绿色建造领导与组织部门并能有力的指导绿色建造	
8		企业内部沟通管理机制	没有制定企业内部沟通管理机制	制定了较为完善的企业内部沟通管理机制	制定了完善的企业内部沟通管理机制	制定了完善的企业内部沟通管理机制，并制定配套的保证措施保障其落实	制定并实施企业内部沟通管理机制，并结合企业实际情况及时更新完善	
9		绿色项目风险管理措施	几乎没有采用风险管理措施，风险管理常以管理层个人经验为根据	采取了一些风险管理措施，但没有覆盖风险管理全流程	采取了较为完善的风险管理措施	采取完善的风险管理措施并成立专门的风险管理部门	采取完善的风险管理措施且风险管理部门设置和人员配备精干高效，风险管理权责分配科学合理，风险管理措施全面落实	

续上表

序号	类别层	指标层	评价标准					评分
			初始级	成长级	规范级	优秀级	卓越级	
			[40,60)	[60,70)	[70,80)	[80,90)	[90,100]	
10	绿色制度设计与应用能力	企业绿色标准规范	企业未制定绿色建造标准规范	企业制定了绿色建造标准规范，但仍存在缺陷	企业制定了较为完善的绿色建造标准规范，但执行性不佳	企业制定了相对完善的绿色建造标准规范，且能在一定程度上指导企业进行绿色建造活动	企业制定了完善的绿色建造标准规范，且可以很好地指导企业进行绿色建造活动	
11		绿色建造人才激励制度	没有制定绿色建造人才激励制度	制定了较为完善的绿色建造人才激励制度	制定了完善的绿色建造人才激励制度	制定了完善绿色建造人才激励制度，并制定配套的保证措施保障其落实	制定并实施绿色建造人才激励制度，并结合企业实际情况及时更新完善	
12		企业绿色绩效考核机制	没有制定企业绿色绩效考核机制	制定了较为完善的企业绿色绩效考核机制	制定了完善的企业绿色绩效考核机制，但未落实到位	制定了完善企业绿色绩效考核机制，并制定配套的保证措施保障其落实	制定并实施企业绿色绩效考核机制，并结合企业实际情况及时更新完善	
13	绿色资源配置与整合能力	资源循环利用效益	0～<45%	45%～<55%	55%～<65%	65%～<75%	≥75%	
14		绿色建造增量成本	≥75%	50%～<75%	15%～<50%	5%～<15%	0～<5%	
15		绿色建造项目投融资	未在节能环保措施中投入，或在节能环保措施方面的资金投入较少	重点投资见效快的节能减排改造项目，加大环保科研的资金投入	对各单位的绿色低碳计划进行规划，并保证投入资金在不同改造项目上的投资比例	展开绿色项目试点，增大产学研用的资金投入	开展绿色铁路建设示范项目，形成专业绿色建造项目管理机构	
16		能源消耗节约	优先采用以废弃物为原料的生产材料，其中废弃物含量不少于20%，或采用绿色装备、绿色设计方法使得能源消耗节约不少于20%	采用一种再生建筑材料，且该材料占同类材料总质量比例不小于30%，或采用绿色装备、绿色设计方法使得能源消耗节约不少于30%	采用两种再生建筑材料，占比不小于30%，或采用多种绿色装备、绿色设计方法，使得能源消耗节约不少于35%	采用两种以上再生建筑材料，占比不小于30%，或采用多种绿色装备、绿色设计方法，使得能源消耗节约不少于40%	施工材料可重复利用程度提高，大量再利用施工材料包装，研发并使用Ⅰ、Ⅱ、Ⅲ类混凝土再生骨料，或自主研发绿色装备以及绿色设计方法，能够最大程度重复利用能源	
17		就地取材率	0～<40%	40%～<50%	50%～<60%	60%～<70%	≥70%	

续上表

序号	类别层	指标层	评价标准					评分
			初始级	成长级	规范级	优秀级	卓越级	
			[40,60)	[60,70)	[70,80)	[80,90)	[90,100]	
18	绿色文化塑造与传播能力	绿色施工宣传与培训	未宣传绿色施工相关措施，没有建立相关培训制度	建立了绿色施工相关培训制度，但未良好执行	定期对员工进行绿色施工培训	建立并执行了绿色施工相关的完善的奖惩制度	根据项目具体情况，针对性地制定绿色施工培训制度，定期培养员工并进行考核和奖惩	
19		企业家绿色精神	初始级	成长级	规范级	优秀级	卓越级	
20		企业绿色可持续发展战略	[0,60)	[60,70)	[70,80)	[80,90)	[90,100]	
21		绿色管理认可程度	达到环境认证体系ISO 14000的要求	企业制定的绿色管理目标实现程度较好	被评为国家优秀绿色项目	获得世界级绿色管理奖项	同时满足国际、国家、其他绿色组织消费团体等多个组织的绿色标准，并获得其认可和奖励	
22		公众评价与满意度	不满意企业绿色项目的产出效果	相对于未开展绿色建造的项目，用户对实行绿色建造项目的满意程度一般	公众对绿色项目执行过程比较满意	项目实施效果满意度高，且用户愿意对项目进行宣传	十分满意，且愿意与企业进行长期绿色建造项目的合作	